Die Schrift entdecken

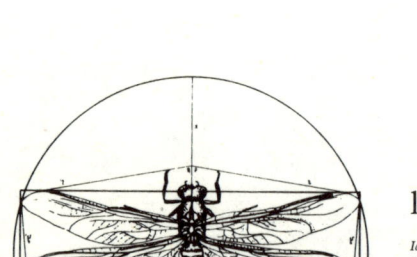

libelle: wissenschaft

Ich erinnere mich, daß Miró die Marseiller Geschichte von der Eule erzählte. Jemand hatte seinem Freund versprochen, ihm nach seiner Rückkehr aus Amerika einen Papagei mitzubringen. Als er wieder in Marseille war, fiel ihm plötzlich ein, daß er sein Versprechen vergessen hatte. Er fing eine Eule, malte sie grün an und schenkte sie seinem Freund. Einige Zeit danach begegneten sich die beiden Freunde wieder. Der von der Reise Zurückgekehrte fragte verschlagen: »Wie geht es dem Papagei, den ich dir geschenkt habe? Spricht er schon?« Der andere entgegnete: »Sprechen, nein. Aber er denkt viel nach.«

SALVADOR DALI, Das geheime Leben des Salvador Dali

Hans Brügelmann

in Zusammenarbeit mit
Erika Brinkmann, Renate Hegelin
und Gudrun Spitta

Die Schrift entdecken

Beobachtungshilfen und methodische Ideen
für einen offenen Anfangsunterricht
im Lesen und Schreiben

2. erweiterte Auflage 1986

Faude
1984

CIP-Kurztitelaufnahme der Deutschen Bibliothek

Brügelmann, Hans:
Die Schrift entdecken : Beobachtungshilfen u.
method. Ideen für e. offenen Anfangsunterricht im
Lesen u. Schreiben / Hans Brügelmann. In Zusammenarbeit
mit Erika Brinkmann . . . – 2. erw. Aufl. –
Konstanz : Faude, 1986.
(Libelle : Wissenschaft)
ISBN 3-922305-16-4

1. Auflage 1984
2., erweiterte und in Teilen überarbeitete Auflage 1986
Druck und Bindung: Kösel, Kempten
© 1984/86 Faude Verlag Konstanz

INHALT

* Hinweis für unruhige Leser/innen: Dieses Buch hat tatsächlich 144 Seiten; allerding sind die Seiten
(66) bis (132) nicht paginiert, sondern in fortlaufender Zählung der "Arbeitskarten" (links oben) nume-
riert. Auf S. 60f. finden sich Orientierungshinweise. Für die allerletzten Verbesserungen dieser 2. Auf-
ge sei auf die letzte Seite (144) verwiesen.

LEHRGÄNGE SIND KRÜCKEN

Die Fibel ist nicht totzukriegen. Offensichtlich sind wir auf sie angewiesen. Mit ihrer Hilfe fühlen Lehrer/innen sich in der Lage, 17 oder
24 oder 33 Kinder gleichzeitig zu unterrichten - wie unterschiedlich deren Erfahrung mit Schrift auch sein mögen.

Lehrgänge kompensieren pädagogische Behinderungen. Nicht die der Kinder,
sondern unsere eigenen. Eine Einheitsfibel für die ganze Klasse entlastet. Sie überspielt unsere Unfähigkeit, auf jedes Kind individuell einzugehen; sie entspricht unserem Bedürfnis, die Aktivitäten unserer Kinder unter Kontrolle zu haben. Damit nicht jedes in eine andere Richtung
läuft, lassen wir sie im Gleichschritt durch Fibel und Arbeitsblätter
marschieren.

Dabei sind die Unterschiede zwischen den Kindern unübersehbar - schon
am ersten Schultag (**Kap. 3**). Einheitslehrgänge sichern Vergleichbarkeit
allenfalls im Verhalten, nicht jedoch im Denken. Auch auf derselben Fi-
belseite, in derselben Übungsaufgabe lernen verschiedene Kinder Unterschiedliches. Wir nehmen solcherlei Abweichungen nicht selten als "Lernschwierigkeiten" wahr. Gemeinsame Lehrgänge verdecken insofern nur die
unterschiedlichen Lernwege. Die Verbindlichkeit von Lernschritten erschwert sogar eher den individuellen Zugang zur Schriftsprache. Aber wir
Erwachsenen kommen ohne sie nicht aus. Manche überfordern sich mit dem
Anspruch all-umfassender Diagnose und Förderung. Andere läßt die Bequem-
lichkeit nach jedem Material greifen, das Entlastung verspricht. Und wir
haben Angst - vor der eigenen Unsicherheit, vor dem Schulrat und den
Kollegen, vor den Eltern. Zugegebenermaßen auch Angst um die Kinder, deren Vorstellungen von Schrift, deren eigenständige Lese- und Schreibversuche vor und neben der Schule uns meist unzugänglich bleiben. Zugleich
wissen wir: Beim Lesen- und Schreibenlernen steht so viel auf dem Spiel
für das weitere Schul- und Lebensschicksal jedes einzelnen Kindes.

Was aber wäre die Alternative zum Lehrgang? Allein dadurch, daß man
Krücken wegwirft, verschwindet keine Behinderung. Wer sich andererseits
nur noch auf seine Krücken verläßt, verliert allmählich auch noch die
verbliebenen Reste der eigenen Fähigkeit. Es gibt nur einen Ausweg: jeden Tag ein bißchen mehr auf die Hilfe der Krücken zu verzichten.

So kann man auch die Abhängigkeit von Lehrgängen verringern. Dieses Buch will Mut zu solcher Abnabelung machen. Es will helfen, situationsbezogen zu arbeiten, ohne daß der rote Faden verlorengeht. Unser Ziel: Wir wollen

- das unterrichtspraktische Methoden-Repertoire erweitern und verfeinern;
- das gleich- und kleinschrittige Lehrgangsdenken aufweichen;
- die Aufmerksamkeit fördern für das, was Kinder schon können und was sich oft an Denkfortschritten hinter ihren Fehlern verbirgt;
- konkrete Möglichkeiten zeigen, wie Aktivitäten an den Erfahrungen der Kinder anknüpfen und diese erweitern können;
- zu eigenen Versuchen und zu der Bereitschaft ermutigen, von den Kindern über verschiedene Zugänge zum Schreiben und Lesen zu lernen.

Nur über die bewußt erworbene eigene Erfahrung kann man/frau sich allmählich von den Vorschriften lösen, die unterschwellig in Fibeln und Arbeitsblättern stecken. Auf diese Weise wächst auch die Fähigkeit, die methodischen Muster hinter verschiedenen Aufgaben zu entdecken und sie im eigenen Unterricht flexibel einzusetzen. Den einen richtigen Weg gibt es eben auch beim Schrifterwerb nicht. Lehrgänge und methodische Muster sind Hypothesen. Sie helfen den Erwachsenen, gezielt Erfahrungen mit dem Schriftspracherwerb von Kindern zu sammeln. Je mehr unterschiedliche Hypothesen Lehrer/innen ausprobiert haben, desto reicher wird ihr methodisches Repertoire, desto differenzierter ihr Beobachtungs- und Urteilsvermögen. Finden sich dann noch Kolleg(inn)en, die Ideen und Erfahrungen austauschen, die emotionalen Rückhalt und sachlich weiterführende Kritik geben, dann wird die Fibel auf Dauer vielleicht doch überflüssig. Aber "offener Unterricht" ist eine Leitidee, keine Blaupause, mit der sich Klassenzimmer von einem Tag zum andern verwandeln ließen. Darum bieten auch wir ein relativ grobes Entwicklungsmodell mit vier "Stufen" an (Kap. 2 und 3), obwohl wir zugleich die Botschaft verkünden: Jedes Kind ist anders. Pragmatisch geht es jedoch um eine allmähliche Differenzierung des Einheitslehrgangs. Und das gelingt nur schrittweise.

Dieses Buch ist also als Hilfe für den Unterrichtsalltag gedacht. Auf detaillierte Auseinandersetzung mit anderen Ansätzen wurde deshalb ebenso verzichtet wie auf extensive Nachweise der Einzelliteratur im Text. Wir denken aber nicht, daß sich guter Unterricht in methodischen Ideen

und Tips erschöpft: Darum die Verweise auf die entsprechenden Kapitel
von "Kinder auf dem Weg zur Schrift" (KWS), unsere "Fibel für Lehrer und
Laien". Dort sind die empirischen Grundlagen und die theoretischen Kon-
troversen ausführlich dargestellt. Ohne diesen didaktischen Bezugsrahmen
kann manches mißverstanden werden, was hier um der Handlichkeit willen
nur in Stichworten skizziert wurde.

Viele Anregungen verdanken wir Kolleg/innen auf Fortbildungstagungen,
die wir im vergangenen Jahr in Berlin, Bremen, Hessen, Niedersachsen und
Nordrhein-Westfalen durchgeführt haben - insbesondere über unseren
"Selbsterfahrungstest" zu "Acht Einsichten in den Aufbau der Schriftsprache". Wir haben ihn deshalb - auch als Argumentationshilfe im Kolle-
gium und auf Elternabenden - in diese 2. Auflage neu aufgenommen (Kap.
5) Unsere Bitte: Helfen Sie uns, diesen Grundstock zu erweitern, einzelne Vorschläge zu überprüfen und zu verbessern. Schreiben Sie uns Beobachtungen von ihren Kindern, schicken Sie uns die Skizze einer Idee, mit
der Sie Erfolg hatten. Wie jede andere Selbsthilfe-Gruppe sind wir auf
wechselseitige Unterstützung angewiesen. Unsere Anschrift:

   Projekt KINDER AUF DEM WEG ZUR SCHRIFT, c/o Brügelmann FB 12, Universität, Postfach 33 04 40, 2800 Bremen 33.

Die Idee für dieses Buch ist mehrere Jahre alt. Erika Brinkmann und Renate Hegelin haben von Anfang an mitgedacht, einiges im Kindergarten und
1. Schuljahr ausprobiert und meine Entwürfe kritisch kommentiert. Die
Deutsche Forschungsgemeinschaft hat Vorarbeiten, das Pädagogische Zentrum Berlin den Druck der 1. Auflage finanziell unterstützt. Gudrun
Spittas spontane Lust zur Zusammenarbeit, ihre vielen inhaltlichen Anregungen und ihre stetige Ermutigung haben es möglich gemacht, das Ganze
bereits zum Schuljahrbeginn im Herbst 1984 fertigzustellen.

Ich widme auch diese 2. Auflage meinen Kindern Benjamin und Matthias -
und meiner Frau Karin, die nicht nur Matti das Lesen beigebracht hat,
zu ihrem 40. Geburtstag.

Leeste, im Mai 1984 und Köflach, im August 1985   Hans Brügelmann

1.

"KABA SCHREIBT MAN SO: K-A-K-A-O"

ODER

BENJAMINS THEORIEN ÜBER WÖRTER UND BUCHSTABEN

Frühstück vor der Schule. Benjamin (6 Jahre;10 Monate alt und ein halbes Jahr in der 1. Klasse) fixiert die Haferflockenpackung, leise lautierend. "Warum wird **Kölln** da mit zwei 1 geschrieben? In **Köln** ist doch auch nur eins!" Ich murmle irgendetwas Gedankenloses von "altem Namen" und "damit man das besser unterscheiden kann". Aber Ben läßt nicht lokker. Leicht gereizt kommt es zurück: "**Kölln** - da hört man doch nur ein 1. Warum stehen da denn zwei?" Die Spannung in seiner Stimme läßt mich Böses ahnen für das anschließende Anziehen, so daß ich betont friedlich sage: "Man kann es so oder so schreiben. Bei (Brügel-) Mann sind es ja auch zwei n." Aber die Explosion ist nicht mehr aufzuhalten: "**Kölln** und **Köln** - das klingt doch gleich. Dann kann ich ja auch neununddreißig K schreiben oder vierhundertfünfundneunzig 1 !!!" Meine lahme Antwort: "Ja, das kann man, aber das wäre unnötige Arbeit." Zum Glück fragt Ben nicht noch einmal nach, warum man auf der Packung **Kölln** doch mit zwei 1 schreibt. Er scheint's zufrieden: Irgendwo hat er die "überflüssige Verdoppelung" jetzt eingeordnet, das Schriftsystem in seinem Kopf durch einen entsprechenden Vermerk vor dem Zusammenbruch bewahrt und ohne Bedarf an linguistischer Voll-Aufklärung seine innere Ruhe wiedergewonnen.

Daß neue Erfahrungen Angst machen, daß schulische Aufgaben Weltbilder bedrohen können - wer von uns denkt schon daran, wenn er sich mit "Lernschwierigkeiten" von Kindern beim Lesen- und Schreibenlernen herumschlägt?

Dieser emotionale Bezug von Lese- und Schreibversuchen ist mir wichtig, weil damit auch Schwierigkeiten in einem anderen Licht erscheinen. Denn die Akzentuierung der kindlichen Denk-Leistungen in diesem Buch (um sie deutlich von blinder Übung abzugrenzen) könnte zu dem Mißverständnis verleiten, Lese- und Schreibenlernen sei ein rein kognitiver Entwicklungsprozeß. Ob Lesen und Schreiben im Alltag als attraktiv erlebt wer-

---

Vorfassungen dieses Kapitels sind erschienen in DIE ZEIT 49/1983 und päd.extra 1/1984. Zur Vertiefung verweise ich auf KWS, Kap. 1,3 und 10, sowie BRÜGELMANN 1984. Die Interpretation des Lesen- und Schreibenlernens als Denk-Entwicklung, die in sinnlicher Alltagserfahrung verankert ist, hat ihre Vorläufer (s. den Überblick in DOWNING/VALTIN 1984 und die Hinweise zu Beginn der Kapitel 2.1, 2.2 und 2.3). Sie ist überdies angeregt worden durch ähnliche Arbeiten in anderen Sach- bzw. Lernbereichen. Konkrete Anstöße und Ermutigung verdanke ich Heinrich BAUERSFELD (1983), Margaret DONALDSON (1982), Horst RUMPF (1976; 1981) und Martin WAGENSCHEIN (1980).

den, ob Bücher, Zeitungen, Briefe, Schilder wichtige Informationen bieten, ob der Umgang mit Schrift im Unterricht Sinn und Spaß macht (bis
hin zu Inhalt und Form einzelner Übungen) - solche (fehlende) Motivation, wie wir etwas hilflos und abstrakt sagen, öffnet und verschließt
Zugänge zur Schriftsprache. Noch leichter übersehen wir, daß Lesen- und
Schreiben-WOLLEN etwas mit der je eigenen Beziehung zu Personen zu tun
hat, die diese Tätigkeiten (oder die Zumutung, sie zu lernen) in der Umwelt des Kindes vertreten, ja, daß Versagen und Verweigerung (wie beim
Essen) im Extrem Ausdruck gestörter Gefühle sein kann (vgl. GRÜTTNER
1980).

Als ich das Frühstücksgespräch mit Benjamin aufschrieb, ist mir noch etwas anderes eingefallen. Im letzten Jahr vor der Schule habe ich Benjamin jeden Tag mit dem Rad zum Kindergarten im Nachbarort gebracht und
mittags wieder abgeholt. Dabei hat Ben gelegentlich auf das Ortsschild
gezeigt: "Da steht **Leeste**." Nie hat er nach dem zweiten e gefragt, sich
auch später nicht gewundert, als er anfing selber zu schreiben (z.B.
BENNI). Auch als er im analythisch-synthetischen CVK-Lehrgang das laut-
richtige Schreiben lernte und Buchstaben wie e und n selbstverständlich
verwendete, hat er sich an der Verdopplung nicht gestört. Warum gerade
jetzt?

Vermutlich war es der Kontrast zwischen vertrautem Schriftbild (die
Großmütter wohnen in **Köln**) und dem nur minimal abweichenden Haferflocken-
Etikett. Solche fruchtbaren pädagogischen Momente kann man auch metho-
disch fördern (vgl. das notorische Minimalpaar **Oma/Opa** erst im CVK-Lehr-
gang von VESTNER |1975|, jetzt auch im Lesebaum von LICHTENSTEIN-ROTHER
u.a. |1983|). Aber wann wird ein solcher Sach-Kontrast zum lernwirksamen
Denk-Problem? Ben's Reaktionen auf **Leeste** und **Kölln** sprechen dagegen,
daß Zeitpunkt und Vorerfahrung beliebig sind.

Kinder lernen nicht einfach quantitativ dazu, sozusagen additiv
"Stein auf Stein". Sie verändern ihre Vorstellungen von Schrift
und ihren Umgang mit Schrift qualitativ, eingebettet in den Denk-
rahmen, den sie zur Ordnung ihrer bisherigen Erfahrungen entwik-
kelt haben. Diese Erfahrung aber beginnt nicht am 1. Schultag.

Benjamin, 6 1/2 Jahre alt und gerade zwei Wochen in der Schule, spielt "gezinktes Memory" (*7.2). Vor ihm liegen 6 x 4 Karten, Bildseite nach unten: sichtbar auf dem Rücken trägt jedes Bild seinen Namen in Maschinenschrift. Benjamins Augen wandern hin und her. Plötzlich ein Juchzer - und gelähmtes Schweigen, als er die Bilder **Hut** und **Uhr** aufgedeckt hat.

Zehn Tage später: Behutsam wandert der linke Zeigefinger die Buchstabenreihe **Rakete** auf einer Karte links oben entlang, während der rechte Zeigefinger parallel dazu die einzelnen Buchstaben auf einer Karte in der Spielfeldmitte abtastet. Schematisch wie eine Maschine, ohne einen einzigen Fehler, heimst Ben ein Kartenpaar nach dem anderen ein.

Wieder eine Woche später: Benjamins Blick bleibt auf der Karte **Schiff** hängen. Erst nachdem er die Karte umwendet und die Schrift nicht mehr im Blick hat, sucht er die anderen Karten ab. Ohne Zögern deckt er das zweite **Schiff** auf.

Zunächst richtet sich die Aufmerksamkeit auf Ähnlichkeiten, die im alphabetischen System zufällig sind (Wortlänge? Das gemeinsame **U** in **HUT** und **UHR**?). Bald konzentriert sie sich auf einen peniblen Vergleich der konkreten Buchstabenfolgen, der wiederum von der Prüfung am nur vorgestellten Schriftbild (in welchen "Einheiten") abgelöst wird. Was für Vorstellungen von Schrift stecken hinter diesen unterschiedlichen Verhaltensweisen? Und welche Erfahrungen führen zu den beobachteten Veränderungen?

Ruth, schon Doktorandin an der Universität, erinnert sich noch heute an die Enttäuschung, als ihre erste "Schreib-Theorie" zu Bruch ging: "Als ich gekritzelt habe, habe ich mir etwas ganz Bestimmtes dabei ausgedacht -aber die anderen konnten es nicht entschlüsseln."

Das Grundmuster ihrer Schreibtheorie stimmte, nur das gewählte Medium war noch unangemessen. Geradezu mythologisch mutet dagegen das Anliegen mancher Kinder an, ihre Zick-Zack-Linien für sie zu entziffern:"Ich weiß nicht, was das heißt - aber **du** kannst doch lesen!" Trotzdem wäre es falsch, sich solchem Ansinnen zu versagen. Marie M. CLAY (1975, 3) berichtet zu dem rechts abgebildeten Schreibversuch: Natascha fragt ihre Mutter "Was heißt das?". Die Mutter lautiert die obersten Zeichen "Saschpno". Natascha, nachdenklich und zugleich stolz: "Das hab' **ich** geschrieben!"

----
* Ziffern mit vorangestelltem * verweisen auf die Karten im 4. Kapitel, die jeweils im oberen Feld links ihre eigene Kennziffer tragen; im Beispiel hier also: Karte 7.2 .

Kann man die selbstgewonnenen Schreibtheorien der Kinder am 1. Schultag
einfach beiseitekehren und aus F und u einen Kunstnamen zaubern, der Tag
für Tag eine stereotype Wiedergeburt erlebt? Man kann - bei vielen Kindern sogar mit Erfolg. Aber ist dies der beste und interessanteste Weg?
Ein Weg der zugleich den Kindern die Erfahrung vermittelt: Ich hab's geschafft. Mit dem was **ich** in meinem Kopf hab', kann ich eine ganze Menge
selber rauskriegen - ich muß es nur probieren, gemeinsam mit anderen ?

"In deinem Kürbis hast du ganz viele Buchstaben, und wenn du sprichst,
kommen die unsichtbar heraus", meint Benjamin ein halbes Jahr vor Schulanfang. Er erklärt mir noch, der Kürbis sei mein Bauch und nicht etwa
- wie meine Erwachsenenlogik nahelegen könnte - der Kopf.

~~~~~~
~ Der naive Umgang von Kindern mit Schrift beschränkt sich nicht ~
~ auf einzelne Buchstaben und Wörter. Sie entwickeln **Theorien** über ~
~ das Verhältnis von Schrift und Sprache. ~
~~~~~~

Diese fundamentale Einsicht widerspricht dem Lehrgangsdenken unserer
Einheitsfibeln, die alle Schulanfänger im Gleichschritt von einem ange-
nommenen Nullpunkt über verbindliche Teil-Stufen zur Lesefähigkeit führen wollen.

Benjamin ist nicht Frühleser, auch nicht Spontanschreiber. Er kann weder
das Alphabet aufsagen noch Wörter buchstabieren, auch keine Wörter benennen, außer **ZOO**, **POLIZEI** und **BENNI**. Aber er zeigt auf das S in **STUTT-
GART** und erklärt mir: "Das fängt mit deinem letzten an" - und dabei
kann er **Hans** weder lesen noch schreiben. Im Standarddruck ordnet Ben
Buchstaben der äußeren Form nach einander zu, aber ihre Namen weiß er
nur in wenigen Fällen. Er hat anscheinend auch eine Vorstellung von der
Leserichtung, denn sonst würde sein Begriff "letzter" für das s in **Hans**
keinen Sinn ergeben. Aber dann schreibt er irgendwann **POLIZEI** wieder
einmal spiegelverkehrt oder verdreht wenigstens das Z.

Bens Wissen über Schrift läßt sich nicht einfach als quantitatives Mi-
nus gegenüber dem Schriftverständnis lesekundiger Erwachsener beschreiben. Es hat seine **eigene** Logik: Im Vergleich zu unserem Verständnis betrachtet er andere Merkmale der Schrift als wesentlich oder als beiläufig. Was im einzelnen auch immer hinter seiner Theorie über die "unsicht-
baren Buchstaben" der gesprochenen Sprache steckt - der Lautbezug der
Schriftzeichen scheint ihm aufgegangen zu sein.
Ben weiß auch, daß man aus Büchern Geschichten in immer derselben Form

vorlesen, daß man Mitteilungen in Briefen verschicken und daß ein anderer sie wieder zu Sprache machen kann. Was ihm fehlt, sind die spezifischen Kenntnisse und Fertigkeiten, die ein selbständiges Lesen und
Schreiben (auch unbekannter Wörter) ermöglichen. Viele seiner Kameraden
sind in dieser Hinsicht am ersten Schultag schon weiter. Aber werden sie
es deshalb beim Lesen und Schreiben leichter haben? Kann man solche
Einzelkenntnisse überhaupt zutreffend einschätzen, ohne etwas von dem
Denken der Kinder über Schrift zu wissen?

Drei Monate nach Schulbeginn gehört Ben zeitweilig zur Fördergruppe der
"langsamen (Lese-)Lerner". In den Weihnachtsferien hat er ein Leseheft
mit einem Satz pro Bildseite (REICHEN 1982) selbständig gelesen. Gegen
Ende des 1. Schuljahrs hieß es im Zeugnis: "Benni kann Texte in Druck-
und Schreibschrift sinnbetont vorlesen." Er wurde nun der Gruppe fortge-
schrittener Leser aus beiden ersten Klassen zugeordnet, die übrigens
nach dem CVK-Lehrgang (VESTNER 1975) gearbeitet haben. Mitte des zweiten
Schuljahres hieß es in seinem Zeugnis: "Benjamin kann ungeübte Texte
zügig und sinnbetont lesen." - Wie sich Benjamins Lese- und Schreibversuche chronologisch entwickelt haben, zeigt mein Beitrag zu dem Sammelband "ABC und Schriftsprache: Rätsel für Kinder, Lehrer und Forscher"
(BRÜGELMANN u.a., Faude:Konstanz 1986) im Vergleich mit zwei weiteren
Entwicklungsgeschichten.

> Lernen ist wahrscheinlicher, wenn Kinder den Zusammenhang durch-
> schauen, in dem eine Aufgabe steht, wenn ihnen der Beitrag einer
> Übung zur Erweiterung ihrer Handlungsmöglichkeiten einsichtig ist
> und sie nicht mechanisch isolierte Lerneinheiten absolvieren.

Schon vor der Schulzeit verfügte Ben über viele Erfahrungen mit der sozialen Funktion von Schrift. Er schreibt "Bankkontos", einen "Paß", malt
Schilder wie "Vorsicht - Fußball" (*1.5) und verteilt "Briefe". Aus seinem naiven Umgang mit Schrift entwickelt er Hypothesen über ihren Aufbau
und die Bedeutung der einzelnen Zeichen. Die Eltern antworten nur auf
seine Rückfragen, lassen ihm Zeit, auch wenn monatelang kaum Fortschritte sichtbar werden. So kann Ben seine Hypothesen allmählich selbst verbessern. Er muß nicht blind und in bestimmtem Tempo sein Oberflächenwis-
sen über Buchstaben und Wörter an unverstandene Vorbilder anpassen.

Dabei sind seine Theorien manchmal kurios. Fünf Wochen nach Schulanfang betrachtet Benjamin ein Bilderbuch, in dem jedem (kleinen!) Buchstaben ein Tier zugeordnet ist. Sein beifälliger Kommentar: " 'ne Maus iss klein und fängt mit 'nem kleinen Buchstaben an - das iss gut so!" - Nach derselben Logik schreibt der fünfeinhalbjährige Engländer Billy das Wort **cow** so: **Kow.** Er erklärt: "Einen großen Buchstaben für ein großes Tier." (REID 1972, 208).

Wenn man fünfjährigen Kindern Schriftwörter vorlegt wie **Auto** und **Regenwurm,** deuten viele Kinder auf die kürzere Schriftfolge als das Wort für 'Regenwurm'. Die Kinder suchen in dem Schriftwort vermutlich eine Abbildung der inhaltlichen Bedeutung und nicht der Klangdauer der gesprochenen Sprache. Das längere Wort muß also den größeren Gegenstand oder den wichtigeren Menschen darstellen. Diese Hypothese wäre eine vernünftige Folgerung der Kinder aus ihren Erfahrungen mit bildlichen Darstellungen, deren Logik sie sich auch erst erarbeiten mußten; einige Naturvölker reagieren auf die Größenverhältnisse auf unseren angeblich realistischen Photos ganz ähnlich. Für Kinder kann es insofern paradox sein, daß das längere Wort **Schwänzchen** gerade den kurzen Schwanz bezeichnen soll oder daß das Wort **groß** klein geschrieben wird.

Alexandra beginnt die Niederschrift ihres Namens so: **AAA.** "In meinem Namen sind doch drei A - und was sonst?" Sie weiß, daß man sprachliche Äußerungen mit Buchstaben festhalten kann. Nicht erkennbar ist, ob sie sich an das Schriftbild ihres Namens erinnert oder ob sie den Klang des Wortes abhorcht. Jedenfalls ist ihr - anders als Ben - nicht klar, daß die Reihung der Buchstaben von links nach rechts etwas mit der zeitlichen Lautfolge im gesprochenen Wort zu tun hat. Erst die Verwechslungsgefahr von **Aus** und **Sau, Sie** und **Eis** oder **Regen** und **Neger** können ihr die Bedeutung der Buchstabenposition einsichtig machen (* 3.5).

Die Lese- bzw. Schreibversuche von Ben und Alexandra erhellen, was Vorschulkinder über Schrift denken und wie unterschiedlich ihre Vorstellungen sind. Manche Schwierigkeit im Lehrgang, die man üblicherweise auf ein "schlechtes Gedächtnis" zurückführt, lassen sich nach gründlicher individueller Beobachtung als Folge einer bestimmten Denklogik deuten. Solche Einblicke in die Denkwelt von Schulanfängern sollten uns warnen, Fehler unbesehen als "Lernschwäche" zu erklären und zu behandeln.

~~~~~~
~ Auch in unserem Sinn 'falsche' Vorstellungen können dem Kind auf ~
~ **seinem** Entwicklungsstand helfen, in **seiner** Umwelt zurechtzukommen. ~
~ Leben nicht auch wir Erwachsenen mit ähnlichem Halbwissen über Com- ~
~ puter, Vertragsrecht - und Pädagogik? ~
~~~~~~

Diese Denkweisen und Konzepte lassen sich allerdings nicht so sauber bestimmten Entwicklungsstufen zuordnen, wie wir's für unsere methodische Differenzierung gern hätten. Alte Vorstellungen überleben neben neuen, auch wenn sie schon lange überwunden scheinen:

Wieder einmal ein gemeinsames Frühstück, fast zwei Monate nach der Haferflocken-Geschichte. Benjamin (in 7 Tagen wird er 7 Jahre alt) betrachtet die KABA-Dose: "Frau Pinz sagt aber, **Kaba** schreibt man so: K-A-K-A-O!" Dieser Rückfall in die graue Vorzeit der Ideen-Schrift (Schriftzeichen stehen für den Begriff - "Kakao" = "Kaba" -, nicht für den Klang des Wortes), dieser Rückfall kommt zu einer Zeit, da Ben neue Texte meist ohne fremde Hilfe erliest und neue Wörter lauttreu schreiben kann.

Lernen vollzieht sich nicht gleichförmig und stetig, sondern in Sprüngen, mit Plateaus und Rückfällen.

Ein Erstklässler schreibt **Vogel** so: **FOHGL.** Gemessen an den Vorschriften unserer Orthographie ist das eine Katastrophe. Welch ein Unterricht, der solche Ergebnisse zeitigt, und was für ein armes Kind, das sich solche Fehlschreibung "einprägt"!
So die landläufige Meinung. Ganz anders sieht das für jemanden aus, der den Schrifterwerb als Denkentwicklung versteht und fördert. Im Vergleich zu den Kindern, die Schrift als räumlich-analoge Abbildung inhaltlicher Bedeutung verstehen, hat unser Erstklässler eine bewundernswerte Leistung vollbracht. Er abstrahiert von der Bedeutung des Wortes "Vogel" und bezieht die Schriftzeichen auf Lautunterschiede und ihre Abfolge.

Mehr noch: Er analysiert den Lautaspekt regelhaft, folgt nicht wechselnden Einfällen. Wer genau hinhört, muß sogar zugeben, daß der Schulanfänger zwei Feinheiten in der Schrift abgebildet hat, die selbst uns schriftkundigen Erwachsenen oft nicht bewußt sind: Er hat das lange O erkannt und durch ein **OH** in der Schrift markiert; und er hat das tatsächlich kaum hörbare Übergangs-E zwischen G und L nicht wiedergegeben. Das Faszinierende ist nun, daß sich diese und weitere Schreibmuster, die unserer geltenden Rechtschreibung nicht entsprechen, in systematischer Weise wiederfinden in verschiedenen Wörtern desselben Kindes; bei verschiedenen Kinder; und sogar in verschiedenen Sprachen.

Die drei Fehler unseres Anfängers sind also nicht einfach Unzulänglichkeiten gemessen am Maßstab der geltenden Orthographie, sondern es sind

- 19 -

regelhafte Lösungen eines Problems, gesprochene Sprache mit unserem Alphabet zu verschriftlichen. Auch Konventionen wie die Schreibweise von Wörtern werden nicht nur einfach als Fertigwissen abgespeichert (**KWS, Kap. 23**). Ich gehe noch einen Schritt weiter und behaupte, daß diese Schreibweisen durchaus geeignete Annäherungsversuche an die Normen unserer Schrift darstellen (s. unten Kap. 2.2.).

Zum besseren Verständnis dieser These lohnt es sich, in der Entwicklung des Kindes noch einen Schritt weiter zurückzugehen und seinen Spracherwerb zu betrachten. Auch da hat es den Versuch gegeben - verbunden mit den Namen SKINNER und MOWRER - , Fortschritte als Nachahmung von Modellen oder als Verstärkung zufälliger Lösungsversuche durch die Umwelt zu deuten. Aber wie kommt es dann, daß Kinder regelhaft neue Wörter bilden, die sie noch nie gehört haben können, wie "ich beste" zu **der Besen**? Daß sie grammatische Formen verallgemeinern, die ihnen die Eltern erfolglos auszutreiben versuchen, wie "ich gehte" oder "die Apfels"? Daß sie bis zu einem bestimmten Alter schlicht unfähig sind, Sätze bestimmter Bauart nachzusprechen, obwohl sie über deren Teile durchaus verfügen? Ja, daß Kinder in bestimmten Phasen richtige Wortbildungen wieder verwerfen, um ein neu gelerntes Muster über verschiedene Wörter hinweg konsequent anwenden zu können?

Auch in solchen Sprachmustern ist eine systematische und aktive Ordnung spürbar, deren weitere Entwicklung zwar auf Hilfen durch die Umwelt angewiesen ist, die aber nicht durch Vorbilder oder bloßes Training ersetzt werden kann. Kaum jemand regt sich darüber auf, daß Kinder über Jahre hinweg eine unvollkommene Sprache sprechen. Niemand würde es wagen, ihnen das Sprechen zu verbieten, nur damit sie sich nichts Falsches einprägen. Und trotzdem lernen diese Kinder in ihrer überwältigenden Mehrheit, grammatisch einigermaßen richtig zu sprechen.

Damit ich nicht mißverstanden werde: Nur wenige Kinder erlernen die Rechtschreibung ohne systematische Förderung. Unsere Orthographie ist schwierig und der natürliche Anreiz, sie sich anzueignen, ist wesentlich geringer als bei der gesprochenen Sprache. Aber ich meine, die Form dieser Förderung und die Art, auf Fehler der Kinder zu reagieren, muß Rücksicht nehmen auf die grundlegende Einsicht: Auch Rechtschreiben ist ein Denkprozeß, der auf Konzepte zum Aufbau der Schrift zurückgreift und dessen Regeln von jedem einzelnen aktiv rekonstruiert und geordnet werden müssen.

Wer - wie unser **FOHGL**-Schreiber - begriffen hat, daß Schrift am Lautaspekt der Sprache anknüpft; welche Lautkontraste in seiner Sprache als bedeutungsunterscheidend wesentlich sind; wer sogar schon Schriftzeichen kennt, durch die diese lautlichen Merkmale abgebildet werden können - der hat ein gewaltiges Stück auf dem Weg zur Rechtschreibung zurückgelegt, auch wenn er im Einzelfall nur eine mögliche und nicht die historisch gewachsene Schreibweise gewählt hat.

Das Beispiel der Rechtschreibung veranschaulicht also, daß Kinder **aktive** Lerner sind; daß sie Erfahrung **systematisch** ordnen; und daß sie diese Hypothesen durch **Probehandeln** weiterentwickeln.

Beim abendlichen Vorlesen von "Jim Knopf und die Wilde 13" schaut Ben mit ins Buch: "**LUMMERLAND** mit /t/, obwohl da ein **D** am Ende ist. Wie bei **MOTORRAD UND WALD**!" (6 Jahre; 10 Monate - zur Hälfte des ersten Schuljahrs).

Analysen von Lesefehlern stützen darüber hinaus die These, daß schon Schulanfänger beim Entschlüsseln von Schrift nach Lösungen suchen, die vor ihrem Erfahrungshintergrund einen Sinn ergeben.

Ein Beispiel aus unserem Projekt (vgl. **KWS, Kap.** 27): Ein gutes halbes Jahr nach Schulbeginn liest Bernd den folgenden Text leise (und gibt nach jeder Zeile den Inhalt in eigenen Worten wieder): Udo hat einen neuen Roller (**Udo hat'n neuen Roller**). Er fährt vor dem Haus (**Der Roller fährt vor dem Haus**). Da sieht er Martin mit seinem Rad (**Das Rad dreht sich**). Er will schnell über die Straße (**Er rollt über die Straße**).

Der Text, den Bernd zu lesen hatte, endet damit, daß Udo weint. Auf die Frage zu diesem letzten Satz der Geschichte, warum denn Udo weine, antwortet Bernd: "**Weil der Roller weg ist.**" Liest man Bernds Zusammenfassungen einzeln nach dem entsprechenden Fibelsatz, kann man zuweilen nur den Kopf über seine Lese(un)fähigkeit schütteln. Liest man Bernds Sätze dagegen als fortlaufende Geschichte, bekommen seine Zusammenfassungen einen Sinn, auch wenn er im Widerstreit zwischen Textvorlage und eigener Lebenserfahrung, die durch das Mißverständnis vom "fahrenden Roller" aktiviert wurde, manchmal zu skurrilen Formulierungen kommt. Lesen folgt eben nicht dem Dreischritt der alten Schulmeister: Schrift-Laut-Sinn. Es ist eine aktive Denkleistung, auch bei Anfängern.

Aber auch schriftkundige Erwachsen machen Fehler beim Lesen, die zeigen, daß graphische Information "von unten" und Sinnerwartung "von oben" bereits auf der vorbewußten Ebene zusammenwirken. Sigmund FREUD (1954, 93f.,94f.) unterscheidet zwei Fallgruppen (vgl. **KWS, Kap.** 23):

"In einer übergroßen Anzahl von Fällen ist es nämlich die Bereitschaft des Lesers, die den Text verändert und etwas, worauf er eingestellt oder womit er beschäftigt ist, in sie hineinliest. (...) Ein Philologe, der wegen seiner letzten trefflichen Arbeiten im Streite mit seinen Fachkollegen liegt, liest '**Sprachstrategie**' anstatt '**Schachstrategie**'. Ein Mann, der in einer fremden Stadt spazierengeht, gerade um die Stunde, auf welche seine durch eine Kur hergestellte Darmtätigkeit reguliert ist, liest auf einem großen Schilde im ersten Stock eines Warenhauses: '**Klosetthaus**'; seiner Befriedigung darüber mengt sich doch ein Befremden über die ungewöhnliche Unterbringung der wohltätigen Anstalt bei. Im nächsten Moment ist die Befriedigung doch geschwunden, denn die Tafelaufschrift heißt richtiger: **Korsetthaus**."

In der zweiten Fallgruppe ist - so paradox es klingt - der Textinhalt selbst der Anlaß dafür, daß er falsch (vor-)gelesen wird. Der Leser verändert den Text, um einen Konflikt aus dem Weg zu gehen, denn der Text

"enthält etwas, was die Abwehr des Lesers rege macht, eine ihm peinliche Mitteilung oder Zumutung, und er erfährt darum durch das Verlesen eine Korrektur im Sinne der Abweisung oder Wunscherfüllung. Es ist dann natürlich unabweisbar anzunehmen, daß der Text zunächst richtig aufgenommen und beurteilt wurde, ehe er diese Korrektur erfuhr, wenngleich das Bewußtsein von dieser ersten Lesung nichts erfahren hat."

Ähnlich verhält es sich mit Verschreibungen (z.B. "Anek**tode**" statt Anekdote). BETTELHEIM/ZELAN (1982) haben in amerikanischen Grundschulklassen eine Fülle ähnlicher Beispiele beobachtet und analysiert.

Die berichteten Lernschwierigkeiten belegen, wie wichtig die persönliche Beziehung des Kindes zur Aufgabe und zum Textinhalt ist. Die Bedeutung persönlicher Gefühle und individueller Denkmuster beschränkt sich dabei nicht auf die soziale Ebene und den Inhalt von Texten.

MASON/McCORMICK (1981; s. unten Kap. 2.3) haben auch beim Erwerb der

technischen Lesefertigkeit Fortschritte und Schwierigkeiten auf unterschiedliche Vorstellungen vom Aufbau der Schrift und von der Funktion
der Buchstaben zurückführen können. Sie fanden z.B heraus, daß Kinder
je nach Entwicklungsstand bestimmte Aufgaben gar nicht annahmen. Andererseits machten sie Fortschritte vor allem in Aufgaben, die dem nächst-
höheren Denkniveau entsprechen - und das sogar über die Ferien hinweg,
in denen keine Förderung stattfand. Lernen bedeutet also Verarbeitung
und Ordnung einzelner Erfahrungen in Form von allgemeinen Denkmustern.
Und das gelingt nicht von einem Tag zum andern.

Kinder lernen aktiv, probehandelnd, sie übernehmen nicht passiv fertiges Wissen wie ein Speicher, in dem Lernergebnisse additiv abge-
legt werden. Neue Erfahrungen werden durch bereits vorhandene Deu-
tungsmuster gefiltert und müssen in diesem Rahmen re-konstruiert
werden, um eben dieses Wissen verändern und erweitern zu können.

Bei Schulanfängern zeigen sich Entwicklungsunterschiede in ihren Vorstellungen über Schrift, die bis zu drei Jahre ausmachen. Die breite
Streuung der vorschulischen Erfahrungen wird für die Bundesrepublik bestätigt durch eine Repräsentativerhebung von RATHENOW/VÖGE (1982,50-53):
Von allen Schulanfängern in einem hessischen Bezirk waren rund 20% Leser
oder Fast-Leser; 40% waren Lese-Anfänger, kannten einzelne Wörter aus
Werbung, von Schildern usw. und konnten 6-20 Buchstaben benennen; die
restlichen 40% waren Nicht-Leser, kannten höchstens 5 Buchstaben und
überhaupt kein Wort, hatten oft auch gar keine Lust, lesen zu lernen.
Die Verteilung wird von Klasse zu Klasse variieren. Mit der genannten
Bandbreite (fehlender) Vorerfahrungen muß jeder Lehrgang rechnen. An
welchen "Kleinigkeiten" Lernen dabei scheitern kann, übersehen wir
leicht.
Benjamin ist Fußballfan: "Wo steht das mit den zwei Toren und Rudi Völler?" Ich deute auf die entsprechende Stelle in der Zeitung. "Wo steht
Völler?", kommt es etwas gereizt zurück. Mein Fingernagel zittert einen
halben Millimeter unter einem kleinen Wort im großen Buchstabenmeer. Ben
droht zu explodieren: "**Da** oder **da**?" Sein Finger tapst auf Stellen, die
für mich nicht als Worteinheiten erkennbar sind. Nun werde auch ich un-
geduldig: "Das dritte Wort in dieser Zeile." Erst als Ben ohnmächtig-
wütend auf die Leerstelle zwischen zwei Wörtern tippt, dämmert mir die
Erinnerung, daß er selbst beim Abmalen von Wörtern keine Lücke zwischen
den Wörtern läßt. Hat er überhaupt schon eine Vorstellung davon, was
ein "Wort" ist und wie es im fließenden Schrifttext markiert wird?

Dabei sollte man meinen, wenigstens in der gesprochenen Sprache, mit der Benjamin so virtuos umgeht, müßte ihm die Wort-Einheit vertraut sein. Aber es besteht eben ein himmelweiter Unterschied zwischen der normgerechten Verwendung von Sprache im Alltag und dem bewußten Nachdenken, also der Analyse der Sprache in Bausteine, an denen wir im Erstleseunterricht so selbstverständlich anknüpfen (* 2.1 - 2.8).

Alles Denken und Handeln ist in konkreter und letztlich naiver Erfahrung verwurzelt. Neue Deutungen und Verhaltensweisen werden nur dann wirksam gelernt, wenn sie an solche Erfahrungen angebunden werden können.

Wie schwierig eine Analyse schon für Erwachsene ist, zeigt die folgende Frage: Wieviele Wörter hat der Satz "Da vorne kommt die Straßenbahn."? Fast jeder Erwachsene sagt: **fünf**. Aber überzeugend begründen kann kaum jemand seine Antwort (dazu ausführlich: **KWS, Kap. 10**).Das erste Argument heißt meistens: Das hört man doch! Untersucht man den Beispielsatz aber physikalisch und bildet ihn über ein Mikrophon auf dem Sichtschirm des Oszillographen ab, stellt man einen kontinuierlichen Lautstrom fest. Wir finden - anders als im Schriftbild - keine Pausen, die eine Gliederung in fünf Lauteinheiten begründen könnten. Wenn man den Satz vor sich hin spricht, fällt dieser fließende Übergang besonders an den zwei Wortfolgen **da vorne** und **kommt die** auf. Wir sagen "komti" oder allenfalls "komm" und "ti". Die Gliederung der Aussprache stimmt also nicht mit der Trennung in Schriftworte überein.

Wenn sich die Befragten von ihrer Überraschung erholt haben, schieben sie oft das Argument nach: Es sind fünf Wörter, weil sich der Satz in fünf Bedeutungseinheiten gliedert. Und diese Bedeutungseinheiten finde man in jedem Wörterbuch. Aber wieso sind **da** und **vorne** zwei Bedeutungseinheiten - **dazwischen** und **daneben** aber nicht? Umgekehrt ist zu fragen, wieso **Straßenbahn** eine einzige Bedeutungseinheit sein soll. Hier fordert die Alternative "Da kommt die elektrische Bahn" zum Nachdenken über unseren Wortbegriff heraus (**2.1**). "Hören" kann man fünf Wörter anscheinend nur durch den Filter der Schrift. Deren Systematik aber macht gerade dem logische denkenden Schulanfänger das Leben schwer. Das Rechtschreibproblem "er fährt Rad"/"er ist radgefahren"/ "er ist Auto gefahren" macht diese Schwierigkeit an einem Extrembeispiel auch für altkluge Philologen anschaulich. Unsere Lehrgänge für den Anfangsunterricht im Lesen und Schreiben aber wollen den Kindern den Zugang zur Schrift gerade dadurch erleichtern, daß sie sie auffordern: "Hör doch genau hin!" In der Tat, das sollten sie. Wir Pädagogen aber auch.

~~~~~~
~ Kinder lernen am besten, wenn die Aufgabe für sie persönlich bedeut- ~
~ sam ist, wenn ihnen also an der Lösung eines Problems liegt und der ~
~ Erwerb neuer Fertigkeiten oder Kenntnisse dafür nützlich erscheint. ~
~~~~~~

"Persönlich bedeutsam" - das meint zweierlei: attraktiv, interessant, emotional wichtig **und** verständlich, gedanklich durchsichtig und in die je individuelle Denkwelt hineinpassend. Für Pädagogen scheint es selbstverständlich, daß Lesen einfacher und für Kinder rascher zu nutzen ist als Schreiben. Viele Kinder finden aber ihren ersten Zugang zur Schrift über das Schreiben, wie z.B. Maria MONTESSORI (1980, 182-190) aus ihrem Kindergarten im Armenviertel von Rom berichtet und Jürgen REICHEN mit seinem einfallsreichen Unterrichtskonzept "Lesen und Schreiben" in vielen schweizerischen Anfangsklassen demonstriert hat (*3.2).

Andere Didaktiker betonen die Einheitlichkeit von Lesen und Schreiben. Für MONTESSORI's Kinder hatte Schreiben aber lange Zeit nichts mit Lesen zu tun. Die englischen Forscher BRYANT/BRADLEY fanden ebenfalls, daß die Kinder ihrer Untersuchung einige Wörter schreiben, aber nicht lesen konnten (und umgekehrt). Es gibt Spontanschreiber und Frühleser - warum müssen wir allen Kindern **einen** Weg verbindlich vorschreiben?

Die Verankerung des Wissens in konkreten Erfahrungen des Alltagshandelns fördert die Entwicklung getrennter Denkwelten, wie sie BAUERSFELD (1982; 1983) anschaulich für das mathematische Lernen dargestellt hat. Auch DONALDSON (1982) hat gezeigt, wie der Bezug einer Aufgabe auf die Lebenserfahrung eines Kindes die Zugänglichkeit und Schwierigkeit eines Problems verändern kann. Die formale Ähnlichkeit von Operationen täuscht uns leicht über die für das Kind wesentlichen Unterschiede hinweg. Kein Wunder, daß wir ihre Fähigkeiten zugleich überschätzen (indem wir den Inhalts- und Situationsbezug vernachlässigen) **und** unterschätzen, indem wir Situationen übersehen, in denen "dieselbe" Leistung für das Kind einen Sinn macht, lohnend - und möglich ist.

Ein bißchen mehr Respekt gegenüber dem Denken von Schulanfängern würde uns Eltern und Lehrern gut anstehen. Wir brauchen Lehrgänge für den Lese- und Schreibunterricht - aber nicht für die Kinder, sondern für die Erwachsenen, die sich kaum mehr in kindliche Vorstellungen über Schrift hineindenken können. Eine solche "Fibel für Lehrer und Laien" ist aus der Arbeit unseres Projekts erwachsen und 1983 unter dem Titel "**Kinder auf dem Weg zur Schrift**" veröffentlicht. Wir wollen mit diesem Buch Mut machen, den Kindern auf ihren Wegen zu folgen, sie zu beobachten und zu unterstützen, statt ihnen jeden Schritt vorzuschreiben. Gegenwärtig werden Lese- und Schreiblehrgänge mit nur wenigen Verzweigungen in die Fibeln und Arbeitsblätter für die Kinder hineinprogrammiert. Ich meine, aus dem Einheitslehrgang muß eine verzweigte didaktische Landkarte werden; und die gehört nicht ins Material für die Schüler, sondern in den Kopf der Lehrer/innen. Oder wie sonst können wir den Nebenwirkungen des Lehrgangsunterrichts entgehen, die Heinrich BAUERSFELD mit der folgenden Anekdote zu glossieren pflegt: Auf einer Neuheitenmesse stellt eine Firma eine vollautomatische Haarschneidemaschine vor. Äußerlich ähnelt sie den Trockenhauben beim Friseur, nur daß drinnen kleine Messer kreisen. Fragt ein Besucher skeptisch: "Ja, aber wie soll das funktionieren? Die Köpfe sind doch alle unterschiedlich groß!" Beruhigt ihn der Aussteller: "Aber doch nur beim ersten Mal, guter Mann!"

Am Ende dieser Einführung mag mancher skeptisch fragen: Kann man auf solchen Anekdoten eine Didaktik des Anfangsunterrichts aufbauen? Nein, das kann man nicht. Darum haben wir im 2. Kapitel Untersuchungen zusammengetragen und systematisch ausgewertet, die ähnliche Erfahrungen in sehr viel größerer Breite gewonnen und mit härteren Methoden überprüft haben. Die Episoden dieses einführenden Kapitels habe ich dagegen unter dem Gesichtspunkt ausgesucht, wie sich möglichst anschaulich darstellen läßt, was wir aus diesen Quellen gelernt haben: Lesen- und Schreibenlernen ist Denkentwicklung. Nur wer ein Gespür dafür entwickelt, was in den Köpfen von Kindern vor sich geht, kann empirische Daten und theoretische Erklärungsversuche verstehen. Und das heißt für mich: die persönliche Logik und Bedeutung von Lese- und Schreibversuchen im alltäglichen Umgang mit Schulanfängern mit Sympathie und Scharfsinn wiederentdecken.

2. WAS VORSCHULKINDER UNTER SCHRIFT VERSTEHEN
GEDANKLICHE FORTSCHRITTE
IN NAIVEN LESE- UND SCHREIBVERSUCHEN

2.1. MALEN ODER SCHREIBEN?
ENTWICKLUNG DER HANDSCHRIFT *

"Jessie, was machst Du da?" fragt
die Schwester.

"Ich schreibe", antwortet sie.

"Das stimmt doch gar nicht."

"Doch."

"Kann gar nicht sein. Ich sehe
überhaupt keine Buchstaben!"

Wie Kinder auf verschiedenen Altersstufe schreiben, zeigen in einem groben Überblick die folgenden "Kritzelbriefe", die Wolfgang MENZEL aus
einer Sammlung der Zeitschrift "spielen und lernen" ausgewählt hat. Obwohl sich eine allmähliche Annäherung an die übliche Schriftform beobachten läßt, kann man die Entwicklung nicht auf so einfache Formeln wie
"von der Bewegung zur Form" bringen.

Kritzelbriefe kleiner Kinder

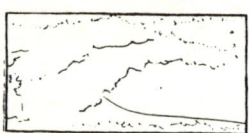

2, 8 Jahre

4 Jahre

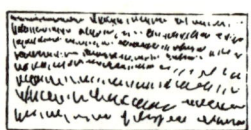

5 Jahre

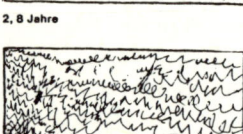

3, 5 Jahre

4, 5 Jahre

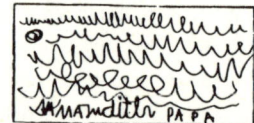

6 Jahre

----

* Ich stütze mich in diesem Abschnitt auf Kap. 7 und 26 von "Kinder auf dem Weg zur
Schrift" und die dort verarbeitete Literatur, vor allem: BRAUNS (1975), GIBSON/LEVIN
(1980, 46-65), LOCKOWANDT/HONEGGER. (1981), NEUHAUS-SIEMON (1981, 13-51). Zusätzlich habe
ich hier herangezogen: KOHRT (1983), LOCKOWANDT (1982), MENZEL/VIEWEG (1975), TEMPLE
u.a. (1982), CLAY (1975), MASS (1982).

"Schreiben" bedeutet für verschiedene Vorschulkinder nicht dasselbe:

Carlene (4 Jahre) versteht
unter Schreiben eine **Hand-
bewegung** mit dem Stift, die
sich in einem verbundenen
Schriftzug auf dem Papier
niederschlägt: die berühm-
ten Kritzel-Linien.

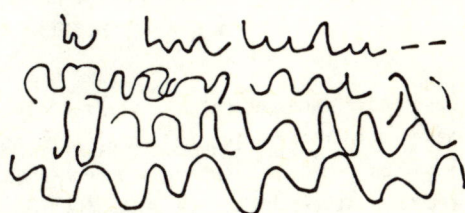

Für Matt (5 Jahre) ist die **Form**
der Zeichen wichtig, die er von
einer Vorlage oder aus dem Kopf
nachmalt.

Jessica (5 Jahre) hingegen
schreibt "Briefe" und greift
für solche **Mitteilungen** auf
Bilder, auf einzelne Buchstaben und auf einige vertraute Schriftwörter - wie
ihren Namen - zurück, die
sie immer neu kombiniert.
(Vgl. dazu auch Annabrooks
"Brautbild" unten 2.2.1.)

Diese drei Auffassungen vom Schreiben lassen erkennen, daß verschiedenen
Kindern unterschiedliche Merkmale der Tätigkeit und des Produkts auffallen, die sie als charakteristisch für das Ganze nehmen. Wohlgemerkt:
Es handelt sich nicht um Entwicklungsstufen, sondern um Aspekte, die
jeweils isoliert und zum Anlaß für eine neue Kategorie der Erfahrung
und des Handelns genommen werden. Jedes Kind braucht also **eine andere
Ergänzung** seiner Vorstellung, um das Konzept des Schreibens zu vervollständigen. Schauen wir uns darum einmal genauer an, welcher Art die vorschulischen Begriffe sind und was hinter ihnen steckt.

2.1.1. VOM ZIELLOSEN ZUM GERICHTETEN KRITZELN

LINEARITÄT UND WIEDERHOLUNG
ALS KENNZEICHEN VON SCHRIFT

Jessicas "Blumengesichter", die sie mit 4 Jahren "schreibt", oder auch der erste Kritzelbrief (2 Jahre; 8 Monate) aus MENZELs Sammlung unterscheiden sich schon durch die äußere Anordnung der Zeichen von den anderen Schreibversuchen: Sie sind flächig angelegt, nutzen das Blatt als "Raum". Unsere Schrift dagegen ist "linear", sie beschränkt sich auf die horizontale Dimension und folgt (zumindest gedachten) Linien. Wie die Beispiele zeigen, entdecken Kinder dieses Merkmal der Schrift sehr früh; sie ahmen es nach, ehe sie die Buchstabenformen beherrschen, und u.a. unterscheiden sie auch nach diesem Kriterium, was "Schrift" ist und was nicht (s. 2.3.1.). Betrachtet man eine Zeichnung mit zugekniffenen Augen, merkt man auch als Erwachsener, wie stark die zeilenweise Anordnung das Gesamtbild prägt. Hinzu kommt die **Wiederholung** von Schleifen, Kreisen und aufrechten Strichen. Für Carlene zeichnet sich Schreiben durch das Auf-und-Ab der Bewegung aus, die sie vielleicht bei den Erwachsenen beobachtet hat; für Matt ist es die Wiederholung bestimmter Grundformen (s. die Beispiele in 2.1).

Schon 1- bis 2-jährige Kinder kritzeln gerne, und zwar nicht nur aus Bewegungslust, sondern vor allem aus Freude am Ergebnis dieser Tätigkeit. In diesem Alter sind die Spuren aber noch ungerichtet; sie folgen keinem Plan, halten sich an kein vorgegebenes Grundmuster. Aber aus diesen Versuchen lernen die Kinder etwas über alternative Möglichkeiten der graphischen Darstellung (gerade/gebogen; offen/geschlossen; durchgehend/unterbrochen usw.). Sie können experimentieren - anders als in den standardisierten Schwungübungen der Schreib-Vorkurse im 1. Schuljahr. Aufgrund dieser Erfahrungen und eingehender Beobachtung älterer Schriftkundiger, entwickeln sie mit durchschnittlich 3 bis 4 Jahren erste Vorstellungen von charakteristischen Merkmalen der "Schrift" im Gegensatz zum Bild:

lineare statt flächige Anordnung; horizontale statt senkrechter oder diagonaler Richtung; Wiederholung einer Grundform oder regelmäßiges Auf-und-Ab.

Auch wenn viele Kinder diese Erfahrungen im Alter von 2, 3 oder 4 Jahren sammeln, fehlen sie anderen beim Schulanfang noch ganz: zuhause gibt es Bleistift und Papier nicht zur freien Verfügung, im Kindergarten wird solches "Geschmiere" untersagt. Diese grapho-motorischen Grundfertigkeiten können aber nur durch eigenes Probieren erworben werden. Vorbilder und ihre Nachahmung reichen nicht aus, um die Koordination von Auge und Hand zu entwickeln und vor allem die Aneignung der grundlegenden Konzepte **Linearität** und **Wiederholung**, aber auch der spezifischen Formprinzipien zu fördern, die später zur Unterscheidung der Buchstaben-Elemente gebraucht werden. Kritzelbriefe haben deshalb auch noch zum Schulanfang ihre Berechtigung (* **4.3;4.5**).

2.1.2. VON DER LINIE ZUR FORM
VARIATION VON BUCHSTABEN
DURCH KOMBINATION WENIGER GRUNDFORMEN

In ihren frühen Schreibversuchen experimentieren die Kinder mit den Grundformen (Gerade/Bogen; geschlossene/offene Linie usw.) und erfinden Zeichen neu:

Dahinter steht die Einsicht, daß Schrift aus wiederkehrenden Einheiten besteht (s. 2.1.3.), die ihrerseits aus wenigen Elementen durch unterschiedliche Kombinationen erzeugt werden können (***5.3**). Die durchgehende Zick-Zack-Linie wird zeitweise zugunsten einer konzentrierten Auseinandersetzung mit der Form aufgegeben, um später wieder an Bedeutung zu gewinnen (s. 2.1.4.). Diese "Stückelung" der Linie wird oben im Vergleich der Kritzelbriefe von 3;5- bis 4;5-jährigen sichtbar.

Für unsere Annahme, daß Kinder durch aktives Probieren ihren Zugang zur Schrift suchen, ist interessant, daß das Übermalen/Nachfahren bzw. das Abmalen von Buchstaben nur einen Teil der kindlichen Aktivität ausmacht. Selbst beim Abschreiben kommt es zu Ver-

änderungen (vgl. das E in **CARLENE**), und parallel zum Abschreiben werden alternative Formen ausprobiert, wie das rechts abgebildete Beispiel, (auch mit 4 Jahren ; 4 Monaten von Carlene geschrieben), deutlich macht.

Eine dogmatische Position ist auch hier fehl am Platze: das Nachmalen und Kopieren hilft, die Standardform einzuüben, eine Grundform zu gewinnen (*5.2). Das schöpferische Experimentieren fördert die gedankliche Auseinandersetzung mit den wesentlichen Formmerkmalen, mit den zulässigen Abweichungen und mit den nicht akzeptablen Kombinationen. - Diesen experimentellen Charakter von Schulversuchen belegt auch Heikes wiederholter Versuch, ihren Namen zu schreiben, der zudem auf eine angemessene Reihung der Einzelzeichen zielt.

Wie schwierig das "bloße Abschreiben" noch zum Schulanfang ist, zeigen die beiden Beispiele von Dieter HELLER auf der folgenden Seite. Wie beim Nachsprechen kann das Kind auch beim Abmalen von Zeichen nicht einfach "kopieren". Es muß die Wahrnehmungen mit Hilfe der verfügbaren Handlungsmuster re-konstruieren. Jeder Erwachsene kann diese Schwierigkeiten beim Nachschreiben kyrillischer, hebräischer oder gar chinesischer

Schriftzeichen am eigenen Leibe nachvollziehen (vgl. die Selbsterfahrungstests für Schriftkundige in **KWS, Kap.** 1).

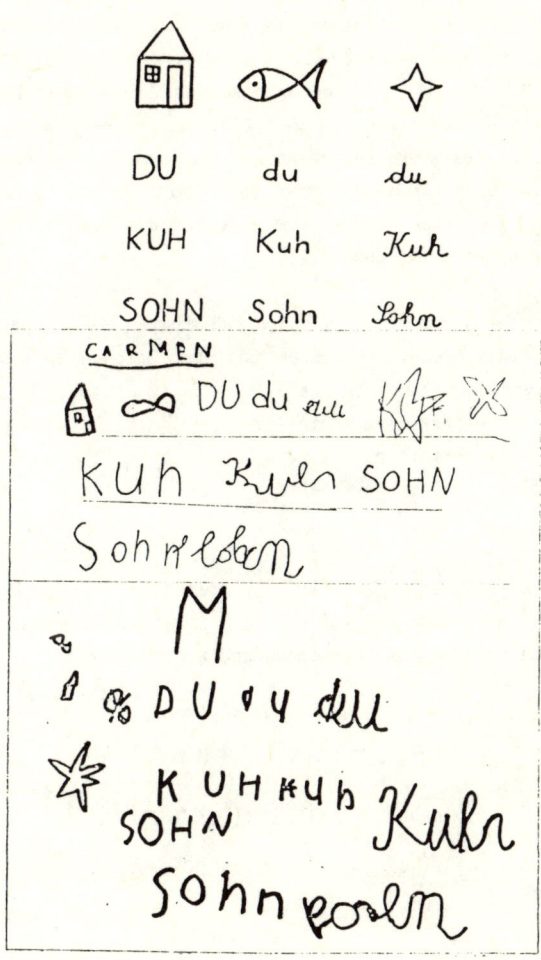

2.1.3. VON DER BUCHSTABENFORM ZUR BUCHSTABENFOLGE
SCHRIFT ALS GERICHTETE REIHUNG
WECHSELNDER EINZELZEICHEN

Schreiben erschöpft sich nicht in der monotonen Wiederholung derselben
Form/Bewegung, wie Kinder zunächst zu glauben scheinen (s.2.1.1.). Charakteristisch für Schrift ist der Wechsel von Zeichen aus einem allerdings begrenzten Grundbestand (s. auch 2.3.1.). Insofern wiederholt sich
die bereits auf Buchstabenebene gewonnene Einsicht, daß sich wenige Elemente (hier die Buchstaben) zu immer neuen Mustern kombinieren lassen.
Anfangs scheint es sogar keine Begrenzung für die Kombinierbarkeit der
Einzelzeichen zu geben (s. aber 2.2.).

Dieses "generative Prinzip" wird schon bei manchen 4-Jährigen sichtbar,
wenn sie beliebige Buchstabenketten aus den Zeichen zusammenstellen,
über die sie verfügen; auch bei dem
geringen Bestand von nur 6 verschiedenen Buchstaben achtet das Kind
auf den Wechsel in der Nachbarschaft.

Aber auch Schulanfänger "schreiben" in dieser Weise, wobei sie später
Wörter in ähnlicher Weise kombinieren, oft sogar ein regelrechtes Inven-
tar der bereits verfügbaren Buchstaben und Wörter anlegen:

Ein besonderes Problem für die Kinder ist dabei die Raumlage (des einzelnen Buchstabens) und die Schreibrichtung (der Buchstabenfolge). Das
Prinzip der Linearität (2.1.1.) muß
im Sinne der Schreibrichtung (von links
nach rechts und von oben nach unten)
präzisiert werden.- Will (4 Jahre) beginnt seinen Namen in der Mitte und
schreibt dann in beiden Richtungen.

Ben ("Benni") schreibt am Ende der
Zeile wieder zurück nach links, wie
die alten Griechen. Oder er überrascht
uns - wie viele andere Kinder - mit
seiner Fertigkeit, Schrift auf dem
Kopf zu lesen oder sogar spiegelverkehrt zu schreiben.

Nachdem Kinder gerade mühsam gelernt haben, Gegenstände trotz unterschiedlicher Raumlage und perspektivischer Verzerrung als gleich zu erkennen, müssen sie dieses Merkmal bei Buchstaben als unterscheidend in-
terpretieren (b/p/q/d; u/n). Es handelt sich nämlich nicht darum, daß
die Kinder sich nicht mehr an die richtige Buchstabenform erinnern können: Solche Verwechslungen unterlaufen ihnen auch, wenn sie nur eine
Zeile tiefer kopieren. Auch hier geht es um Einsicht in wesentliche und
belanglose Abweichungen. Diese Neuorientierung braucht ihre Zeit, die
Kinder zum Experimentieren und zum Überprüfen ihrer Vorstellungen nutzen.

Das bedeutet nicht, Erwachsene dürften nicht Stellung nehmen zu den Versuchen der Kinder. Wichtig ist jedoch, daß die Hinweise an echten Pro-

blemen anknüpfen und den Maßstab der (Miß-)Verständlichkeit betonen (TIM vs. MIT; *3.5). Aber erst wiederholte Rückmeldung ohne den Makel des Versagens regt zum Umbau der Schreibmuster an und stabilisiert die neue Orientierung.

2.1.4. VON DER FOLGE EINZELNER FORMEN
ZUR VERBUNDENEN BEWEGUNG
SCHRIFT ALS FLÜSSIGE UND FORMKLARE BEWEGUNG

Auf der letzten Stufe verschmelzen Form und Bewegung, der Rhythmus der Linie (s. 2.1.1.) und das Muster der Einzelzeichen (s. 2.1.2.). Nach dem sorgfältigen Abmalen und Aufbauen der einzelnen Buchstaben wird die Anforderung, schneller zu schreiben, zum Anlaß, Verbindungsformen zu entwickeln.

Der herkömmliche Schreibunterricht ist anders verfahren: Er hat die Druckschrift als gut gegliederte Leseschrift und die lateinische Ausgangsschrift als (scheinbar) fließende Handschrift streng voneinander geschieden (s. dagegen den Kritzelbrief der sechsjährigen Judith oben S.26). Zum zweiten hat er **eine** Bewegungsform als für alle Schreiber optimal vorgegeben und diese Zielschrift zugleich zur Norm für die ersten Schreibversuche gemacht.

In letzter Zeit geraten diese Dogmen ins Wanken. Nachdem in anderen Kulturen schon lange die individuelle Handschrift aus einer Verbindung der Druckschrift entwickelt worden ist, hat beispielsweise der CVK-Lehrgang die Formen der Schreibschrift aus einer gedanklichen Analyse der Druckschrift entwickelt. Er sieht den Übergang also nicht mehr als ein rein motorisches Problem, das allein durch Intensität und enge Vorgabe der Übungsform gelöst werden könnte, wie es auch die "blinden" Schwungübungen nahelegen.

Neben dem gedanklichen Aspekt ist auch die individuelle Rhythmik bereits der kindlichen Schreibbewegung übersehen worden. Statt von einer verbindlichen Norm als **Ausgangs**schrift auszugehen, müßte man genetisch aus den unterschiedlichen Schreibansätzen allmählich eine lesbare Handschrift entwickeln (*5.6). Die Norm (mit einer zudem erheblichen Bandbreite) ist also Ziel, nicht Ausgangspunkt der Schreibförderung. Nur wer die Schrift der Kinder nachfährt, sich auf ihren Rhythmus einzulassen versucht, wird ihnen helfen können, den individuellen Rhythmus auszuformen.

2.2. ENTWICKLUNG DER RECHTSCHREIBUNG LAUTSCHRIFT ODER IDEENSCHRIFT*

Bei den bisher untersuchten Beispielen haben wir nicht berücksichtigt, ob und ggf. wie die Kinder ihren Zeichen eine spezifische Bedeutung zuordnen, die über ihre allgemeine Behauptung zu schreiben hinausgeht. Während **Bild** und Gegenstand wesentliche äußere Merkmale zumindest in grober Entsprechung gemeinsam haben, gilt das für **Wort** und Gegenstand nicht mehr. Auf der anderen Seite ist unsere Schrift auch keine Ideen-Schrift, in der man Zeichen mit einer beliebigen Bedeutung vereinbaren könnte (wie z.B. die Wörter in der gesprochenen Sprache oder das Hauptstraßenschild nach der Straßenverkehrsordnung).

Die Kinder müssen also zwei Einsichten in den Schriftaufbau erwerben, die unterschiedliche Prinzipien verkörpern:

1. Buchstaben sind willkürlich vereinbarte Zeichen für bestimmte Sprachlaute; die Ähnlichkeit/Verschiedenheit ihrer sprachlichen Form hat nichts damit zu tun, ob sich auch die Laute in Artikulationsort oder -art gleichen oder nicht: z.B. Vokale einerseits, Konsonanten andererseits; stimmlos (P/T/K) vs. stimmhaft (B/D/G). Anders gesagt: Während man aus dem Buchstaben (E) ein (F) machen kann, indem man ihm etwas wegnimmt, geht das bei den Lauten /e/ und /f/ nicht entsprechend.

2. Die Folge der Buchstaben andererseits, also das "Wort", darf nicht willkürlich vereinbart werden, auch wenn die äußere Form der Bedeutung nicht gegenständlich-analog entspricht. Sie ist weitgehend vor-

---

* Dieser Abschnitt ist hervorgegangen aus Kap. 23 und 31 von "Kinder auf dem Weg zur Schrift" und der dort verarbeiteten Literatur, vor allem: CASTRUP (1978), DEHN (1983b; 1984), EICHLER (1976; 1984), FERREIRO/TEBEROSKY (1979), GENTRY (1982), KOCHAN (1981); zusätzlich: TEMPLE u.a. (1982), READ (1982), GRAVES (1983, Kap.18), HENDERSON/BEERS(1980).

gegeben durch die Lautfolge im Wort, kann jedoch auch nicht vollständig aus ihr abgeleitet werden (**Stil/Stiel**; **FAHTR/Vater**).

Aber schon ehe sie diese Prinzipien begreifen, verwenden Kinder ihre Schrift als Bedeutungsträger. So hat Susan mit 3 Jahren eine Einkaufsli - ste geschrieben und anschließend der Mutter vorgelesen (siehe "Übersetzung" links). Wie sich dieses Symbolverständnis allmählich mit der Einsicht in den technischen Aufbau der Schrift verbindet, zeigen die folgenden Beispiele zur Entwicklung der Rechtschreibefähigkeit und zur Durchsetzung des alphabetischen Prinzips gegen das Ab-Bilden oder die Vorstellung einer Ideen-Schrift, wie sie noch Susans Einkaufsliste aufweist.

2.2.1. DIE LAUTLICH WILLKÜRLICHE SCHRIFT
VOM SCHMÜCKENDEN ORNAMENT ZUM GRAPHISCHEN SYMBOL

In Kap. 2.1. haben wir gesehen, daß Kinder durch eigenes Probieren wichtige Einsichten in die graphischen Grundformen der Schrift gewinnen. Sie
finden nach und nach heraus, welche Merkmale zur Unterscheidung der einzelnen Zeichen wichtig sind. Aber wozu kann man diese Zeichen benutzen?

Manchmal verwenden Kinder sie als **Schmuck**, z.B. in Ketten, die einen
bestimmten Buchstaben wiederholen oder verschiedene Buchstaben in regelmäßiger Folge aneinanderreihen. Der Buchstabe hat hier einen ästhetischen

Wert an sich. Seine äußere Form verweist auf keine Bedeutung 'hinter ihm', allenfalls erinnert er an Gegenstände des Alltags (das H als "Turnstange", das O als "Ei", das t als "Kreuz").

Eine grundsätzlich andere Denkweise verbirgt sich hinter der Behauptung, eine Zeichenfolge "heiße" etwas Bestimmtes. Die Kinder verwenden dann den einzelnen Buchstaben oder eine Gruppe von Buchstaben als **Zeichen** für etwas anderes. So benutzt Annabrook (4 Jahre) die Initiale der Eltern, um sie als Brauteltern auf diesem Bild darzustellen. Das ist ein ganz wichtiger Schritt zum Verständnis der Schrift(-zeichen) als Symbolsystem, auch wenn er nicht den Regeln unseres Alphabets folgt. So bleibt die Zuordnung von Schrift und Bedeutung nicht konstant; das Kind kann nach einiger Zeit nicht mehr sagen, was diese Zeichen bedeuten. Erst recht fehlt die Übereinkunft mit anderen: nur das Kind selbst kann lesen, was es geschrieben hat. Als Mittel der Kommunikation taugt diese Schrift deshalb nicht. Schließlich fehlt auch der Bezug auf den Klang der Sprache, an dem unsere Schriftzeichen ja anknüpfen.

Dennoch wählen die Kinder die Zeichen nicht willkürlich aus; sie folgen einer eigenen Logik. So berichtet die argentinische Psychologin Emilia FERREIRO von dem 4 - 5jährigen Javier, für den **OIA** "Katze" und **OAIOAIOAI** (mehrere) "Kätzchen" bedeute. Javier benutzt also keine Bilderschrift mehr. Er weiß, daß Wörter durch Buchstabenfolgen abgebildet werden, ohne sie jedoch bestimmten Sprachlauten zuzuordnen.Das (Bilderschrift-) Denken in gegenständlichen Bezügen wird auf das neue System übertragen, indem die Zeichenkombination für **eine** Katze mehrfach wiederholt wird, um die Bedeutung für "mehrere Katzen" auszudrücken. Ähnlich denken Kinder, die die Anzahl der Buchstaben für einen Namen nach der Größe oder Bedeutung der betreffenden Person bemessen (vgl. S.16).

Die dritte Stufe dieses Denkens führt zu einer Objektivierung der Schrift, die auch diese gegenständlich-analoge Verwendung der Buchstaben(zahl) aufgibt: Bedeutungsunterschiede werden durch eine unterschiedliche **Reihenfolge** derselben Zeichen ausgedrückt. So schreibt Marisela (4 Jahre) unter Verwendung ihres begrenzten Zeichenvorrats **A 1 1 3** für ihren eigenen Namen, **A 3 1 1** für ihren Familiennamen "Romero", **A 3 1** für ihre Schwester "Silvia" usf. .

Schon Javiers unterschiedliche Anordnung der Zeichen in den beiden Fällen zeigt, daß wir die verschiedenen Denkweisen selten in Reinkultur finden. In der Darstellung des Footballtrainers durch seinen dreijährigen Sohn Shawn finden wir eine geläufige Mischung von Bilderschrift (das Gesicht des Vaters; das H als Football-Mal), von Ideenschrift (das verdrehte S von den Sweatshirts der Stroman High School) und von (noch nicht lautorientierten!) Buchstaben.Eine ähnliche Mischung

finden wir bei Björn: Wörter aus dem Grundwortschatz, lauttreue Schreibung und Konsonantenschrift (s.2.2.2.), aber auch ein Rest von Bilderschrift.

Für Schriftkundige lassen sich die Unterschiede der verschiedenen Konzepte von Schrift am Beispiel verschiedener Zahl-Zeichen für "sechs Bälle" veranschaulichen:

In einer **Bilderschrift** könnte man sie auf verkürzte, aber gegenständlich unmittelbar erkennbare Weise so darstellen: oooooo

Strichlisten (|||| |) sind eine noch **stärker stilisierte Bilderschrift**, die aber zumindest die Menge analog, d.h. im Verhältnis 1:1 abbildet.

Die römischen Ziffern (**VI**) bilden den Übergang zur **Begriffsschrift**: Es tauchen schon einige willkürlich vereinbarte Zeichen auf (**V,X,L,C**), aber der Rechenvorgang jedenfalls wird in der Zeichenfolge dargestellt (**VI = V + I; IV = V - I**).

Die arabische Ziffer (**6**) hat in ihrer äußeren Form **keinen unmittelbaren**

Bezug mehr zu ihrer Bedeutung; andererseits sind die Zeichen auch noch nicht an eine bestimmte Lautfolge gebunden: dasselbe Zeichen 6 läßt sich also in verschiedenen Sprachen für denselben Begriff, eine bestimmte Menge, verwenden.

Das ist anders bei **Zahlwörtern** (sechs , six, seis), die den Klang entsprechender Wörter verschriftlichen.

2.2.2.   DIE LAUTORIENTIERTE KURZSCHRIFT
VOM SINNBILD ZUM KLANGBILD

Ein wichtiger Schritt zum Verständnis des alphabetischen Prinzips ist die Einsicht in die Funktion der Buchstaben, Hinweise auf den Klang von Sprache zu geben. In dieser "Funktionsphase" (KOCHAN) folgen aus der noch recht groben Grundeinsicht und der anfänglich noch begrenzten Buchstaben-Kenntnis Schreibweisen, die durch zwei Merkmale auffallen (die folgenden Beispiele stammen vor allem aus EICHLER 1976; CASTRUP 1978; DEHN 1983b): Sie bilden nur solche Laute ab,

(1) die objektiv, also schon rein akustisch hervortreten, z.B. durch besondere Betonung oder weil sie sich aus dem Sprachstrom abheben (**GOLBS** für "Columbus")

(2) oder die gerade von diesem Kind besonders beachtet werden, z.B. weil es die entsprechenden Buchstaben schon kennt.

Das Kriterium (1) der akustischen Intensität oder Klarheit des Lautes kann erklären, warum Kinder Konsonantenhäufungen vereinfachen (z.B. **SPIGN** für "springen", **Pfaume** für "Pflaume", **GATN** für "Garten"); dasselbe gilt für Nasalierungen (z.B. **wuTerPar** oder **wonerBar** für "wunderbar").

Die Gerichtetheit der subjektiven Aufmerksamkeit (2) erklärt Schreibtypen wie

- **UI** für "Mutti", **OO** für "Popo" und **AA** für "Papa" - eine rein vokalische Schreibweise, die man auch als Silbenschrift deuten kann, da die Vokale das Zentrum der Silbe darstellen und in der Anzahl mit den Sprechimpulsen übereinstimmen;

- NS für "Nase", SCHRG für "Schreck" - eine konsonantische Schreibweise wie es sie beispielweise im Hebräischen gibt;

- Schreibweisen wie KSTN für "Kasten", TRFN für "Treffen" oder NT für "Ente", weil die Kinder über den Buchstabennamen des Konsonanten auch den betreffenden Vokal für mitbezeichnet halten (K für "Ka").

Die Logik dieser Schreibmuster zeigt, daß nicht nur zufällig verfügbare Buchstaben, sondern auch Hypothesen über die Abbildungsregeln der Buchstaben die Schreibweise bestimmen. So kann ein Buchstaben für ein ganzes Wort stehen, z.B. wegen der Lautähnlichkeit des Buchstabens Q für "Kuh", oder im Englischen U für "you" und R für "are"; oder weil das Kind einen Buchstaben zur Kennzeichnung für ausreichend hält: 3 H für "drei Häuser". Anderen Kindern ist bewußt, daß ein Wort mehrere Buchstaben haben muß, sie schaffen es aber nur, **einen** lautgetreu abzubilden und füllen dann willkürlich mit weiteren Buchstaben auf. Manchmal wirken auch visuelle Erinnerungen an graphische Merkmale in die an sich konsonantische **oder** vokalische Schreibweise hinein, so daß es zu Mischformen kommt wie MTI für "Mutti" und PAIA für "Papier". Nur eine längere Beobachtung verschiedener Schreibproben gibt Einblick in die individuellen Konstruktionsmuster des einzelnen Kindes.

Fördern kann man diese Kinder durch die Anforderung, mehrdeutige Schreibweisen zu präzisieren: "Woher weiß ich, ob PP 'Papa' oder 'Popo' heißt?" (***4.8**). Der Austausch von Buchstaben/Lauten in Wörtern macht deutlich, welche Klangmerkmale wesentlich für die Bedeutung und damit für die schriftliche Notierung sind: "Wie unterscheiden sich Rose/Hose, Hose/ Hase, Glas/Gras?"(***3.1**). Überhaupt hilft es, die Kinder auf die Parallelität räumlicher Schriftanordnung (links-rechts) und zeitlicher Klangfolge aufmerksam zu machen: "Wenn vorne ein **au** und hinten ein **s** steht,- wie heißt das Wort? Und wie heißt es umgekehrt? Kannst Du das auch mit den Buchstabenkarten legen?"

Besondere Schwierigkeiten macht Kindern dabei oft das **Konzept des "Wortes"**, das ihnen schon als Bedeutungseinheit nicht einleuchtet ("Autobahn" = **ein** Wort?) und sich akustisch erst recht nicht aus dem Sprachstrom herauslösen läßt (/komti:/ = **zwei** Wörter: "kommt|die" ?). Daß diese fragwürdigen Grenzen in der Schrift durch eine Leerstelle markiert werden, ist eine zusätzliche Schwierigkeit. Oft erproben Kinder auch da eigene Lösungen: Statt des nichtssagenden Vakuums markieren sie die Wortgrenzen mit Punkten, Strichen, Kreuzen oder aber überhaupt nicht.

Hier helfen Satzverwandlungen, "indem wir immer ein Wort austauschen" (*2.1). Andere Kinder brauchen Anstöße zur akustischen Gliederung von Wörtern (*2.3;*2.6) oder zur Unterscheidung ähnlicher Laute (*2.4;*2.7), eine dritte Gruppe braucht Merkhilfen für Buchstaben (*5.5;*3.2), um die Schriftzeichen zunehmend funktionsgerecht einzusetzen.

2.2.3. DIE PHONETISCHE UMSCHRIFT
VOM KLANG-SKELETT ZUM LAUT-DETAIL

Als Ergebnis solcher Aufgaben und eigener Versuche verfeinern die Kinder das akustische Prinzip allmählich zu einer streng phonetischen Schreibweise. Sie ähnelt in ihrer Detailtreue den Umschriften, die uns z.B. Sprachführer anbieten, um eine korrekte Aussprache der Vokabeln zu ermöglichen. Entsprechend geben die Kinder beim Abhorchen ihrer eigenen Aussprache mundartliche und individuelle Besonderheiten wieder, andererseits auch nur die wirklich hörbaren Laute: Da singt der **Kanaljenvogel**, **Vata** und **Modr spiln Tenes** und **Makus wöflt**, während **Jiörn** in die **Ischule** geht. Manches Kind registriert da Klangmerkmale, die wir Erwachsenen - irregeführt durch die Schreibweise - überhören. Dazu zählen beispielsweise Veränderungen durch die lautliche Nachbarschaft: Schbil, Farpe, **Raeise**.

Wurde dabei zunächst auf den lautlich passendsten Buchstaben zurückgegriffen, zeigt sich bald eine regelhafte Ordnung und Verallgemeinerung von Lösungsversuchen. So wird der Buchstabe (s) für den Laut /sch/ aus **SPIL** und **STIL** übernommen für das /sch/ in der Schreibung **SULE**. Wenn das Kind dann durch Lesen auf die Normschreibung **SCHULE** aufmerksam wird, überträgt es das neue Muster nach einiger Zeit zurück auf **SCHTIL** und **SCHTEMPEL**. Neues Material erzwingt eine Umorganisation der Schreibregeln - und als Folge werden bereits richtig geschriebene Wörter dann auf einmal falsch geschrieben.

Hier wird ganz deutlich, daß Kinder nicht additiv lernen, sondern daß
sie aktiv ein- und umbauen, was ihnen die Erfahrung als Daten liefert.
Weil das Kind regelhafte Lösungen für wiederkehrende Schreibprobleme
sucht und dafür bekannte Schreibweisen verallgemeinert, spricht KOCHAN
von der "Strukturphase". Von außen braucht man nur neues Material anzu-
bieten, um das System in Bewegung zu halten.

Es geht also nicht darum, ein "Fehlverhalten" auszumerzen, sondern den
Stoff zu liefern für den nächsten Schritt: den Übergang zur Normschrift.
So kann man auf graphische Gemeinsamkeiten (trotz unterschiedlichen
Klangs) aufmerksam machen, indem man Wortfamilien bildet (**fahren/fährt**;
wildern/Wild; ***6.4**) oder Wörter zu einem bestimmten Schreibmuster sam-
melt (**Meer/Teer/leer**; ***6.3**).

2.2.4. DIE HISTORISCH GEWACHSENE NORMSCHRIFT

VON DER LAUTTREUE
ZUR BEHERRSCHUNG VON RECHTSCHREIBVARIANTEN

Über das zunehmende Lesen, durch Rückfragen bei Erwachsenen und auch
durch gezielten Unterricht paßt sich der phonetische Schreiber allmählich der gängigen Orthographie an. Diese "Norm-Phase" (KOCHAN) braucht
aber ihre Zeit. Die Kinder ersetzen nicht ein Prinzip der Schreibung
plötzlich durch ein anderes. Vielmehr wachsen die (Teil-)Systeme nebeneinander und müssen Stück für Stück miteinander in Einklang gebracht
werden, um die Erfahrungen möglichst ökonomisch zu ordnen (s.S.17).

Anzeichen einer Veränderung ist die häufigere Verwendung verbreiteter
Schreibweisen. Das Kind achtet mehr auf graphische Muster statt nur auf
die Akustik (**Tahl** ← Zahl; **inn** ← innen) und auf Wortverwandtschaft
(**Ältern** ← alt). Der Sprung auf die neue Denkebene schlägt sich anfänglich wieder in einer Übergeneralisierung nieder. Zum Teil wird eine Aus-
zeichnung (wie z.B. die Verdoppelung) sogar auf den Gegenpol ausgedehnt:
Todd für Tod; **kohmen** für kommen.

Da das Kind seine Aufmerksamkeit auf die Wahl der richtigen Buchstaben
konzentriert, wird manchmal ihre am Sprachklang orientierbare Reihenfolge vernachlässigt: **Schlue** statt Schule. Im Wort liegende Bedingungen

für die Schreibweise werden noch nicht systematisch genutzt; das gilt
z.B. für Morphem-Grenzen (**Waltbrant**) und für die graphemische Umgebung
(**Golld**).

In dieser Phase helfen den Kindern Übungen nach der Rechtschreibsystema-
tik, die Muster für die Gruppierung von Schreibweisen anbieten (***6.3**).
Parallel zu dieser Musterbildung wächst der Anteil der vertrauten Wörter,
deren Schreibung durch häufige Verwendung automatisiert ist (***7.3** und
*7.7). Schon in der vorhergehenden Phase kann er 50% der spontanen
Schreibungen bestimmen. Dieser Grundwortschatz läßt sich jetzt ordnen
(2. bis 4. Schuljahr). Zum vorläufigen Abschluß der Normphase (4. bis
6. Klasse) geht es dann im wesentlichen darum, neue Wörter in das vorher
entwickelte Muster-Netz "einzuknüpfen", wobei ein bewußtes Einprägen
der Besonderheiten nützlich sein kann (***7.5** und ***3.6**).

Zum Schluß dieses Abschnitts fassen die folgenden Beispiele die wichtigsten Veränderungen noch einmal zusammen. Als Vorstufen zur Normschreibung "wunderbar" fand DEHN bei Schulanfängern:

(1) **uf, fadeilt, osfa** als "lautlich willkürlich";
(2) **WDB, WDR, wnra, wodba** als "lautorientierte Kurzschrift";
(3) **wonDERPA, wounderba, WUNDErBa** als "phonetische Umschrift".

Ähnlich verdeutlicht CASTRUPs Sammlung für "Urlaub", daß in einer ersten
Annäherung an das alphabetische Prinzip (2) die markanten Laute (**Ulb**)
oder die Silbengliederung (**Ulub**) wiedergegeben wird; daß im nächsten
Schritt (3) zunächst die eigene Sprechweise abgebildet, aber z.T. auch
schon auf typische Rechtschreibmuster zurückgegriffen wird (**Ulaub, Uhr-
laup**).

Eine solche Entwicklung läßt sich durch vier methodische Grundsätze fördern (**KWS, Kap. 31**):

- Die Kinder werden ermutigt, die Schreibweise unbekannter Wörter **selbst
  auszuprobieren**. Allmählich werden sie dann angeleitet, die Rechtschreibung selbst zu kontrollieren und - später - gleich nachzuschla-
  gen oder zu erfragen (erst den Nachbarn, dann die Tischgruppe, zuletzt
  die Lehrerin).

- Neben dem bewußten Abhorchen und stückweisen Übersetzen der Lautfolge werden besonders **häufige** oder im konkreten Sachzusammenhang wichtige Wörter ausdrücklich eingeführt und durch systematische Wiederholung gefestigt.

- Jedes Kind soll über diesen Grundwortschatz hinaus **eigene Wörter** sammeln, die ihm für das Schreiben von Texten wichtig sind. Verfügbar werden sie auf Karten - durch Diktat an einen Schreibkundigen, durch Ausschneiden, später durch Nachschlagen und Abschreiben.

- **Fehlschreibungen** - auch der geübten Wörter - sind jedenfalls im 1. und 2. Schuljahr nicht als "falsch" zu rügen. Jedoch sollten die Kinder in einer Dosierung, die nicht entmutigt, immer wieder auf die übliche Schreibung hingewiesen werden. Öffentliche Texte werden korrigiert.

2.3. ENTWICKLUNG DES LESENS
BENENNEN ODER ENTZIFFERN? *

2.3.1. VOM NICHT-LESEN ZUM ALS-OB-LESEN
BUCHSTABEN ALS GRAPHISCHE ZEICHEN

Auch wenn Kinder noch nicht lesen können, versuchen sie, mit Büchern sinnvoll umzugehen (*1.7). Bittet man sie, eine vorgelesene Geschichte selbst aus dem Buch "vorzulesen", so erzählen sie im frühen Stadium zu den Bildern, oft in einer rein aufzählenden Weise. Manche blättern nicht einmal um - oder in einer willkürlichen Reihenfolge. Kinder mit mehr Bucherfahrung blättern demgegenüber von vorne nach hinten, sie tragen in einer deutlich veränderten "Vorlese"-Stimme vor und versuchen, den Handlungsablauf wiederzugeben; sie verwenden Wörter, Satzformen und Erzählmuster des vorher gehörten Textes (oder typischer Geschichten).

----

* Dieser Abschnitt stützt sich auf die Kapitel 1, 3 und 28 von "Kinder auf dem Weg zur Schrift" und die dort ausgewählte Literatur, vor allem: MASON (1980a, 1981); MASON/ McCORMICK (1979, 1981) und RATHENOW/VÖGE (1982,50-53); zusätzlich: DOWNING (1979); FRANCIS (1982); TEMPLE u.a. (1982).

Sprache und Aufbau ihrer Geschichten lassen erkennen, daß Erzählen und Lesen für sie zwei verschiedene Dinge sind. Manchmal fahren sie auch mit dem Finger unter Textzeilen entlang, als ob sie die Geschichte nicht aus den Bildern oder aus dem Gedächtnis holten.

Ein anderer Aspekt ihrer wachsenden Schrifterfahrung: Sie können Schriftzeichen von anderen Zeichentypen unterscheiden - auch wenn sie die Namen der einzelnen Buchstaben noch gar nicht kennen. LAVINE (1972) hat Vorschulkindern vier verschiedene Zeichenarten vorgelegt (*5.7):
(I)   Englische Schrift (Buchstaben/Wörter; Druck-/Schreibschrift)
(II)   Hebräisch (unbekannte Zeichen, aber auch alphabetisches System)
(III)   unbekannte Symboltypen (chinesische Zeichen und eines der Maya)
(IV)   Bilder und geometrische Formen

    I   II   III   IV

Bei der Zusammenstellung der Vorlagen wurden außerdem folgende Merkmale variiert:

- Einzelwiedergabe oder Kombination mehrerer Zeichen des jeweiligen Typs
- mehrfache Wiederholungen desselben oder Verbindung verschiedener Zeichen;
- horizontal-lineare oder über das Blatt streuende Anordnung.

Für die 3- bis 4-jährigen Kinder war der **Gesamteindruck** wichtig: Als "Schrift" wurden Vorlagen eingeordnet, die **kein Bild** waren, **mehrere Zeichen** kombinierten, wobei sich **nicht dasselbe Zeichen** einfach wiederholen sollte, und deren Zeichenfolge **linear ausgerichtet** war.

Für die älteren Vorschulkinder war die Ähnlichkeit (oder Übereinstimmung der einzelnen Buchstaben) mit den üblichen Buchstaben ausschlaggebend.

Schon vor dem Lesenlernen im technischen Sinn entwickeln die Kinder also zutreffende Vorstellungen von einigen definierenden Merkmalen der Schrift (s.o. 2.1.1.). Auf der Grundlage dieser naiven Schriftkenntnis können sie zumindest Druckbuchstaben einander zuordnen und dabei auch

ähnliche Formen (P/R/B) voneinander unterscheiden. Sie sind sich aber
über die Bedeutung der Zeichen nicht im klaren, benennen sie beispielsweise als Ziffern. Sie kennen auch keine Ganzwörter aus der Werbung,
von Packungen oder Namensschildern. Auf der Straße "Zeichen und Wörter
jagen" (*1.6), Bilder und Schilder mit Schrift in einen Plan des Wohn-
orts eintragen (*4.2), Gespräche über den Nutzen von Büchern, von Lesen
und Schreiben (*4.1), das Sammeln "eigener Wörter" (*7.3) oder Spiele,
in denen man auf Schrift achten muß, ohne sie lesen zu können (*4.8;
*7.1;*7.2) - all dies hilft Kindern auf dieser Stufe, ihre Vorstellung
von der Funktion der Schrift und von ihrem Aufbau zu differenzieren.

2.3.2. Vom Schein-Lesen zum situationsgebundenen Lesen

Buchstaben und Wörter lassen sich (wie Bilder) benennen

Einen Schritt weiter als das Wiedererkennen und Unterscheiden von Buchstaben in der Standardform führt das Benennen von Schriftzeichen. Es
schließt zwar noch nicht das Bewußtsein ein, daß die Buchstaben Sprachlaute darstellen und daß man mit ihrer Hilfe Wörter er-lesen kann. Aber
die Fähigkeit, das Alphabet aufzusagen oder einzelne Buchstaben zu benennen, ist oft Symptom dafür, daß das Kind lernt, auf die Unterschiede
zwischen den Buchstaben zu achten. Es wird zunehmend aufmerksam auf die
definierenden Merkmale: Derselbe Buchstabe kann in verschiedenen Farben
oder Größen oder sogar Drucktypen auftauchen - aber er darf nicht seine
Lage im Raum verändern. Manchmal wissen die Kinder sogar schon, daß es
"große" und "kleine" Varianten desselben Buchstabens gibt, eine noch
höhere Abstraktion von der rein graphischen Ähnlichkeit. Diese gedanklichen Einsichten schlagen sich denn auch in der Leistung nieder, die
Zeichen zu benennen. Umgekehrt kann das Üben der Buchstabennamen diese
gedankliche Einsicht zwar stützen, aber nicht erzeugen.

Auf dieser Stufe erkennen die Kinder meist auch schon einige Worte aus
der Werbung, von Verpackungen oder Straßen- und Ladenschildern, den
eigenen und manchmal auch einige weitere Namen. Aber dieses "Lesen" ist
in der Regel davon abhängig, daß der besondere Schriftzug (z.B. "Coca-
Cola") oder der sozial-gegenständliche Kontext erhalten bleiben: die
Flasche, auf der das Etikett klebt, oder die Ladenfront für das Schild.

"Folglich ist Kindern, wenn sie Wörtern auf Verkehrsschildern, Packungen
Etiketten, Werbeplakaten und Schildern wiederzuerkennen lernen und sich
auf ihre Bedeutung konzentrieren, nicht klar, daß Wörter aus ihrem Kontext gelöst werden können. Es mag also sein, daß sie ein bekanntes Wort
in einem anderen Umfeld nicht wiedererkennen, daß sie z.B. STOP auf dem
Verkehrsschild, aber nicht anderswo erkennen. Hinzu kommt, daß sie zwar
Wörter lernen können, aber ihr Wissen vielleicht nicht so äußern, wie
wir erwarten. Beispielsweise lernten einige 4-Jährige in unseren Untersuchungen das Wort **rabbit** (Kaninchen), benannten das Wort aber später
mit 'bunny' (Häschen; Eichhörnchen). Schließlich wissen sie nicht, wie
sie Buchstaben für das Merken von Wörtern nutzen können, obwohl sie sie
häufig benennen können. Wenn sie z.B. kurze Wörter mit Magnetbuchstaben
schreiben sollten, legten sie oft alle verfügbaren Zeichen in zufälliger
Folge aus. Auf dieser Entwicklungsstufe sind die Verfahren der Kinder,
Wörter zu benennen, also so unzulänglich, daß sie nur **langsam, wenig
effektiv** und oft mit Hilfe **irreführender Merkmale** lernen." (MASON/
McCORMICK 1981, 5f.)

Anstoß für den nächsten Schritt kann das Sammeln weiterer Wörter sein
(***1.6; *1.7**); weiterhin Spiele, die zu einem genauen Vergleich der graphischen Merkmale herausfordern (***7.1; *7.2**). Daneben werden sich die
Kinder mit der Form der Buchstaben (***5.3; *5.4**) und mit ihren Namen auseinandersetzen (***5.5**). Der Vergleich unterschiedlicher Drucktypen und
Handschriften hilft, den Buchstabennamen als Etikett für eine Gruppe
graphisch durchaus unterschiedlicher Formen zu erkennen, deren zentrale
Gemeinsamkeit derselbe Lautwert ist (***5.1**). 'Sprechende Bücher' (durch
die Koppelung von Buch und Ton-Cassette) und das Basteln von Comics eröffnen den Kindern aber auch schon einen selbständigen Umgang mit Texten
und wecken die Neugier auf Bücher und die Freude am Lesen (***4.9;*8.2**).

2.3.3. VOM KONTEXT-DEUTEN ZUM TEXT-ENTZIFFERN
BUCHSTABEN ALS HINWEISE AUF DEN WORTKLANG

Je mehr Wörter die Kinder kennen, umso deutlicher wird ihnen, daß dasselbe Schriftbild an verschiedenen Stellen auftauchen und trotzdem dasselbe bedeuten kann. Zudem entdecken sie, daß verschiedene Wörter einzelne Zeichen gemeinsam haben können (**Polizei/Post; Toto/Lotto**). Parallel wächst die Zahl der bekannten Buchstaben (von 5-10 auf der vorhergehenden Stufe) auf etwa das Doppelte. Damit sind die Voraussetzungen
für zwei grundlegende Einsichten geschaffen:

(1) Wörter sind aus einer begrenzten Zahl wiederkehrender Zeichen zusammengesetzt.

(2) Ähnlichkeiten in den Teil-Zeichen haben mit Ähnlichkeiten im Wortklang zu tun.

In dieser Phase "fliegen" viele Kinder auf Anfangsbuchstaben oder mar-
kante Zeichen (wie **tt** in **Mutter**). Anfänglich beschränken sie sich auf
die **graphische** Unterscheidung der Wörter durch diese Merkmale. Darum
kann auch die Länge des Wortes eine Rolle für das Wiedererkennen spielen. Aber auch das ist schon ein wichtiger Schritt, weil das Wort "für
sich" genommen und nicht lediglich aus dem sozial-gegenständlichen Zusammenhang erschlossen wird. Die - wen auch grobe - Einsicht in das
Lautprinzip ist dann der entscheidende Sprung, gefördert durch die ver-
gleichende Analyse bekannter Wörter: "Das fängt wie mein Name an", oder:
"Oma und Opa sind nur in der Mitte anders - das hört man auch!".

Dabei gibt es durchaus Schwierigkeiten: Der Buchstabenname führt in die
Irre (SO = Ess-o); oder die Veränderung des Lautwerts im Wortzusammenhang blockiert den Sprung zum natürlichen Sprachklang. Vor allem die
kurzen Vokale machen Schwierigkeiten (offen/Ofen), so daß sich manche
Kinder ganz auf die Konsonanten als Lesehilfe zurückziehen.

Da das alphabetische Synthetisieren nicht so einfach funktioniert, brauchen die Kinder Zeit, um Vertrauen in ihre Entdeckung der Buchstaben-
funktion zu gewinnen. Eine lange Zeit beschränkt sich ihre Lesefähigkeit
darauf, die Bedeutung einzelner Buchstaben innerhalb vertrauter Wörter
zu erkennen. Die Ergebnisse der analytischen Lautgewinnung probieren
sie dann synthetisierend an neuen Wörtern aus, bis sie ein Gefühl für
die Breite der Lautvarianten haben. Insofern ist das Schreiben für viele
Kinder leichter, da sie hier mit einfacheren Hypothesen beginnen
(s.2.2.2.) und diese allmählich verfeinern können (s.2.2.3.), ehe sie
die Normschrift in den Griff bekommen müssen (s.2.2.4.).

Die Einsicht, daß die Buchstaben eine Schlüsselrolle besitzen, und die
Anstrengung der Aufmerksamkeit auf diesen Aspekt verschließen nun oft
die Nutzung des Kontextes, der eigenen Sinnerwartung und der Spracherfahrung. Deshalb kann es förderlich sein, den Kindern wieder den **Inhalt**
schriftlicher Texte attraktiv zu machen, z.B. über Briefe, Ausweise,

Rollen-Etiketten im Spiel oder "stumme Aufträge" (**4.4; *4.5; *8.3).
Auf der lesetechnischen Ebene geht es um die Differenzierung des Laut-
prinzips über Minimalpaare (*3.1) und die Beachtung der Leserichtung
(*3.5), zum Teil auch um Hilfen bei der Synthese der Kunstlaute (*3.6),
damit das Kind seine beginnende Einsicht in die Buchstaben-Funktion
nicht wieder verwirft, weil es die Schwierigkeiten der praktischen Anwendung als grundsätzliche Widerlegung seiner Hypothese deutet - und
resigniert. Vor allem aber können sich die Kinder untereinander erklären, wie sie neue Wörter entschlüsselt haben und auf welche Merkmale
sie achten (*3.7).

2.3.4. VOM LAUTIERENDEN ZUM FLÜSSIGEN LESEN
BUCHSTABENFOLGE UND BEDEUTUNGSZUSAMMENHANG

Die letzte Entwicklungsphase ist durch drei Fortschritte gekennzeichnet:

(1) Da die Kinder beim Erlesen die Schriftzeichenfolge vollständig aus-
werten und für den Lautwert auch die Nachbarschaft des einzelnen
Buchstaben berücksichtigen, können sie sogar Wörter erlesen, deren
Bedeutung ihnen unbekannt ist.

(2) Die Kinder werden auf wiederkehrende Buchstabengruppen aufmerksam
und beginnen, häufige Wörter/Wortteile automatisch, d.h. ohne bewußtes Lautieren des einzelnen Buchstaben und damit schneller zu lesen.

(3) Dadurch wird die Aufmerksamkeit für die Wortbedeutung und den Text-
inhalt frei, so daß "sinn-entnehmend" gelesen und und umgekehrt das
Erlesen des einzelnen Wortes "von oben" gesteuert und kontrolliert
werden kann.

Auf dieser Stufe, die vor allem auf vielfältige Leseerfahrung angewiesen
ist,

"lesen die Kinder viele oder sogar die meisten Wörter, die sie gedruckt
sehen, weil sie ihr Schrift-Verständnis so umorganisiert haben, daß die
Bedeutung der Schrift wieder eine Rolle spielt. Ihre Vorstellung von
der Beziehung zwischen Lauten und Schriftzeichen ist also beweglicher
geworden, so daß sie Wörter mit besonderen Mustern leichter erlesen können. Einerseits bilden sie gute Hypothesen für die Aussprache unbekannter Wörter, andererseits sind sie bereit, diese zu überspringen und sich
am Textzusammenhang zu orientieren." (MASON/McCORMICK 1981, 7).

Fortschritte zeigen sich darin, daß die Kinder nicht mehr vorgelesen bekommen wollen, daß sich der Sicht-Wortschatz bekannter Wörter kaum mehr benennen läßt, daß sie alle Buchstaben in Groß- und Kleinschrift kennen, daß ihnen ungewohnte Schriftarten wenig Schwierigkeiten machen, daß sie mehrsilbige Wörter und Konsonantenhäufungen bewältigen und daß sie vor allem Fragen zum Textinhalt beantworten können.

Damit sind zugleich Ansatzpunkte für die Förderung benannt: Automatisierung eines Grundwortschatzes besonders häufiger und persönlich wichtiger Wörter (*7.3; *7.7), Hilfen für die Gliederung langer Wörter und die Gruppierung einzelner Buchstaben (*6.2; *6.3; *6.4) und Aufgaben zur Sinnkontrolle (*8.1). Die Freude am Lesen hängt dabei aber ganz wesentlich von der Zugänglichkeit interessanter Bücher ab und von der Möglichkeit, sie in Ruhe zu lesen und über ihren Inhalt zu sprechen (*8.7;*8.8; *8.9).

3.　　　　　　CLAUDIA, BEN, ARNE UND KARIN

IDEALTYPISCHE BEISPIELE
FÜR VIER UNTERSCHIEDLICHE ENTWICKLUNGSSTUFEN
ZUM SCHULANFANG *

Das Schaubild auf der folgenden Seite faßt in vereinfachter Form diejenigen Einsichten zusammen, die wesentliche Fortschritte in der Entwicklung der Handschrift, der Rechtschreibung und des Lesens markieren. Die Parallelität der Darstellung macht auf Entsprechungen in diesen drei Entwicklungssträngen aufmerksam, ohne daß sich eine verbindliche und allgemein gültige Zuordnung herstellen ließe. Die Überlappung der "Stufen" in den drei Dimensionen soll das auch graphisch sichtbar machen.

In der Entwicklung des einzelnen Kindes sind die Übergänge auch innerhalb einer jeden Dimension nicht trennscharf. Das hängt mit den konkreten Erfahrungen des Kindes zusammen: Dem einen hat die Großmutter beigebracht, das Alphabet aufzusagen; dem anderen erklären die Eltern bei jedem Stadtgang, beim Blick in die Zeitung oder auf das Etikett einer Lebensmittel-Verpackung die Bedeutung zentraler Wörter. Das dritte Kind schließlich guckt der großen Schwester das Vorlesen aus der Fibel ab. So verfügt jedes Kind über andere Elemente als Ausgangspunkt seiner weiteren Lese- und Schreibversuche: Dem einen fallen die einzelnen Buchstaben in den Wörtern auf; dem anderen ganze Wörter, die ähnlich oder an bestimmten Stellen unterschiedlich aussehen; das dritte spekuliert aus dem Kontext und von seiner Spracherfahrung her über den möglichen Sinn der Schrift. Man darf also kein Kind in eine bestimmte Schrittfolge hineinzwingen.

Dennoch lassen sich für die praktische Arbeit sinnvolle Hypothesen über fruchtbare Aufgaben für die "nächste Zone der Entwicklung" (WYGOTSKI) aus den im letzten Kapitel dargestellten und in der Übersicht zusammengefaßten Zugänge zur Schrift gewinnen. Um die Anwendung zu erleichtern, werden vier Fallbeispiele vorgestellt und interpretiert. Auch diese Bei-

----

* Die Beispiele und Überlegungen dieses Abschnitts sind in meinem Beitrag "Erkennen und Fördern was Kinder schon wissen" zu dem Sammelband "Schulanfang ohne Fibeltrott" von BERGK/MEIERS (in Vorb.) ausführlicher dargestellt und kommentiert worden (vgl. auch "Kinder auf dem Weg zur Schrift", Kap. 28).

Malen oder Schreiben?

HANDSCHRIFT

Vom ziellosen zum gerichteten Kritzeln

Linearität der Schrift (statt Flächigkeit des Bildes) und Wiederholung der Form/Bewegungseinheit (statt eines isolierten Zeichens) werden berücksichtigt.

Von der Linie zur Form

Aus wenigen Grundformen lassen sich verschiedene Schriftzeichen zusammensetzen, von denen aber nur einige Kombinationen als Buchstaben anerkannt sind, wie sich im Wechselspiel von Nachfahren, Abmalen und eigenen Schöpfungen herausstellt.

Von der Buchstabenform zur Buchstabenfolge

Schrift ist nicht monotone Wiederholung derselben Form/Bewegungseinheiten; Buchstaben lassen sich in wechselnder Folge, aber auch nur in einer bestimmten Raumlage und Schreibrichtung zu größeren Einheiten verknüpfen.

Von der Folge einzelner Zeichen zur verbundenen Bewegung

Um das Schreiben zu beschleunigen, müssen die Einzelzeichen in einem verbundenen Zug geschrieben werden. Die individuelle Rhythmik bestimmt die Balance zwischen Formklarheit und Flüssigkeit.

Ideen- oder Lautschrift?

RECHTSCHREIBUNG

Die lautlich willkürliche Schrift

Vom schmückenden Ornament zum graphischen Symbol: Schrift trägt Bedeutung, aber nicht vermittelt über den Klang des Worts. Die Bedeutung wird subjektiv beigelegt oder gegenständlich-analog abgeleitet (viele Zeichen, langes Wort= wichtig, groß und viel).

Die laut-orientierte Kurzschrift

Vom Sinn-Bild zum Klang-Bild: Die Schrift knüpft an hervorstechenden Lauten an oder nutzt die verfügbaren Buchstaben(namen) zur Abbildung ähnlich klingender Wortteile.

Die phonetische Umschrift

Vom Klangskelett zum Lautdetail: mundartliche und persönliche Aussprache wird wiedergegeben, Lösungen für spezifische Verschriftungsprobleme werden verallgemeinert. Die beginnende Übernahme von Rechtschreibmustern führt zur Übergeneralisierung.

Die historisch gewachsene Normschrift

Das Klanggerüst kann durch alternative Buchstaben(gruppen) gefüllt werden. Wortverwandtschaft und historisch bedingte Schreibmuster müssen als Häufigkeits-Wortschatz eingeprägt werden.

Benennen oder Entziffern?

LESEN

Vom Nicht-Lesen zum Als-ob-Lesen

Vorlesen ist im Gegensatz zum Erzählen textgebunden. Schrift zeichnet sich gegenüber anderen Zeichenarten schon durch das graphische Grundmuster aus. Buchstaben werden als rein graphische Formen wiedererkannt und unterschieden.

Vom Schein-Lesen zum situationsgebundenen Lesen

Wörter lassen sich (wie Abbildungen) benennen. Ihre Bedeutung wird oft über den sozial-gegenständlichen Kontext erschlossen und behalten. Die ersten Buchstaben (5-10) sind mit Namen/Lautwert verfügbar.

Vom Kontext-Deuten zum Textentziffern

Buchstaben (vor allem Mitlaute) geben Hinweise auf den Klang des Wortes. Beginnende Einsicht in die Parallele von Schrift- und Klangähnlichkeit, gefördert durch wachsende Buchstabenkenntnis (von 5-10 auf 10-15). Schwierigkeiten mit der Synthese von Buchstabennamen bzw. streuendem Lautwert der Schriftzeichen.

Vom lautierenden zum flüssigen Lesen

Gruppierung der Buchstaben und Sinnzusammenhang bestimmen den Lautwert der Schriftzeichen. Wiederholtes Lesen häufiger Wörter automatisiert die Einzelschritte und macht Kapazität frei für die Sinnebene.

spiele sind typisierend vereinfacht, aus Beobachtungen an verschiedenen
Kindern konstruiert. Aber sie führen schon auf eine Ebene, die der Er-
fahrung im Unterricht nahekommt. Um überhaupt etwas von der Vielfalt
dessen wahrzunehmen, was Schulanfänger mitbringen, muß man mit wenigen
Schubladen anfangen. Sie weiter aufzufächern ist Aufgabe der eigenen
Beobachtung.

3.1 Stufe (1): Subjektive Schrift-Verwendung

Claudia hat zwei ältere Stiefschwestern (14 und 16) und einen jüngeren
Bruder (3;7). Ihre Eltern arbeiten ganztags in einer Konservenfabrik.
In den Kindergarten geht Claudia nur selten; die älteste Schwester (keine Lehrstelle) ist meist zuhause und paßt auf die Kleinen auf. Claudia
hat keine Bücher, aber drei Märchen-Cassetten. Briefe, Bücher, Zeitungen
spielen im Familienleben keine Rolle. Claudia beschäftigt sich viel mit
ihrem kleinen Bruder und seinen Spielsachen.

Claudia (6 Jahre; 4 Monate) fällt schon am ersten Schultag auf. Aus den
Buchstabenwürfeln baut sie "ein Haus". Sie kennt keine Buchstabennamen,
kann aber Kärtchen in gleicher Drucktype zu Paaren sortieren (*5.1).
In ihrer Antwort auf den Einladungsbrief, den die Lehrerin an die Schulanfänger geschrieben hat, malt sie eine Strichfigur und Zickzack-Linien
quer durch das Bild (*4.5). Eine lineare Ausrichtung ist nicht erkennbar, einige buchstabenähnliche Grundformen tauchen wiederholt auf.

Claudia bringt eine naive Vorstellung vom "Schreiben" und von "Schrift"
in die Schule mit. Sie muß jetzt mit den Elementen der Schrift vertraut
werden und ihre charakteristischen Merkmale durch eigenes Probieren herausfinden. Freies Spiel mit Buchstabenwürfeln, mit Stempelkasten und
Schreibmaschine nimmt ihr die Befangenheit. Abmalen von Wörtern in
Druckschrift, Nachfahren von Schrift, Sortieren und Zuordnen von Buchstaben gibt ihr die Sicherheit im Umgang mit Schriftzeichen und Schreib-
materialien/-geräten (*5.3;5.2;5.1;5.7).

Beim Abzählen ("ene, mene, miste") geht Claudia der Silbenrhythmus verloren. Sie meint: "Kuh klingt länger als Regenwurm". Die Wortkarten
HAUSTÜR und **HAUS** ordnet sie den Abbildungen der beiden Begriffe umgekehrt zu. Von den Wörtern **AUTO**, **AUGE** und **FLIEGE** klingen ihrer Meinung
nach die ersten beiden "am Ende gleich" (*2.2;2.6).

Claudia versteht und verwendet Sprache in alltäglichen Situationen. Sie

achtet nicht bewußt auf die äußere Form, sondern auf die Bedeutung.
Sprachspiele können ihre Aufmerksamkeit auf Lauteinheiten richten, an
denen die Schrift anknüpft:Reimwörter finden; zu einem gegebenen Anlaut
verschiedene Wörter suchen; Wortketten bilden (Haus-**Tür**; Tür-**Schloß**;
Schloß-...); Auto-**Op**a-Aral-**L**...); Grobgliederung in Sprechsilben durch
Lieder, durch Abzählreime und durch Silbenmarken zum Zählen der Silben
(***2.5;2.1;2.4;2.2;2.3**).

Claudia erkennt keines der Wörter aus der Werbung (***1.6**) oder von Schildern der Stadtteilfotos (***4.2**). Sie kann auch ihren Namen nicht schreiben. Sie malt drei Strichhäuschen auf die Bitte: "Schreib mal auf dieses
Blatt '3 Häuser'!".

Claudias Symbolverständnis ist noch gegenständlich-analog. Für sie ist
die Erfahrung wichtig, daß man die Bedeutung von Zeichen vereinbaren
und diese miteinander verknüpfen kann: farbige Plättchen auf dem Xylo-
phon können nach einer "Farbmelodie" auf dem Papier abgespielt werden;
man kann Geschichten aus Bildern "bauen" und Botschaften in einer "Ge-
heimschrift" austauschen (***1.3;1.5;1.1;4.3;**).

Als Claudia erklären soll, wie der Briefträger die Briefkästen findet,
in die die einzelnen Briefe hineingehören, ist sie ratlos (***4.1**). (Bil-
der-)Bücher blättert sie durch, wie sie sie gerade in die Hand bekommt
(***1.7**). Die Abbildungen kommentiert sie einzeln, nicht als Handlungsfolge. Dabei bezieht sie sich auf eigene Erfahrungen, nicht auf den Inhalt
des gestern vorgelesenen Textes.

Claudia fehlen selbst naive Vorstellungen von der Funktion der Schrift
und von Konventionen ihrer Verwendung (oben/unten; links/rechts; "star-
rer" Text/"offenes" Bild). Über gemeinsames Anschauen und Vorlesen von
Büchern wird sie mit dem Aufbau von Texten und ihrer äußeren Form vertraut. Die Herstellung von Schildern, Merkzetteln, Stichwortbriefen,
Bild-/Schrift-Collagen macht den Weg vom Gedanken über die Sprache in
die Schrift nachvollziehbar und die ersten Wörter zugänglich (***8.2;4.9;
4.4;7.4;7.3**).

3.2 STUFE (2): SITUATIONSGEBUNDENES LESEN
UND LAUTLICH WILLKÜRLICHE SCHRIFT

Bens Vater ist Richter, die Mutter Hausfrau. Der Vater liest ihm seit
Jahren vor dem Einschlafen vor. Im Fernsehen sieht Ben nur Kindersen-
dungen, vor allem sachkundlich orientierte Serien wie "Pusteblume", "Lö-
wenzahn", "Sendung mit der Maus", "Rappelkiste" und "Sesamstraße". Meist
schaut die Mutter mit zu. Ben ist zwei Jahre in den Kindergarten gegan-
gen und spielt schon im Fußballverein. Er hat ein eigenes Zimmer und
ein kleines Regal mit mehr als 15 Bilderbüchern und einigen Kinderbüchern, die die zehnjährige Schwester abgegeben hat. Petra und die Eltern

lesen viel, der Vater arbeitet auch zuhause an seinen Akten. Die Mutter macht gelegentlich Übersetzungsarbeiten. Beide Eltern meinen aber: "Lesen und Schreiben gehört in die Schule".

Ben (6 Jahre; 1 Monat) weiß, daß man am Bahnhof den Bus "an der Nummer und so 'nem Schild" herausfindet. Beim (nacherzählenden) "Vorlesen" schlägt er die Seiten in Entsprechung zum Bild/Text um. Seine Geschichte, die er mit deutlich verfremdeter "Lesestimme" vorträgt, folgt im wesentlichen der Vorlage, nimmt sogar einige Formulierung wörtlich auf (*1.7).

Ben hat also eine Vorstellung davon, wozu Schrift dient und wie sie im Alltag verwendet wird. Er kann diese Erfahrung erweitern, indem er anderen Schreibkundigen eigene Geschichten diktiert, in der Klasse an einem gemeinsamen Text mitwirkt oder ausgeschnittene Wörter unter Bilder klebt (*4.7;7.3).

Ben kann die Buchstaben A, B, E, M, N, O, R, S benennen. Aus dem "Buchstabensalat" findet er zielsicher die gleichen Paare heraus. Beim Ordnen verschiedener Symbolarten ("Immer drei Zeichen gehören zusammen!") unterscheidet er klar zwischen Zahlen, Buchstaben, Wörtern und geometrischen Formen. OPEL und COCA-COLA erkennt Ben im typischen Schriftzug wieder (*5.7).

Ben kann seine Buchstabenkenntnis in mehrfacher Hinsicht erweitern: Sammeln von Buchstaben/Wörtern in verschiedener Schrift; Abschreiben mit der Hand; Benennen weiterer Buchstaben; "Schreiben" von Wörtern mit Buchstabenkarten/Stempeln (*5.1;5.2).

Im "Fernsehprogramm" an der Pin-Wand entdeckt Ben die Wörter TAGESSCHAU, SPORTSCHAU, PUMUCKL (*4.6). Wörter wie EIS und STOP erkennt er im vertrauten sozial-gegenständlichen Umfeld. Beim "Wörter-Merkspiel"(10 große Wortkarten werden als Kürzel für konkrete Erfahrungen eingeführt und nacheinander benannt; nach einer Pause wieder gezeigt) kann Ben 3 - 4 Wörter für eine Viertelstunde behalten, am nächsten Tag aber nur in Ausnahmefällen wiedererkennen.

"Eigene Wörter", die ihm besonders wichtig sind, zu sammeln und Wörter-Memory, -Lotto oder andere Merkspiele helfen Ben, seinen Sichtwortschatz zu erweitern. Im Kontrastvergleich ähnlicher Wörter werden ihm die charakteristischen Unterschiede bewußt, so daß er nicht mehr auf den zufälligen Kontext zurückgreifen muß (*7.1;7.2).

Die Aufgabe, unbekannte Wörter zu erlesen, verweigert Ben (*3.7). Manchmal nennt er ein anderes Wort, das er kennt (z.B. OPEL für POST). In seinem Brief an die Lehrerin finden sich Wörter wie BEN und OMA, auch einige wortähnliche Buchstabenverbindungen. Auf "Diktat" schreibt Ben SN für

"Essen" und hat auch eine eigenwillige Lösung, wenn er für "drei Häuser": 1 2 3 schreibt.

Ben verbindet Lesen und Schreiben mit Buchstabengruppen. Aber in der Regel fehlt der Bezug von der Schrift zum Wortklang. Die grundlegende Einsicht in den Aufbau der Schrift gewinnt Ben am ehesten durch die Arbeit an sogenannten Minimalpaaren, deren Klang und Bedeutung sich durch den Austausch nur eines Buchstaben ändert (Möwe/Löwe; Oma/Opa). Die parallele Durchgliederung von Schrift und Klang erleichtert ihm auch die Lautanalyse: "Was klingt hinter dem i in lila?" - "Welchen Laut haben Ute und Otto gemeinsam?"(*3.1;2.6).

3.3.   STUFE (3): GANZWORT-LESEN
        UND LAUTORIENTIERTE SCHRIFT

Arnes Eltern sind beide Lehrer am Gymnasium. Seine zwei Jahre ältere Schwester macht ihre Hausaufgaben im gemeinsamen Schlaf- und Spielzimmer. Arne besitzt ein Lese-Memory und einen Druckkasten. So konnte er seine Buchstabiererfahrung aus der "Sesamstraße" (regelmäßig seit dem 3. Lebensjahr) vervollständigen. Allerdings hat er sich den systematischen Lese- und Schreibübungen seiner Mutter nach anfänglicher Freude verweigert.

Arne (6 Jahre; 5 Monate) kann das Alphabet von A bis Z durchbuchstabieren und die 18 häufigsten Großbuchstaben sowie einige Kleinbuchstaben benennen.

Im Duett-Spiel kann er die Beziehung zwischen Groß- und Kleinbuchstaben festigen. Das Buchstaben-"Diktat" kehrt die Aufgabe um ("Schreib ein E"), die Buchstaben-Tabelle gewöhnt ihn an die Lautbezeichnungen (statt der Buchstabennamen) und fördert seine Schreibfähigkeit (in Druckschrift). (*3.2)

"Seine" Wörter ARNE, LOTTO, EDEKA, EIS, STOP, PAPA, ARAL, POLIZEI erkennt Arne auch in Texten wieder, zumindest in Blockschrift(*7.3).

Er lernt leicht neue Wörter dazu, die er z.B. zu einem Bilder-Wörter-Buch zusammenstellen kann, das sich nach Wortfeldern ordnen läßt (Spielzeug; Essen und Trinken; Wohnen usw.). Später kann Arne dann auch wiederkehrende Wort-Bausteine heraussuchen wie Vorsilben (an-, auf-,weg-) und Nachsilben (-heit, -lich, -en). (*8.7;6.4)

Kurze Wörter beginnt Arne zu erlesen (OMA, SOFA, LAMA). Er fällt aber manchmal auf Anfangsbuchstaben oder aus anderen Wörtern vertraute Buchstaben herein: "Das (POST) heißt POLIZEI - das ist ein Pe und das ein O". Manchmal führt ihn sein Buchstabieren in die Irre: "Efff - ooo - teee, ach ja, das heißt (P)FOTE (für FOTO)".

Nachdem Arne in der Gruppe mit Ben seine Grundeinsicht in den Aufbau der Buchstabenschrift gefestigt hat, findet er durch selbständiges Probieren bald heraus, welche Beziehungen zwischen einzelnen Lauten und Buchstaben**gruppen** bestehen. Die Variation des Lautwerts im Wortzusammenhang und die Gliederung des Schriftwortes parallel zu den Silben der Sprechgliederung sind Erfahrungen, die er über ein systematisches Erlesen immer neuer und zunehmend längerer Wörter erwirbt (***3.1;3.7;6.1;6.2**).

Arnes Schreibversuche knüpfen am Klang des Wortes an, bilden die Lautfolge aber nicht vollständig oder in der richtigen Reihenfolge ab: BL für **Ball**. So schreibt er nach Diktat:"3 H" für "drei Häuser".(***3.5**)

Arne hat begriffen, daß die Buchstaben etwas mit den Lauten im Wort zu tun haben. Eine parallele akustisch-optisch-sprech- und schreibmotorische Durchgliederung hilft ihm, die Kategorien des "Hörens" auf die Einheiten der Schrift abzustimmen. Ähnliche, aber bedeutungsunterscheidende Laute werden ihm am ehesten über Kontrastvergleiche bewußt: Fach/wach; Kuchen/kochen.(***3.2;7.5**)

3.4   STUFE (4): SELBSTÄNDIGES LESEN UND LAUTTREUE SCHRIFT

Karin ist als "Kann-Kind" im Vorjahr noch nicht eingeschult worden. Die Mutter wollte sie (als Einzelkind) noch ein Jahr zum Kindergarten schikken. In den Jahren davor ist sie von der Oma betreut worden, da die alleinstehende Mutter als Halbtagssekretärin berufstätig ist. Die Großmutter hat Karin viel vorgelesen und dabei mit dem Finger auf die Wörter gezeigt. Seit die Oma im Altersheim ist, schickt sie Karin regelmäßig Briefe. Sie hat dem Kind auch viele Kinderbücher mit Cassette geschenkt ("Pippi Langstrumpf", "Pumuckl", einige Märchen). Im Kindergarten hat Karin sich oft mit Schreibmaterial (Stempelkasten, Stifte, Bilderbücher, Papier, Lese-Lotto usw.) in eine Ecke zurückgezogen.

Karin (6 Jahre; 11 Monate) läßt sich nicht mehr vorlesen. Sie entschlüsselt die meisten 3- bis 5-buchstabigen Wörter selbständig. Den Umfang ihres "auf einen Blick" verfügbaren Sichtwortschatzes kann die Mutter nicht mehr abschätzen. Der Wechsel von Groß- und Kleinbuchstaben macht Karin ebensowenig aus wie verschiedene Drucktypen. Sie kann noch nicht sinnbetont vorlesen, aber sie versteht den Sinn kurzer Texte, die sie leise für sich liest. (***5.1;8.3**)

Karin verfügt über alle Taktiken des Lesens. Die bewußten Schritte zu automatisieren und das Zusammenspiel der verschiedenen Zugriffe zu verbessern gelingt am leichtesten über vielfältiges Lesen gängiger Texte: schriftliche Beantwortung von Fragen (auf Karten, die in den Büchern stecken); Informationssuche für den Sachunterricht (***8.4;8.9**).

Die Beschleunigung des Schreibens (und das Lesen verschiedener Hand-schriften) legt den Übergang vom "Drucken" zur gebundenen Handschrift nahe, sei es in Orientierung an der Vereinfachten Ausgangsschrift, sei es im Ausprobieren einer individuellen Verbindung der Druckbuchstaben. Das Übertragen kleiner Texte festigt zugleich die Rechtschreibung.(*5.6)

Karins Schreibweise bildet die Lautung der Wörter bis ins Detail ab. Das Auslassen von Übergangslauten ("Fogl"), die Wiedergabe mundartlicher Färbung ("Vata") und persönlicher Spracheigenheiten ("isch") wider-spricht der gängigen Rechtschreibung, folgt aber einem eigenen, streng phonetischen System. So schreibt Karin auch "Drai Heusr". Zum Teil wer-den gängige Rechtschreibmuster (zumindest für Wortteile) übernommen, oft aber auch übergeneralisiert, also auch auf nicht passende Fälle übertragen (z.B. "Tahl" analog zu "Zahl").

Gewöhnung an die übliche Rechtschreibung ist für Karin der nächste Schritt: häufige Wiederholung eines Grundwortschatzes und allmähliche Ordnung des Wortschatzes in Listen mit gleicher Schreibweise, die als Gruppe geübt und eingeprägt werden. Auf der anderen Seite soll Karin ermutigt werden, eigene Texte zu verfassen und verschiedene Textformen auszuprobieren, um ihre Ausdrucksfähigkeit zu fördern und ihre Freude am Schreiben wachzuhalten (*7.7;7.4;8.5;8.6).

4.   FLASCHENPOST,
GEZINKTES MEMORY UND BUCHSTABENKUNST

ARBEITSKARTEN
FÜR DIE ANREGUNG UND BEOBACHTUNG
VON LESE- UND SCHREIBVERSUCHEN

Lehrgänge nehmen an, daß Kinder am besten lernen:
- wenn Aufgaben durch die Sachlogik des Schriftsystems bestimmt werden;
- wenn der Weg zum Lesen und Schreiben aus einer psychologischen Analyse der voll entwickelten Fähigkeit abgeleitet wird;
- wenn in der Klasse die Lehrer/innen das Vorgehen planen und bestimmen;
- wenn die Lernanforderungen in kleine Schritte gestuft werden;
- wenn die Kinder parallel und in einer gleichartigen Weise lernen.

"Die Schrift entdecken" ist ein methodischer Ansatz, der diese Annahmen nicht teilt oder zumindest andere Konsequenzen aus ihnen zieht. Natürlich sollen Lehrer/innen etwas über den Aufbau der Schrift und die Teilleistungen des Lesens wissen. Aber die Kapitel 1 bis 3 haben gezeigt, daß sich dieses Wissen nicht in einen allgemein-gültigen Lehrgang hineinprogrammieren läßt. Solche Kenntnisse gehören in einen didaktischen Bezugsrahmen für die Pädagogen; sie erlauben keine verbindlichen Vorgaben an die Schüler, sondern helfen, ihre Lese- und Schreibversuche zu deuten und sinnvoll zu fördern. Einen solchen Bezugsrahmen haben wir in "Kinder auf dem Weg zur Schrift" entwickelt und in den ersten Kapiteln dieses Begleitbuchs konkretisiert. Nun geht es um die unterrichtspraktische Umsetzung.

EINE DIDAKTISCH-METHODISCHE LANDKARTE
ZUM SCHRIFTERWERB

In der "Landkarte" auf S. 64/65 haben wir noch einmal kurz zusammengefaßt, auf welche Einsichten, Erfahrungen und Fertigkeiten es beim Schrifterwerb ankommt. Diese Lernziel-Skizze beschreibt Felder für Aktivitäten, die auf jeden Fall im Anfangsunterricht angeboten werden müssen. Dabei kommt es aber nicht auf eine bestimmte Reihenfolge an. Im Gegenteil: Weder die 8 Lernfelder noch die Ziffernfolge der Aktivitäten, die ihnen zugeordnet sind, sollen als zeitlicher Aufbau verstanden werden. Die Aktivitäten sind unter dem Gesichtspunkt ausgewählt worden, daß möglichst viele Vorschläge den Kindern Zugänge auf unterschiedlichen Niveaus ermöglichen. Das heißt aber auch: Die Spiele sollten nach ihrer Einführung ständig verfügbar sein (die Kinder können sich die Spielregeln nach einer Art Schneeballsystem untereinander weitervermitteln); methodische Grundideen sollten zu einem späteren Zeitpunkt in anderem Gewand wieder aufgegriffen werden.

Die Landkarte soll verhindern, daß durch die Orientierung an Situationen und an spontanen Einfällen "weiße Flecken" entstehen. Die Landkarte sichert aber nicht nur den "roten Faden" in der Vielfalt unterschiedlicher Aktivitäten. Sie soll auch im Bewußtsein halten, worum es eigentlich bei einem bestimmten Spiel oder einer einzelnen Aufgabe geht, so daß sich die Lösungsversuche der Kinder deuten und weiterführende Angebote entwickeln lassen.

Aus diesem Grund sind die Karten mit den Unterrichtsideen nach den acht Lernschwerpunkten geordnet, obwohl es beträchtliche Überlappungen gibt, die in der jeweiligen Beschreibung und durch Verweise auf verwandte Aktivitäten auf den Karten auch benannt werden.

Bereits im Inhaltsverzeichnis auf S.6-8 läßt sich durch die Hinweise am rechten Rand ersehen, ob die jeweilige Aktivität vor allem als eine Vorbereitung (V), für den Anfang (A) oder als Weiterführung (W) geeignet ist. In der Kartensammlung selbst gibt es dann für jeden der 8 Schwerpunkte eine "Leitkarte" mit römischer Ziffer (oben links). Sie verdeutlicht den Beitrag der (arabisch bezifferten) methodischen Ideen in einer kurzen Zusammenfassung und macht darauf aufmerksam, welche unterschiedlichen Gründe es für mangelnde Fortschritte oder Fehler gerade in diesem Bereich geben kann. Die "Ideenkarten" sind im obersten Sichtfeld durch die arabische Kennziffer und den Namen der Aktivität in Bezug auf die Landkarte verortet. Der besondere Beitrag zum jeweiligen Schwerpunkt wird im zweiten Kasten zusammengefaßt - eine Art Lernziel-Beschreibung. Im dritten Kasten folgen Verweise auf mögliche Anschluß-Aktivitäten und damit auf andere Arbeitskarten (* mit arabischer Ziffer), Hinweise auf entsprechende Hintergrundartikel meines Buchs "Kinder auf dem Weg

zur Schrift" (**KWS**), Nachweise von Veröffentlichungen, denen die Vorschläge entnommen sind und in denen sich oft auführlichere Erfahrungs-
berichte und Arbeitshilfen finden.

Die Darstellung der Ideen selbst (im größten Feld der Karten) folgt keinem einheitlichen Schema. Kurzbeschreibungen von Unterrichtssituationen
und Produkte von Kindern, Planungshilfen und Beobachtungsfragen sollen
die Phantasie der Leser/innen anregen. Wir bieten keine fertigen Rezep-
te oder Stundenentwürfe, sondern Versatzstücke, die auf die Situation
der jeweiligen Gruppe oder gar des einzelnen Kindes hin übersetzt werden müssen. Wichtig war uns, Aktivitäten zu finden, die Kindern Spaß
machen, weil sie lustig sind und sich unmittelbar "lohnen". Außerdem
sollen die Kinder etwas über Schrift - und die Lehrer/innen etwas über
die Vorstellungen der Kinder von Schrift lernen können. Deshalb sind
die Hilfen zur Deutung von Lese- und Schreibversuchen so wichtig, die
wir in den Kapiteln 2 und 3 zusammengefaßt haben.

Die didaktisch-methodische Landkarte läßt sich noch auf eine zweite Art
lesen. Oft beobachten wir bei einzelnen Kindern besondere Schwierigkeiten und suchen nach Hilfen für gezielte Förderung. Die folgenden Stichworte beschreiben solche typischen Anfangsschwierigkeiten, die über die
angegebene Leitkarten (römische Ziffern) differenzierter gedeutet werden
können. Die Leitkarten erschließen durch entsprechende Verweise (* mit
arabischen Ziffern) auch die passenden Aktivitäten und Unterrichtsvor-
schläge:

- Das Kind hat **keine Lust** auf's Lesen- und Schreibenlernen, es kann auch
  mit anderen Zeichen und formalen Darstellungen (Pläne, Tabellen) wenig
  anfangen (I, IV).

- Es verwechselt **einzelne Buchstaben**, kann sie nicht formklar schreiben
  oder ihren Lautwert nicht behalten (V).

- Das Kind kann **neue Wörter** nicht oder nur mit Mühe lesen, es schafft
  beim Schreiben nicht einmal eine lauttreue Wiedergabe (II,III).

- Es hat beim Lesen und Schreiben Schwierigkeiten mit **längeren Wörtern** (VI).

- Es schafft beim Lesen **häufiger Wörter** nur schwer den Sprung von der
  Buchstaben- auf die Wortebene, kann sich auch beim Schreiben häufige
  Rechtschreibmuster oder Wörter nicht merken (VI, VII).

- Es bleibt auf der Ebene des (Er-)Lesens von Wörtern stecken, schafft nicht den Sprung zum **sinnentnehmenden Lesen** von Sätzen oder gar Texten (VIII).

- Es **meidet Schrift** und Bücher, sieht im Lesen und Schreiben keinen konkreten Nutzen für sich selbst (IV, VIII).

Wir hoffen, daß durch den Verbund sehr unterschiedlicher Darstellungsformen die Spannung zwischen Systematik der Förderung und Vielfalt der kindlichen Wege zur Schrift auch im Unterrichtsalltag handhabbar wird. Wir haben kaum etwas neu erfunden. Solche Spiele und Aufgaben werden tagtäglich von vielen Lehrern und Lehrerinnen eingesetzt. Besondere Anregung verdanke ich Ute MOELLER-ANDRESEN, Marion BERGK, Doris HEYER, MAUTHE-SCHONIG, Gerhard SENNLAUB, Gudrun SPITTA und ihren Veröffentlichungen.

Insofern handelt es sich um erprobte Ideen. Uns ging es darum, sie zu sammeln und zu ordnen. Nur so wird deutlich, was diese oder jene Aktivität leistet, und nur so wächst aus kreativen Einfällen Kontinuität und Erfahrung. Die Aufgaben differenzieren - das können die Kinder selbst am besten, wenn wir entsprechend offene Materialien anbieten und ihnen helfen, den eigenen Zugang in einer sinnvollen Aktivität fortzuführen.

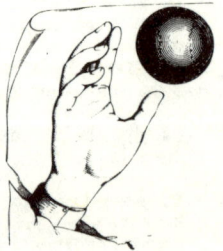

VOYAGES

en

zigzag

ou excursions d'un pensionnat en vacances

en suisse, et sur le revers méridional des

Alpes.

DIDAKTISCHE LANDKARTE ZUM ·LESEN - UND SCHREIBENLERNEN

(1) SYMBOL - VERSTÄNDNIS

Es gibt verschiedene Arten graphischer Zeichen. Sie können als Stellvertreter für Gegenstände, Handlungen, Vorstellungen - und Laute stehen. Anders als bei Bildern kann ihre Bedeutung willkürlich vereinbart werden. Schrift ist ein System von Zeichen mit besonderen Merkmalen und Regeln.

(2) SPRACH - ANALYSE

Als Bedeutungsträger verwenden Kinder Sprache schon vor der Schule wie selbstverständlich. Schwerer fällt es ihnen, über die äußere Form der Sprache nachzudenken und auf ihre lautlichen Merkmale zu achten. An diesen aber knüpft die Schrift an. Deshalb ist es wichtig, Sätze in "Wörter", Wörter in "Silben" und "Laute" gliedern sowie ähnlich klingende Laute unterscheiden zu können - andererseits für die Bedeutungsunterscheidung und für das Schriftsystem unwesentliche Lautunterschiede zu vernachlässigen (z.B. regionale und individuelle Mundart).

(3) SCHRIFT - AUFBAU

Buchstaben(gruppen) bilden **Laut**merkmale der Sprache ab, und zwar solche, die für die Unterscheidung von Bedeutungen wichtig sind (vgl. Minimalpaare wie Rose/Rosen/Rasen/Rachen usw.). Dabei entspricht die räumliche Anordnung der Schriftzeichen von links nach rechts der zeitlichen Abfolge der Sprecheinheiten. Die Einsicht in den Aufbau der Buchstabenschrift befähigt zum lauttreuen Schreiben und synthetisierenden Erlesen von Wörtern, sofern Buchstabenkenntnis (5) und Sprach-Analyse (2) entsprechend ausgebildet sind.

(4) SCHRIFT - VERWENDUNG

Handelnder Umgang mit Etiketten, Notizen, Briefen/Büchern, Skizzen/Entwürfen vermittelt die Einsicht, daß Schrift im Alltag unmittelbar nützlich sein kann. Zugleich werden unterschiedliche Funktionen erfahrbar: die Bezeichnung von Gegenständen/Handlungen; die Aufbewahrung von Erfahrungen/Gedanken; der Austausch mit anderen; die Vergewisserung des eigenen Denkens und die Planung umfassenderer Aktivitäten.

(5) BUCHSTABEN - KENNTNIS

Buchstaben unterscheiden sich oft nur in Kleinigkeiten (Q/O/Ö/Ü; E/F/T); zudem ist die Raumlage ein wesentliches Merkmal (b/d/p/q; g/9; 3/E). Andererseits taucht derselbe Buchstabe in verschiedenen Schriftarten und Drucktypen auf, deren Unterschiede vernachlässigt werden müssen zugunsten der definierenden Grundmuster. Schließlich ist der Lautwert des Buchstabens sogar abhängig von seiner Umgebung (Haus/wohnen/lachen/Schiff; gegessen).

(6) BAUSTEIN - GLIEDERUNG

Das Kurzzeitgedächtnis wird beim Lesen/Schreiben stark belastet. Längere Wörter lassen sich weder als Einheit noch als Summe ihrer einzelnen Elemente verarbeiten. Darum müssen einerseits einzelne Buchstaben zu Sprechsilben (lau fen), zu Morphemen (lauf/en) oder zu häufigen Rechtschreibmustern (1-auf-en) zusammengefaßt, andererseits längere Wörter in die entsprechenden Einheiten gegliedert werden.

(7) SICHT - WORTSCHATZ

Aus ihrer naiven Alltagserfahrung können schon Vorschulkinder oft einige Wörter "auf einen Blick" benennen (POST; KABA; den eigenen Namen) und "aus dem Kopf" schreiben. Später werden Begriffe, die für den einzelnen persönlich wichtig sind, in ähnlicher Weise angeeignet und besonders häufige Wörter durch wiederholtes Lesen/Schreiben in wachsendem Maße "automatisiert", so daß sie rasch und ohne bewußten Vollzug der einzelnen Schritte verfügbar sind.

(8) TEXT - GEBRAUCH

Wie der Ein-Wort-Satz des Kleinkindes so kann auch das einzelne Schriftwort in entsprechendem Kontext (STOP; KASSE; "NEIN"; "ICH") eine Aussage enthalten. Lesen/Schreiben sind **von Anfang an** auf die Nutzung der eigenen Spracherfahrung und auf eine Aktivierung des Sinnverständnisses angewiesen, um die mehr technischen Zugriffe zu koordinieren. Später müssen beim Lesen Einzelinformationen zu umfassenderen Einheiten zusammengefaßt werden, während das Schreiben durch übergreifende gedankliche Konzepte gesteuert werden muß, wenn Sprache in gegliederte Schrift übersetzt werden soll.

Schon vor der Schule haben Kinder Erfahrungen mit verschiedenen Zeichen - Arten gemacht. Aber Gesten, Bilder, Verkehrsschilder, Pläne, Wegekarten und die unterschiedlichen Sprachen des Alltags und der Medien sind nicht allen in gleichem Maße vertraut.

Symbole regel- und situationsgerecht zu verwenden ist eine hohe Leistung. Für Schulanfänger ergibt sich die besondere Schwierigkeit, daß Schrift und andere Zeichen zwar Gemeinsamkeiten haben, daß sich die Darstellungsregeln in wichtigen Punkten aber auch unterscheiden. Schon vor und zu Schulanfang ist es deshalb wichtig, folgende Erfahrungen anzuregen und zu vertiefen:

- Bilder(folgen) können von verschiedenen Lesern unterschiedlich gedeutet werden; andererseits gibt es im Material selbst und seinen Hinweisen objektive Grenzen für die Interpretation (*1.1; 4.7).

- Was mit Zeichen einer Art dargestellt wird, läßt sich auch in ein anderes Zeichensystem übersetzen; aber es gibt Bedingungen, unter denen Gesten, Sprache, Bilder usf. jeweils besonders (un)angemessene Darstellungsformen sind (*1.2; 1.5; 4.6).

- Für dieselben Aussagen/Gegenstände/Handlungen kann es verschiedene Bezeichnungen nebeneinander geben; man kann auch neue Namen erfinden, die sich aber nur nach Absprache mit anderen nutzen lassen (*1.3; 1.5; 4.4).

- Pläne von Räumen/Aufgaben machen Denkvorgänge "handhabbar" und helfen, schwierige Handlungen in einfache Schritte zu gliedern; man kann für solche Orientierungshilfen auch eigene Kürzel entwickeln (*1.4; 4.2).

- Schrift steht wie andere Zeichen "für etwas"; der Aufbau und die Beziehung der Zeichen zueinander folgt aber eigenen Regeln (*1.6; 4.3).

- Lesen ist etwas anderes als Erzählen, Schreiben etwas anderes als Malen; gemeinsam haben sie den Bezug auf den Inhalt, die schriftliche Darstellung ist aber zusätzlich an den Wort-"Laut" gebunden (*1.7; 4.1; 4.9).

Diese Einsichten verdeutlichen, welche Erfahrungen andere Zeichenarten eröffnen können, aber auch, mit welchen überschießenden Verallgemeinerungen gerechnet werden muß, wenn Kinder Einsichten, z.B. in den Aufbau der Bilderschrift, unbesehen auf das Alphabet übertragen. Am Beispiel der Ampel mit Figur, Farbe, Raumlage (oben/unten) und Ton (Blindenampel!) hat Ute MOELLER-ANDRESEN (1973,11) die wechselseitige "Vertretbarkeit" der Zeichen anschaulich dargestellt, die in einem zweiten Schritt auch genutzt werden kann, um die Besonderheit der Schrift einzuführen: lautlich (und deshalb auch graphisch!) sind die Wörter **stehen** und **gehen** sehr ähnlich, in ihrer Bedeutung aber überhaupt nicht (*3.1).

Je häufiger Kinder die unterschiedlichen Darstellungsregeln an solchen konkreten Beispielen erleben, umso eher begreifen sie Schrift als ein **Zei-chen**system - mit besonderen Eigenschaften.

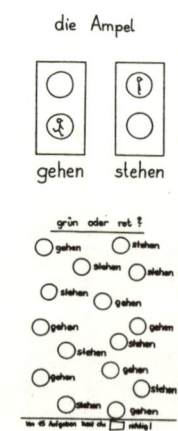

die Ampel

gehen   stehen

SYMBOL-VERSTÄNDNIS: Bilder sind verkürzte und statische Ausschnitte der Wirklichkeit; ihre Bedeutung muß durch unsere eigene Erfahrung mit ähnlichen

V   Situationen komplettiert werden.

*1.5; 4.7; 4.9   **KWS, Kap.8 und 28**

D. und G.GAHAGAN (1971, 85-93); J.REICHEN (1982, H. 8, 34-38); M.HERBERT/K.MEIERS (1980, 81f.); Kombi - Fibel (Vorkurs, S. 12-14)

Sechs Bilder liegen auf dem Tisch: "Hier habe ich die Reste von einem Zeichentrickfilm. Könnt ihr sie zu einer Geschichte zusammensetzen?"

Das Bilderbuch und Comic-Hefte sind die Bücher des Vorschulkindes. Sie haben ihre eigene Darstellungslogik: Das Einzelbild gewinnt seine Bedeutung erst aus der Beziehung zum vorhergehenden und zum nachfolgenden Bild; zwischen zwei Bildern können Schauplatz und Perspektive wechseln; aus den objektiven, aber verkürzten Hinweisen der Bilder(folge) und aus der persönlichen Alltagserfahrung muß eine stimmige Geschichte konstruiert werden. Solche aktiven Deutungsleistungen verlangt auch das Lesen der Schrift. Eine Bildergeschichte nacherzählen und mehrere Bilder zu einer sinnvollen Abfolge ordnen sind geeignete Brückenaufgaben zum Umgang mit Schrifttexten. Aus den Begründungen der Kinder für ihre Lösungen läßt sich einiges über ihren Umgang mit symbolischen Darstellungen erkennen:

- Schaffen sie den Sprung in einen anderen zeitlichen, räumlichen und sozialen Bezugsrahmen (was bedeutet z.B. "hier", "morgen", "ich" in der Geschichte...) ?
- Sind ihnen die "Leerstellen" der Bilder(folgen) bewußt, können sie diese füllen (z.B. in dem Bilderbuch "Warum einer barfuß kommt und was dann passiert" von Juarez MACHADO (1975))und können sie alternative Deutungen tolerieren?
- Beschreiben sie nur Bild für Bild ("und da...und da...") oder können sie die Schnapp-Schüsse zu einer Handlungsfolge verbinden?
- Beachten sie wesentliche Hinweise in den Bildern, oder lassen sie sich von ihrer Phantasie davontragen?
- Ordnen und lesen sie Bildfolgen in Schreibrichtung (links/rechts; Zeilensprung)?

Es gibt viele Möglichkeiten und Materialien, um das Bilder-Lesen zu fördern: mit der Polaroid-Camera gemeinsame Aktivitäten fotografieren und die Bilder für ein Buch, eine Ausstellung arrangieren; Bildvergleiche ("5 Dinge sind anders"); Fortsetzungen für eine angefangene Bildserie ausdenken; Sätze aus ausgelosten Begriffskarten bilden. Gute Vorlagen finden sich z.B. bei "Vater und Sohn" von e.o.plauen, in "Hast du Worte" von R. und M. RETTICH (1972) oder in der Kartenserie "Vertragen und nicht schlagen" von Ravensburger. Selbst Bilder herzustellen vertieft die Einsicht in die Machart und Verkürzung von Darstellungen (*4.9; 8.6).

SYMBOL-VERSTÄNDNIS: Bedeutungen können von einem Zeichensystem in ein anderes übersetzt werden. Jede Zeichenart bevorzugt bestimmte Wahrnehmungs-
V kanäle und schließt andere aus.

*1.5; 4.5; 4.6   KWS, Kap.8 und 28

U.MOELLER-ANDRESEN (1973, 11); B.DAUBLEBSKY (1973 : Spiele 44-67, 148-160); E.KRUEGER (1978, 30f.)

Auf der Fensterbank liegen Bilder, die bestimmte Berufstätigkeiten, verschiedene Tiere oder Haushaltsgegenstände darstellen. Jeweils zwei Kinder wählen ein Bild aus und
überlegen sich, wie sie der Klasse den Begriff pantomimisch darstellen können (vgl.
zu verschiedenen Variationen DAUBLESKY 1973, S. 43-52 und - erweitert auf Rollenspiele ohne Sprechen - S. 97-101). Die Kinder müssen überlegen, was wesentlich für den
jeweiligen Begriff ist, was ihn von den anderen deutlich unterscheidet. Daneben kommt
es darauf an, die eigenen Darstellungsmöglichkeiten in Beziehung zu setzen zur Deu-
tungsfähigkeit der Zuschauer. Der Vergleich verschiedener Darstellungsversuche nacheinander und Mißverständnisse beim Erraten der Begriffe machen das Problem sichtbar.

Ein solches Spiel ergänzt beiläufige Beobachtungen aus dem Unterricht, vom Schulhof
oder Spielplatz: Kann Marc sich auf unbekannte Personen und Situationen einstellen?
Wie begrenzt, wie flexibel und offen ist sein Repertoire? Kann er die Darstellungs-
ebene wechseln (gestisch/mimisch/sprachlich; verschiedene Typen des Gesprächs)?

Die Übersetzung aus einem Zeichen-Repertoire in ein anderes verlangt auch das Lied
"Mein Hut, der hat drei Ecken". Für einzelne Wörter werden Gesten vereinbart,die wie-
derum durch Karten mit eigens erfundenen Zeichen ersetzt werden. Zusätzlich wird der Wort-Begriff gefestigt (*2.1).

I	V	1. Der Müller verjagt seinen alten Esel.
V	<	2. Der Esel trifft den Hund.
<V	⏻	3. Hund und Esel treffen die Katze.
⏻<V	⋀	4. Katze, Hund und Esel treffen den Hahn.
⋀⏻<V		5. Der Hahn, die Katze, der Hund und der Esel gehen nach Bremen, um Stadtmusikanten zu werden.
⋀ ⏻ <V	☐	6. Im Wald wollen sie schlafen: Esel und Hund lagern unter dem Baum. Die Katze schläft auf einem Ast. Der Hahn in der Spitze des Baumes sieht in der Ferne ein Licht.
⋀ ⏻ < V	⌐⌐ ⌐⌐	7. Vor dem Fenster des Hauses, in dem die Räuber sind, stellen sich die Tiere auf zum Überfall: unten der Esel, darüber der Hund, die Katze und der Hahn.
⌐⌐⌐⌐	⋀ V < ⏻	8. Die Überraschung ist gelungen: Die Räuber fliehen. Der Esel, der Hund, die Katze und der Hahn essen und trinken im Haus.

Für viele Kinder noch schwieriger: Wenn es gilt, in jeder
Runde in einem Text ein Wort
mehr auszulassen, wie bei dem
Lied "Jetzt fahrn wir übern
See, übern See". Eine weitere Stufe stellt das Auslassen
einzelner Laute dar (*2.6).

Auch als Erinnerungshilfe
lassen sich solche Zeichen
nutzen, wie Erich KRUEGER am
Märchen von den Bremer Stadt-
Musikanten gezeigt hat (siehe
die nebenstehende Abbildung).
Wichtig ist dabei: Es darf
nicht zu viele Zeichen geben,
und sie sollen sich mehrfach
wiederholen.

Weitere Anregungen und Beispiele in: FREY (1982) und
PICHLER (1981, S. 6-9, 16f.).

SYMBOL-VERSTÄNDNIS: Begriffe sind nicht Eigenschaften von Gegenständen, sondern vereinbarte Namen. Man kann sie ändern, wenn man sich untereinander

A/V/W abspricht.

*1.5; 4.3; 4.6   KWS, Kap.1

P.BICHSEL (1969, 17-24); H.GLASER (1973, 15-23); L.S.WYGOTSKI (1977,Kap.5); E.SCHNELLENBACH/J.BAUER (1983);
"Minni-Geschichten" von M.RETTICH u.a. (1982); M.BROWARZIK u.a. (1973, 40f.) zu IONESCO: 'Geschichte Nr.2'

"Minni und Michael ärgern die Leute. Auf der Post fragen sie:'Kann man hier eilige Pakete kaufen?' Der Postbeamte ärgert sich. Den Bäcker fragen sie: 'Gibt es heute Hundestreuselkuchen?' Der Bäcker ärgert sich. Beim Fleischer verlangen sie Krokodilleberwurst. Der Fleischer lacht: 'Leider habe ich nur Nilpferdmettwurst!'" (M.RETTICH 1982, 32).

Die Psychologen und Linguisten amüsieren sich oft über die Einfalt von Kindern, die Bezeichnungen mit Eigenschaften des Gegenstands zu erklären versuchen. Vorschulkinder würden beispielsweise nicht akzeptieren, daß man eine Kuh "Tinte" nennt und die Tinte "Kuh", denn die Tinte sei zum Schreiben da und die Kühe, um Milch zu geben.

Aber ist diese Begründung der Kinder wirklich so dumm? In unserer Sprache gilt doch genau die Definition, die sie geben, und wer Wörter anders verwendet, wird nicht verstanden. BICHSELs Geschichte "Ein Tisch ist ein Tisch...", die GLASER für den Unterricht interpretiert hat, erzählt eindringlich von der Vereinsamung eines alten Mannes, der seine eigene Sprache erfindet. Spielerisch können auch Kinder mit Sprache albern:

"Minni sagt zu Suse: 'Ich kann ein Wunder machen.' Suse sagt: 'Du spinnst.' Minni wäscht sich die Hände, putzt die Fingernägel und kämmt sich. Dann gehen sie zu Oma. Oma sieht Minni und sagt: 'Das ist ja ein Wunder.' Minni sagt zu Suse: 'So einfach ist das.'" (M.RETTICH, 1982, 44).

Vorschulkinder gewöhnen sich daran, daß Ursula meine **Schwester** und Omas **Tochter** ist. Sie lernen, daß Susi "Gute Nacht" sagt, Manuel dagegen "buenas noches". Im Vergleich von Dialekt und Hochsprache, von "Familien-Wörtern" und National-Sprachen wird ihnen allmählich bewußt, daß Wörter nicht Eigenschaften von Objekten sind, sondern einerseits willkürliche, andererseits in einer bestimmten Gruppe verbindliche Vereinbarungen.

Großen Spaß macht es, eine eigene Klassensprache zu erfinden, z.B. PLONK für Schule und KNURKEL für Lehrer. Solche Geheimwörter fordern nicht nur Sprachphantasie und Sprachdenken heraus, sie können auch das Zusammengehörigkeitsgefühl der neuen ersten Klasse stärken. Der Umgang mit Kunst-Wörtern zwingt zudem zum Überdenken grammatischer Muster: Wie heißt die Vergangenheit von PAUFEN (vgl. "laufen"/"kaufen")? Heißt es die KNURKELS oder KNURKELN, die KÄUSER oder KÄUSE? Hilfen für eine differenzierte Interpretation der Formbildung bietet der "Heidelberger Sprachentwicklungstest" (H.GRIMM/ H.SCHÖLER 1978, 8-28). Wie Wörter in Grundformen und Bausteine gegliedert werden können, zeigt die Morphem-Analyse (*6.3; 6.4).

Den Übergang zur Geheim-Schrift bilden die "Gauner-Zinken" (PARA 1977, 81; s.a. *1.5):

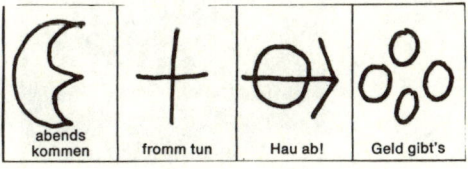
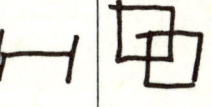
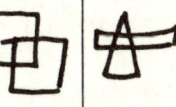

| abends kommen | fromm tun | Hau ab! | Geld gibt's | Nachtlager | aufdringlich werden | Arbeit wird bezahlt | Die rufen Polizei |

SYMBOL-VERSTÄNDNIS: Wesentliche Merkmale von Gegenständen können mit Zeichen abgekürzt dargestellt werden; Tätigkeiten und Aufgaben lassen sich
V/A/W in Einzelschritten übersichtlich planen.

* 1.5; 4.2; 4.6
KWS, Kap.1 und 28

G.v.GEMMINGEN (1979, 12f.); M.BERGK (1980, 218-221); D.BÖHM (1983, 60); U.MOELLER-ANDRESEN (1973, 40)

Frank hat Schwierigkeiten in der Bauecke: Er will ein Lego-Modell nachbauen und mit dem Bauplan kommt er nicht klar. Gelegenheit für intensive Gespräche mit anderen Kindern und anschließende Überlegungen, wie sich die Zeichnung verbessern läßt, so daß andere sie verstehen.

Maja und Ulrich haben einen Pudding gekocht und sollen für die anderen das Rezept aufschreiben. Lange Gespräche: Was haben wir gebraucht? Was kam zuerst, was dann? Wie können wir das zeichnen - ohne viel Aufwand und doch eindeutig?

Schön, wenn Kinder morgens noch neugierig fragen: "Was machen wir denn heute?" Gelegenheit für ein Gespräch über die Planung, die an der Tafel festgehalten wird, damit alle wissen: "Das habe ich schon geschafft, das kommt noch." Später wird daraus der Wochenplan, der die verbindlichen Aufgaben für alle ausweist, mit einer Tabelle, in deren Namensleiste die erledigten Arbeiten abgehakt werden können (*4.6).

Den Zoobesuch können wir mit einem Wegeplan vorbereiten, so daß sich individuelle Wünsche klären und in einen gemeinsamen Rundgang einpassen lassen. Auch für die Schatzsuche am Wandertag gibt es eine kleine Landkarte, für den Verkehrsunterricht einen Schulwegeplan (*4.2). Und zum Umräumen des Klassenzimmers vergleichen wir Fotos und Raumpläne anderer Schulen mit unseren eigenen Skizzen. Immer geht es um die konkrete Frage: Welche Darstellungsform erleichtert uns die Arbeit, welche Verkürzung unserer Gedanken macht die Mitteilung unverständlich für andere?

"Wir lernen uns kennen" ist ein Vorhaben zum Schulanfang, in dem die Kinder sich über alles Mögliche befragen. "Ausweise" (*4.4) oder Plakate, auf denen die Kinder sich selbst darstellen, ermöglichen individuelle Selbstporträts (auch in Collagen - Form). Manchmal ergeben sich daraus inhaltliche Untersuchungen: Wie kommen die anderen zur Schule? Wie groß sind die Familien, wie leben sie? Damit die Kinder nicht in der Flut der Daten ertrinken, erstellen wir Übersichten, z.B. oben die Namen der Kinder und Zeichen für die Kategorien der Untersuchung. Da Stichwörter genügen, können solche Tabellen schon früh beschriftet werden: "ich/du"; Farben usf. In den Kästchen der Matrix kann die Information durch "ja/nein", "+/-" oder Zahlen weiter differenziert werden.

An diesen Beispielen zeigt sich, wie eng Sprach-, Sach- und Mathematikunterricht aufeinander bezogen sein können und wie Schrift neben einfacheren Zeichen zur Ordnung und Darstellung konkreter Erfahrungen genutzt wird.

SYMBOL-VERSTÄNDNIS: Schilder haben ihre eigene "Sprache". Vereinbarungen über die Bedeutungen solcher Zeichen regeln und vereinfachen soziale Verkehrsformen.

V/A/W

*4.2; 4.4; 4.6; 4.8   KWS, Kap. 8 und 28

M.BROWARZIK u.a. (1973, 39-42); U.MOELLER-ANDRESEN (1973, 40); D.HEYER (1973, 20-22); D.MAUTHE-SCHONIG (1979, 140f.); Leseanfang - Schreibanfang (1979, Grundkurs 1); D.BÖHM (1983, 13)

Benjamin ärgert sich über die Unruhe bei den nachmittäglichen Schularbeiten. Er malt ein blau umrandetes Schild, auf dem ein sitzendes Strichmännchen mit einem gelben Ranzen neben dem Tisch zu sehen ist: "Vorsicht : Hausaufgaben!". Ob die anderen das auch so verstehen? Wer Benjamins gelben Schulranzen kennt, hat's leichter. In den Gesprächen miteinander können die Kinder viel über die Schwierigkeiten der Zeichen - Setzung lernen. Mehr jedenfalls, als wenn sie nur im Verkehrsunterricht bereits festgelegten Schildern begegnen.

Aber Anregungen bietet die Tafel mit den Verkehrsschildern schon; und manche Schilder, auf die die Kinder nie geachtet hätten, werden plötzlich interessant, wenn sie ein Modell für das eigene Zeichen suchen.

Auch Hinweisschilder im Klassenzimmer für die verschiedenen Arbeitsbereiche oder Aktivitäten müssen nicht vorgegeben sein, sondern können mit den Kindern vereinbart werden. Ähnlich ist es mit den Zeichen für die Verkehrsregeln bei der Arbeit: Das Glöckchen läutet nicht nur die Lehrerin, sondern jedes Kind, dem es zu laut ist. Oder die Bildtafeln für SCHWEIGEN, FLÜSTERN und GESPRÄCH werden je nach Bedürfnis aufgeklappt.

Wer bei der Einzel- oder Gruppenarbeit Hilfe braucht, legt sein Namens- oder "Hilfe"-Kärtchen vorne aufs Pult. Abstimmungskarten mit "Ja" und "Nein" führen beiläufig die Schrift auf Schildern ein. Vielleicht ergibt auch ein gemeinsamer Rundgang der Schulanfänger durch das Schulgebäude, daß einige zusätzliche Hinweise für Besucher und zur eigenen Orientierung ganz nützlich wären. Und groß ist das Vergnügen, wenn wir an die Tür des Konferenzzimmers unser Schild "Vorsicht : Lehrer!" kleben.

Die Köpfe rauchen, wenn über eine geeignete Form nachgedacht wird: Läßt sich der Himmel bildlich darstellen? Gibt es bereits ein Zeichen, das man abwandeln könnte? Fällt uns ein neues Zeichen ein und werden Außenstehende seine Bedeutung verstehen? Erste und auch für Schulanfänger einleuchtende Ansätze der "Leser"-Kritik gegenüber kreativen Darstellungsversuchen.

Besonders informativ ist es für die Kinder, an einigen Beispielen die zunehmende Stilisierung von Bildern oder anderen Zeichen zu verfolgen (am besten "von hinten" und im Vergleich von Alternativen). Es wäre doch gelacht, wenn wir das nicht besser könnten - und lehrreich zu erleben, daß andere unsere Schilder nicht so eindeutig finden...

So entsteht ein Symbol

Ein Bild wird immer einfacher gezeichnet, bis es nur noch das zeigt, was nötig ist, um es verstehen zu können.

Schiff

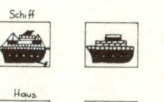

Haus

Bub

Symbole können auch so einfach sein, daß sie nichts mehr von einem Bild zeigen. Dann müssen wir verstehen lernen, was sie bedeuten.

Kennst du zum Beispiel diese Symbole:

Bahn   Olympiade   Vorfahrt   ein-mal

SYMBOL-VERSTÄNDNIS: Wörter und Buchstaben sind eine besondere Art von Zeichen, die
auf eine Bedeutung "hinter sich" verweisen.
V/A/W

*4.2; 4.3; 5.7; 7.3   KWS, Kap. 1 und 8

W.MENZEL (1973; 1974); D.FISCHER (1978b); H.GIESE (1984, 10)

Die Kinder gehen gemeinsam oder auch nachmittags allein auf "Wörter- und Zeichen-
jagd". Mit Notizblock und Stift sammeln sie Aufschriften in ihrer Umwelt: Autonum-
mern, Plakatwerbung, Straßen- und Verkehrsschilder, Geschäftsnamen usw. Wir können
die Aufgaben von vornherein begrenzen: nur "Schrift" (z.B. nach *5.7); oder wir sortieren hinterher gemeinsam, was Schrift ist und was nicht.

Viele Fibeln enthalten auf den ersten Seiten Beispiele verschiedener Schriften oder
Zeichen, so daß wir auch hier suchen können. Draußen macht es mehr Spaß; vor allem
kann man Leute fragen, was eine Aufschrift bedeutet und woran man das erkennt. Oder
wir schneiden Zeichen aus Zeit-
schriften und Prospekten aus.

Bei diesen Aktivitäten und Gesprächen läßt sich gut beobachten, wie
einzelne Kinder mit Schrift umgehen.
Unterscheiden sie Buchstaben und
Zahlen? Können sie Wörter aus mehr-
gliedrigen Aufschriften ausglie-
dern und erkennen sie in den Wörtern einzelne Buchstaben wieder?
Können sie Wörter für ihr Schatzkästchen abschreiben (*5.2; 7.3)?
Wer kann wieder vorlesen, was gestern abgeschrieben wurde? An wel-

chen Merkmalen erkennen die Kinder die Wörter wieder? (s.o. Kap.2.3) Wir können auch
behutsam anfangen, Wörter zu vergleichen: "Wie kann man POST und POLIZEI unterscheiden?" Verschiedene Strategien sind zulässig, ihre Stärken und Risiken werden im Gespräch und an weiteren Beispielen sichtbar (*3.7).

Viele Aktivitäten lassen sich anschließen: Kinder sammeln und tauschen ihre Wörter
(*7.3). Die Aufschriften und Schilder von der Straße werden für das Wohnort-Puzzle
verwendet (*4.2). Wörter werden auf Ähnlichkeiten in der Schreibweise hin untersucht
(*3.1), nach inhaltlichen Beziehungen geordnet (*7.2) oder in Listen mit wiederkehrenden Bausteinen aufgeklebt (*6.3; 6.5).

Eine besondere Variante sind die beliebten KIM-Spiele (DAUBLEBSKY 1973, 32-36): Fünf
bis fünfzehn Gegenstände werden auf einem Tablett für etwa 30 sec. vorgezeigt, so daß
man sie sich einprägen kann. Dann wird heimlich etwas weggenommen oder dazugelegt.
Beim erneuten Vorzeigen müssen die Kinder herausfinden, was vertauscht oder verändert
worden ist. Schwierig wird's, wenn der grüne Stift nur gegen einen braunen ausgewech-
selt wird oder der Zettel eine andere Aufschrift hat. Gerade Aufschriften lassen sich
in gestufter Schwierigkeit verändern: dieselbe Schrift in verschiedenen Farben; von
Druck- in Schreibschrift; statt Blockbuchstaben nun Druckschrift. Wann gilt der Zettel oder das Wort noch als "dasselbe"? Aus diesem Anlaß können wir über wesentliche
und unwesentliche Merkmale von Schrift reden (*5.1).

Wie können aber auch - wie beim gezinkten Memory (*7.2) - nur Schrift-Karten für das
KIM-Spiel nehmen, um häufige Wörter einzuprägen: anfangs 3 - 5, später mehr. Uwe und
Britta setzen über Tage hinweg ihren ganzen Ehrgeiz daran, ihren Rekord von 12 Wör-
tern zu brechen.

SYMBOL-VERSTÄNDNIS: Vorverständnis vom inhaltlichen Aufbau von Geschichten, vom besonderen Sprachstil geschriebener Texte und von äußeren Konventionen bei der Buch- und Text-Gestaltung.

V/A

*4.1; 8.2   KWS, Kap.27 und 28

J.F.REID (1972); H.GÜNNEWIG (1981, 38-45); L.N.MASS (1982, 670f.)

Lesen ist etwas anderes als Erzählen. Häufiges Vorlesen kann Kindern schon vor der Schule bewußt machen, daß es Erzählmuster und Sprachformen gibt, die für Schriftsprache charakteristisch sind, vor allem aber, daß beim Vorlesen nicht nur der Inhalt, sondern auch die sprachliche Form immer gleich bleibt. Der Inhalt kommt also nicht aus den Bildern, sondern aus den Schriftzeichen - auch das eine wichtige Erfahrung.

Außerdem werden sie mit technischen Konventionen der Schrift vertraut: oben/unten, vorne/hinten beim Blättern, die Leserichtung mit dem Zeilensprung, wenn sie den Lesefinger beobachten können, wie er das Sprechen Zeile für Zeile, manchmal auch Wort für Wort begleitet.

Welche dieser Konventionen die Kinder schon kennen, wird deutlich, wenn sie selbst eine Geschichte "vorlesen", die sie schon kennen: aus ihrem Lieblingsbuch, aus einem Text, den wir am Tag vorher schon gelesen haben, oder gar eine Geschichte, die sie uns selbst diktiert haben, so daß sie die Übersetzung von Sprache in Schrift miterleben konnten. Schon die Veränderung der Stimme deutet darauf hin, daß die Kinder etwas von der Andersartigkeit der Schriftsprache erfaßt haben. Indem sie sich wechselseitig beobachten, lernen sie voneinander, wie man liest, gerade weil sie das, was ihnen typisch erscheint, bis zur Karikatur hervorheben.

"Wir tun so, als ob wir lesen" hebt die Aufgabe bewußt auf eine spielerische Ebene: Übertreibung ist erlaubt. Das Buch in der Hand ist aber auch eine Stütze: Die Bilder helfen, sich an den Fortgang der Geschichte zu erinnern. Darum sind Geschichten besonders geeignet, bei denen auf jeder Seite ein Bild (und ein Satz) einen deutlichen Schritt in der Handlungsfolge anzeigt.

Fortsetzungsgeschichten, aus denen jeden Tag ein Abschnitt vorgelesen wird, wecken die Neugier der Kinder (*8.8). Beim Vorlesen im Kreis sollten gerade die Kinder mit ins Buch schauen, die wenig Erfahrung mit Büchern haben. Da die Ehrenplätze neben der Lehrerin so begehrt sind, wird sie teilweise auf Kleingruppen ausweichen müssen, in die sie ganz bestimmte Kinder einlädt - zugleich ein natürlicher Anlaß für das anschließende Vorlesen der Zuhörer vor der ganzen Gruppe.

Beobachtungspunkte:

- Dreht das Kind das Buch richtig herum, wenn man es ihm auf dem Kopf und mit dem hinteren Deckel zuoberst überreicht? Evtl. nachfragen: "Kannst du das Buch so herum lesen?"
- Schaut das Kind überhaupt ins Buch? Evtl. sogar auf den Text?
- Entsprechen seine Leseabschnitte den Bild-/Textseiten? Blättert es dabei um?
- Verwendet es sprachliche Wendungen aus dem Text, oder erzählt es frei nach? Versucht es noch am nächsten Tag, sich an die Vorlage zu halten?
- Fährt es mit dem Finger die Schrift nach? Von links nach rechts und von oben nach unten?
- Gibt es Wörter, die das Kind schon wiedererkennt?

Laut-treu schreiben und lautierend erlesen sind nur Zwischenstufen auf dem Weg zur Schrift, aber notwendige Stufen. Daß schon dieser Schritt nicht gelingt, kann unterschiedliche Ursachen haben.

Das Kind hat noch nicht die grundlegende **Einsicht** in die Parallelität von Lautfolge und Reihung der Schrift-Zeichen gewonnen (III).Es kann einzelne Laute und Buchstaben(gruppen) einander nicht zuordnen oder verwechselt die Buchstaben-Form (**V**). Oder: Das Kind hat noch nicht gelernt, die Klangform sprachlicher Äußerungen bewußt zu analysieren, bzw. es hat Schwierigkeiten mit bestimmten Leistungen, die dafür erforderlich sind:

- **Sprach-Bewußtsein** meint die gedankliche Leistung, Sprache nicht nur als Mittel der Verständigung zu nutzen (Bedeutungsaspekt), sondern die wiederkehrenden Lautelemente zu erkennen und gezielt zu manipulieren, auch mit technischen Begriffen wie "Wort", "Wort-Länge" und "Laut" umgehen zu können (***2.1; 2.2; 2.4; 2.5; 2.6**) Schwierigkeiten macht vor allem die Bildung stabiler Lautkategorien ("Phoneme") trotz unterschiedlicher Artikulation (z.B. des /k/ in "Kiste" und "Kasten"): Die Mundstellung verändert sich durch die jeweiligen Nachbarlaute. Daß diese Laute dennoch gleich behandelt werden, lernen die Kinder dann oft erst durch das Raster der Schrift (**V**).
- Die Buchstaben-Schrift verlangt, den fließenden Sprachstrom in separate Einheiten zu gliedern. Nach dem Wort (***2.4**) ist die Silbe eine zentrale Form der **Grobgliederung**, die schwachen Schreibern (***6.1**) und Lesern (***6.2**) oft schon mißlingt. Der Ausfall dieser Teilleistung kann nur in der Anfangsphase durch ein visuelles Einprägen der Wörter kompensiert oder verdeckt werden.
- Andere Kinder **lassen einzelne Laute aus oder vertauschen ihre Reihenfolge**. Wenn dies nur bei Wörtern mit mehr als 5-7 Buchstaben passiert, kann es sich um eine Überlastung des Kurzzeitgedächtnisses handeln, weil das Wort in zu vielen oder zu großen Einheiten verarbeitet werden muß (**VI**). Im übrigen entspricht das Abbildungsraster unserer Schrift nicht unbedingt dem, was unbefangene Hörer/innen akustisch wahrnehmen (Kap. 2.2.2, 2.2.3). Unter diesem Gesichtspunkt helfen Minimalpaar-Vergleiche ("Wo unterscheiden sich BROT/BOOT, GEHST/GEHT, STURM/STUMM...?") und Parallel-Analysen auf der Laut- und Schrift-Ebene (***3.3; 3.4**).
- Wieder andere Kinder **verwechseln ähnlich klingende Laute** (***2.4; 2.7**). Schwierigkeiten macht insbesondere die Gruppierung der Laute im Dialekt oder in der Muttersprache ausländischer Kinder. Für sie kann es hilfreich sein, Laut und Schrift zunächst auf der Ebene ganzer Wörter einander zuzuordnen (***7.1; 7.5; 7.8**) und bei der Lautanalyse zunächst größere Einheiten (z.B. wiederkehrende Endungen) in den Vordergrund zu rücken (etwa **er** für das /a/ in VATA,MUTTA usw.). Im übrigen wird die Lautunterscheidung im Sinne der Hochsprache weniger über Hörübungen als vielmehr über eine genaue Artikulation gefördert (***2.5; 2.7; 2.8**). Beide Leistungen hängen in ihrer Entwicklung wechselseitig voneinander ab.

In der Konsequenz bedeuten diese Überlegungen, daß Sprach-Analyse nicht vorweg als Voraussetzung des Lesen- und Schreibenlernens entwickelt werden kann. Sie wird entscheidend durch den Umgang mit Schrift gefördert, weil der flüchtige und kontinuierliche Sprach-Klang erst im Buchstaben und seinen gegenständlichen Formen zu greifen und in Einheiten gliederbar ist.

Merke: Auch wir Erwachsenen "hören" durch den Filter der Schrift.

SPRACH-ANALYSE: Das Wort ist der Satz-Baustein. Man kann es aus dem Sprachfluß und

V/A
Bedeutungszusammenhang isolieren und zu neuen Aussagen verknüpfen.

*1.2; 1.3; 1.6; 4.8   KWS, Kap. 10

E.SCHMALOHR (1971, 296-299); J.F.REID (1972, 212f.); D.FISCHER (1977, 286f.); J.DOWNING/P.OLIVER (1981)

Ist SUPERMARKT nur **ein Wort**, oder sind es **zwei**? Uns Erwachsenen scheint dieser Begriff so selbstverständlich, daß wir gegenüber Schulanfängern ohne viel Nachdenken von dem "zweiten Wort im Satz" sprechen oder sie nach einem besonders "lustigen Wort" oder gar nach einem "Wort mit f" fragen. Im inhaltlichen Zusammenhang verstehen sie uns ja auch meist, aber trotzdem bereitet ihnen die Unterscheidung **Wort/Satz**, **Wort/Silbe** oder **Wort/Laut** oft Schwierigkeiten; (daß auch wir Erwachsenen Probleme bekommen, wenn wir begründen sollen, was "**ein Wort**" ist, zeigen die Beispiele am Ende von Kap. 1).

Definitionen helfen Erstklässlern nicht weiter. Aber in Spielen können sie an konkreten Beispielen zumindest eine implizite Vorstellung vom "Wort" aufbauen: "Ich sage einen Satz mit zwei Wörtern: VATER KAUFT. Wer kann den Satz länger machen? Aber es darf immer nur **ein** Wort mehr sein."

Lustig ist es schon, daß der Satz immer länger und schwerer zu behalten wird, zumal man oft zu komischen Ergänzungen gezwungen wird: VATER KAUFT EIN.
VATER KAUFT HEUTE EIN.
VATER KAUFT HEUTE VIEL EIN.
UNSER VATER KAUFT HEUTE VIEL EIN.
UNSER KLEINER VATER KAUFT HEUTE VIEL EIN.

Wörter bezeichnen also nicht nur Gegenstände und nicht nur Handlungen. VATER KAUFT IM LADEN EIN - da sind zwei Wörter dazugekommen. Man kann ja auch sagen: IM GESCHÄFT oder IM SÜPERMARKT. IM ist also ein eigenes Wort.

Und jetzt geht der Ärger erst richtig los. Wieso ist SUPERMARKT **ein** Wort? Da kann man doch auch austauschen (FLOH-MARKT bzw. SUPER-MANN). Ob ich sage DER SUPERMARKT oder DER GROSSE MARKT, macht doch keinen wesentlichen Unterschied.

Wir müssen uns also einigen, wie wir solche "Doppelwörter", die immer wieder als gemeinsamer Namen auftreten, behandeln wollen. Auch Grammatik ist Vereinbarung, und manchmal gibt es keine besseren Gründe für die eine oder die andere Lösung. Da muß halt entschieden werden, und dafür gibt es ein Regelbuch, wie bei den Verkehrsregeln. So bekommt der **DUDEN** früh seine Autorität, aber eine Autorität mit Grenzen.

Für uns ist an diesen Gesprächen interessant, was die Kinder über den Aufbau ihrer Sprache denken. Das gemeinsame Argumentieren regt die Weiterentwicklung der oft sehr unterschiedlichen Vorstellungen an, bietet Stoff, den jedes Kind auf seiner Entwicklungsstufe anders einsortieren wird.

Festigen lassen sich diese Vorstellungen erst durch den Umgang mit **Schrift**, die die Wortgrenzen sichtbar markiert. Sätze aus Wort-Karten (um)bauen ist eine handgreifliche Form des Umgangs mit Sprache. Wörter nach verschiedenen Arten zu sortieren ist der nächste Schritt, um gegenüber der inhaltlichen Bedeutung auf die formalen Eigenschaften von Wörtern aufmerksam zu machen.

Einen anderen Zugang zum Begriff des Wortes bilden die Versuche, Gedanken oder Aussagen schriftlich zu notieren (*4.8; 5.7). Eine einfachere Vorform bieten alle Spiele, in denen Wörter nur zur Benennung von Gegenständen oder Tätigkeiten dienen: Lotto oder Memory mit Bild-Wort-Karten oder das Schatzkästchen mit den "eigenen Wörtern" (*7.1; 7.3).

SPRACH-ANALYSE: Die Klangdauer von Wörtern ist unabhängig von ihrer Bedeutung (z.B. der Größe des Gegenstands); die Schriftlänge entspricht der Klangdauer.

V/A

*1.3; 2.1; 2.3   KWS, Kap.1 und 10

B.BOSCH (1937); E.SCHMALOHR (1971, 299); I.LUNDBERG/M.TORNEUS (1978); M.DEHN/K.H.CASTRUP (1982, 424); Praxis Grundschule (9/1982, Nr.7)

Lesen und Schreiben verlangen, daß man neben der Bedeutung auch den Klangaspekt der Sprache beachtet. Die unterschiedliche Klangdauer wird den Kindern bewußt, wenn sie darauf achten, wieviel Puste sie für verschiedene Wörter brauchen. Man kann zunächst nach "viel" und "wenig" Luft unterscheiden, wie in dieser Aufgabe. Genauer ist ein Vergleich nach der Zahl der Silben, also der Sprechimpulse (*2.3), die man auch graphisch kennzeichnen kann, z.B. ◁◯ für Einsilund ◁◯◯ für Dreisilber.

 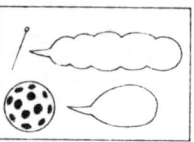 
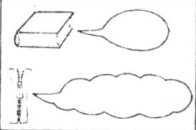  

Die Kinder können dann auch Wörter oder Bilder sammeln und in eine Tabelle einkleben, in deren Kopfleiste diese Symbole die Zahl der Silben kennzeichnen.

Wie weit den Kindern die Abstraktion von der Bedeutung des Wortes gelingt, läßt die folgende Aufgabe erkennen. Im Wechselspiel nennen Lehrerin und Kind jeweils zwei Wörter: "Welches klingt länger?" Die Schwierigkeit kann zum einen durch die Unterschiedlichkeit der Klangdauer gesteigert werden, von deutlichen Unterschieden (FENSTERRAHMEN / EIS) zu kleineren Unterschieden (WEGWEISER / FENSTER). Zum anderen kann die Ablenkungskraft der Bedeutung zunehmend verstärkt werden. Vergleichsweise einfach ist es, wenn die beiden Begriffe zueinander gar keine Beziehung in der Größendimension haben (ROT / SAUER oder ALT / ANBAUEN). Stück um Stück schwieriger wird es in den folgenden Fällen:

- Größenunterschied, aber in verschiedenen Kategorien (AUTO / WASSERHAHN; KUH / KAFFEEKANNE);

- Größenunterschiede, aber in derselben Kategorie (AMEISE / AFFE; STOCK / STREICHHOLZ);

- Ganzes/Teil desselben Gegenstands (OFEN / OFENTÜR; FENSTER / FENSTERRAHMEN).

Wichtig ist, daß die Fragen im Wechsel gestellt, daß die Kinder also auch selbst Aufgaben stellen können. Nur so ist es ein gemeinsames Spiel. Nur so können sie aber auch zeigen, daß sie die Idee begriffen haben.

Eine Unterscheidung der Wortlänge nach der Zahl der Einzellaute ist schwieriger. Im Grunde setzt sie voraus, daß die Kinder die entsprechenden Schriftwörter kennen oder daß sie über entsprechende Austausch-Übungen eine Vorstellung vom "Laut" gewonnen haben (*2.4; 2.6). Denn "hören" kann man die Grenzen zwischen Einzel-Lauten nicht. In einer Variante kann man den Kindern auch die Wörter in Schriftform zeigen und sie fragen, auf welcher Karte wohl welches Wort steht (S. Kap. 2.2.1). Aus der Begründung ihrer Antwort läßt sich ihre Vorstellung über die Beziehung zwischen Sprache und Schrift erschließen.

SPRACH-ANALYSE: Wörter lassen sich in Sprechimpulse gliedern, die wir Silben nennen
V/A/W   und in Liedern und Abzählreimen nutzen.

*2.2; 6.1; 6.2   KWS, Kap. 20

U.WÖLFEL (1979); H.J.KOSSOW (1976, 58f.); D.MAUTHE-SCHONIG (1979, 149f.); A.GRABOLLE (1983, 26f.)

"Mutter, Mutter - wieviel Schritte darf ich gehen?" Die "Mutter" steht an der einen
Wand des Klassenzimmers oder der Turnhalle und hält die Augen verdeckt. Die Mitspie-
ler (3-6) fragen nun nacheinander, wieviel Schritte sie gehen dürfen. Die Mutter antwortet mit einer Zahl, z.B. 3, und das betreffende Kind muß daraufhin ein Wort mit
3 Silben nennen. Mit jeder Silbe (AU-TO-BAHN) darf es einen Schritt machen (die anderen Kinder dürfen ihm auch ein Wort zuflüstern). Wer zuerst an der Wand ist, wird
die neue "Mutter".

Die akustische Analyse einzelner Laute muß schrittweise angebahnt werden. "Gleiche
Wörter gleich zu hören ist nicht so banal, wie man als Erwachsener denkt, besonders
dann nicht, wenn die Wörter im Kontext eingebettet sind oder in Wortzusammensetzungen
vorkommen wie z.B. Auto, ein blaues Auto, Autofahrer, Autoverkäufer in 'Ich bin ein
großer Zottelbär'. Eine 'Wörterjagd' beim Vorlesen des (dann natürlich altbekannten)
Textes zwingt zum Heraushören. Silben bewußt zu hören und zu sprechen ist notwendig,
wenn man Abzählreime korrekt anwenden will. Folgender Einfall eines Kindes hebt ebenfalls die Silben hervor. Im Bilderbuch 'Harquin, der Fuchs' hatte nur der Held einen
Namen. Das Kind benannte seine Geschwister mit 'Quin', 'Har' und 'Quinhar'. Anregend
sind auch Phantasiegeschichten wie 'Das blaue Wagilö'. Es handelt von einem Warzen-
schwein, das durch Attribute anderer Tiere (Giraffe, Löwe) schöner zu werden hoffte."
(A. GRABOLLE, 1983, 26f.)

Ka
lö
se

"Silben-Schreiten", "Silben-Schlagen" oder Spielmarken,
die für jede Silbe gesetzt werden, sind motorische bzw.
gegenständliche Stützen für diejenigen Kinder, denen die
akustische Analyse im Kopf Schwierigkeiten macht. Das
gemeinsame Singen gibt über den Rhythmus den Takt für
das Tambourin vor, so daß auch unsichere Kinder in die
Silben-Gliederung sich einfühlen können.

Mit den Klapp-Bilderbüchern "Krogufant" von Sara BELL
(1981) oder "Das Daffodil" von W. BLECHER (1979) können
die Kinder bildlich Phantasienamen konstruieren, wobei
sich die Gestalt des Tiers parallel verändert - eine
Überleitung zur schriftlichen Darstellung der Silben(*6.2).

Solche Spiele mit Wort-Bausteinen lassen sich auch mit
zusammengesetzten Wörtern duchführen, die zuerst ausein-
andergenommen und dann neu zusammengesetzt werden. Es
geht dann aber nicht mehr um den Sprechimpuls, sondern
um bedeutungstragende Einheiten, sog. Morpheme (*6.4;
6.5). Auf diese Weise können Kinder zum Erfinden neuer Wörter animiert werden, z.B.
ZAHN-SCHRUBBER, HEIZ-SCHRANK oder ZWEI-BRECHER. "Wie könnte man zu ...(HOCHHAUS) auch
noch sagen?" setzt die Sprachphantasie der Kinder frei, bindet sie aber auch an den
Maßstab, sinnvolle Wörter zu erfinden.

Beides - Silben- und Morphemgliederung - vertieft das Verständnis der Kinder für die
formalen Einheiten der Sprache und die Bauweise einzelner Wörter.

SPRACH-ANALYSE: Wörter lassen sich nicht nur nach Bedeutung ordnen. Sie unterscheiden
oder ähneln sich auch im Anfangslaut ("Alliteration") und in der En-
A   dung ("Reim").

*2.2; 2.6; 3.2   KWS, Kap. 11

J.FACKELMANN (1975); Arbeitsblätter verschiedener Lehrgänge, z.B. J.REICHEN (1982, Heft 8, 22f.)

Wörter können verschiedene Eigenschaften gemeinsam haben. Kinder achten vor allem auf
die begriffliche Bedeutung (Form, Farbe, Größe, Verwendung, "kann man anfassen" usw.).
Nach diesen Regeln Gemeinsamkeiten zu suchen fördert die Begriffsbildung. Formaler
ist die Einschätzung der Wort-Verwandtschaft (KAUFHAUS/KÄUFER/KAUFEN), also nach Morphemen (*6.5). oder gar nach Wortarten. Noch schwieriger ist für viele Schulanfänger
der Vergleich von Klangdauer (*2.2) und Klangähnlichkeit.

Einfache Bilderkarten erlauben
ganz verschiedene Spiele:

DUETT: Die Kinder erfragen Karten mit demselben Anlaut: "Hast
du ein Bild, das auch mit...an-
fängt?"

DOMINO: Karten müssen so abge-
legt werden, daß ihr Anlaut jeweils mit dem Endlaut des Vor-
gängers übereinstimmt.

REIMEN: Die Kinder nennen sich
im   Partnerspiel   abwechselnd
Wörter, zu denen ein Reimwort
gefunden werden muß.

Anfangs kann man Bildkarten ohne Bezeichnungen verwenden, später zusätzlich oder allein Wortkarten, um Buchstaben-Kenntnis
und Einsicht in den Schrift-
Aufbau zu festigen (*3.1;5.4).

Außerdem können die Kinder Bilder oder Gegenstände mit dem Anfangsbuchstaben etikettieren oder auf Papptellern mit dem jeweiligen Anlaut sammeln. Der tägliche Blick auf die Sammlung festigt
die Vorstellung vom gemeinsamen Anlaut und vom Lautwert des betreffenden Buchstabens.

Oder die Kinder heben die entsprechende Buchstabenkarte hoch, wenn
die Lehrerin ein Wort mit dem betreffenden Anlaut nennt.

Beobachtungspunkte:

- Hat das Kind eine Vorstellung von **Anfang** und **Ende** des Wortes?

- Verwechselt es bestimmte Laute leicht? (*2.7)

- Hat es vielleicht Schwierigkeiten auf der begrifflichen Ebene?

(Achtung: Dasselbe Bild kann oft unterschiedlich benannt werden!
Wichtig ist nur, daß das Kind seinen Begriff lautrichtig analysiert. Eventuell können die Bilder vorher gemeinsam benannt werden.)

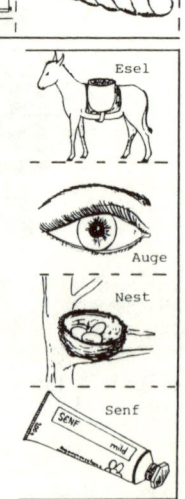

SPRACH-ANALYSE: Der Laut ist ein Wort-Baustein. Tauscht man Worte aus oder verändert

V/A/W   man ihre Folge, verändert sich auch die Bedeutung des Wortes.

*3.4; 2.6   KWS, Kap.10 und 11

L.BRADLEY (1982; 1983); M.DEHN/K.H.CASTRUP (1982, 425)

Zuerst müssen die Kinder den Wortlaut des Liedes "Drei Chinesen mit dem Kontrabaß" beherrschen, dann werden alle Selbstlaute von Durchgang zu Durchgang auf eine neue Vorgabe hin "umgeschaltet", z.B. auf "o" oder "ei". Solche Sprachspiele helfen besser als jede explizite Erklärung, die Einheit "Laut" zu begreifen, an der auch die Schrift anknüpft.

Dieses Muster läßt sich zum Vergnügen der Kinder auch auf Fibel-Geschichten oder beliebige andere Texte anwenden.

Aber auch das Muster läßt sich ändern. Von älteren Geschwistern kennen manche Kinder GEHEIM-SPACHEN, die durch Lautmanipulationen entstehen. Man kann jeder Silbe denselben Laut voranstellen: TICH TEGEHTE TENACH TEHAUTESE oder anfügen : WOS BISTES DUS GEWESENS; (viele Varianten hat PARA 1977 gesammelt; sie bieten genug Abwechslung, um leistungsstarke Schüler einige Zeit in Atem zu halten, zumal man ihnen Geheimbotschaften in schriftlicher Form zum Knacken geben kann).

Für die langsameren Schüler läßt sich die Einsicht in die Bedeutung der Laute durch das "Verzaubern von Wörtern" vertiefen: "Wer kann aus einem Wort ein anderes machen? Aber ihr dürft immer nur einen Laut vertauschen, z.B. aus LAUS MAUS machen oder TAG aus TAL!"

Wenn die Kinder das Spielprinzip begriffen haben, kann man Ketten bilden, indem ein Ball oder ein anderes Zeichen im Kreis wandert (*2.6). So wird aus RUND erst HUND, dann HAND, dann HANS und GANZ (zulässig! es geht um den Klang und nicht um die Schreibweise).

Statt Laute auszutauschen kann man sie auch fortlassen oder hinzufügen: "Was wird aus dem Wort MAUS, wenn ich M wegnehme?" oder "Was brauche ich, um aus dem Wort EIER das Wort EIMER zu machen?"

Der Abstraktionsgrad solcher Aufgaben verbietet es, die Laut-Analyse zur vorgängigen Bedingung des Schrifterwerbs zu erklären. Aber sie muß ihn systematisch begleiten.

Bernhard BOSCH hat bereits vor 50 Jahren auf die Bedeutung der "Vergegenständlichung der Sprache" für das Lesenlernen hingewiesen. Untersuchungen in ganz verschiedenen Ländern haben dieser Theorie eine solide empirische Grundlage verschafft. Andererseits hat Emil SCHMALOHR (1971, 299) auf die breite Streuung der Leistungen gerade von Schulanfängern in diesem Bereich hingewiesen: Selbst wenn man das Erfolgskriterium bei nur 60% richtig gelösten Aufgaben dieser Art ansetzt, werden dieser Anforderung gerecht nur

- knapp 20% der 4- bis 5-Jährigen,

- 60-70% der 5- bis 6-Jährigen,

- zwar 90-100% der Erstklässler,

- aber nur 30-40% der zurückgestellten Schulanfänger.

Die Fähigkeit zur Sprach-Analyse wächst also nicht einfach mit dem Alter, sondern ist von konkreten Lernmöglichkeiten abhängig, die offensichtlich nicht für alle Kinder selbstverständlich sind.

SPRACH-ANALYSE: Wörter bestehen aus einzelnen Lauten, die in einer bestimmten Folge gesprochen werden müssen.

V/A

*2.4; 2.5; 3.1; 3.4   KWS, Kap.10 und 11

E.SCHMALOHR (1971, 296-299); I.LUNDBERG u.a. (1980)

"Auf der Mauer, auf der Lauer" kennen viele Schulanfänger schon aus dem Kindergarten. In jeder Runde werden die Wörter um einen Laut gekürzt.

Was im oft wiederholten Lied gemeinsam gelingt, macht bei unbekannten Wörtern große Schwierigkeiten. Für alle Aufgaben zur Laut-Analyse gilt, daß sie durch den Filter der Schrift leichter fallen. Buchstabenkarten oder Spielsteine, die für den einzelnen Laut gesetzt werden, sind gegenständliche Hilfen, die zumindest in der Anfangsphase angeboten werden sollten.

Im folgenden werden einige Grundtypen von Aufgaben beschrieben, die sich als Kreisspiel oder kurze lehrergesteuerte Übung zwischendurch eignen. Ein Kind stellt die Frage und rollte den Ball oder wirft ein anderes Zeichen zu dem Partner, der antworten soll. Wer nicht antworten kann, gibt die Frage mit dem Ball weiter. Wegen der besonderen Bedeutung der Laut-Analyse für das Lesen- und Schreibenlernen sollte diese Aufgabe regelmäßig wiederholt werden. Dabei ist es wichtig, abweichende Lösungsversuche mit den Kindern durchzusprechen.

Die Grundtypen:

- "Welche Laute hörst du in ...(LOS)?"
- "Welchen Laut hörst du in ...(ROSA) nach dem ...(O)?"
- "Was für ein Wort kann man aus... (L-I-L-A) machen?"
- Wenn ich bei...(UTA) einen Laut weglasse, hört man nur noch...(U-A). Welchen Laut habe ich weggelassen?"

Am Anfang sind möglichst einfach gegliederte Wörter (keine Konsonantenhäufungen!) vorzuziehen, möglichst mit Dauerlauten, die gehalten werden können (f/v, l, m, n, r, s, ch, sch, w, z und Langvokale).

Wenn die Kinder durch die Analyse einzelner Laute im Wort überfordert sind, sollte man mit Anlauten beginnen. Eine noch leichtere Vorform ist die Gliederung des Wortes in Silben (*2.3).

Sprechen die Kinder einen starken Dialekt, gibt es zwei Möglichkeiten. Wir führen die akustische Analyse nur parallel zur schriftlichen Durchgliederung durch. Die Kinder lernen dann die hochsprachliche Artikulation durch die Schrift. Oder wir klammern in den Aufgaben die in der jeweiligen Region problematischen Laute aus. Dann können wir den Kindern aber nicht mehr die Initiative im Spiel überlassen.

Bei der **Beobachtung** der Kinder sollte sich die Aufmerksamkeit auf folgende Punkte konzentrieren:

- Gibt es bestimmte Laute, die das Kind nur schwer heraushören kann? (*2.4)
- Hat es Schwierigkeiten, die Folge der Laute zu bestimmen? (*3.1; 3.5)
- Gelingt ihm die Synthese vorgegebener Laute zu sinnvollen Wörtern? (*3.4)
- Gibt es Laute, die es nur schwer unterscheiden oder nicht klar artikulieren kann? (*2.7)

SPRACH-ANALYSE: Lautunterschiede werden bewußt durch Beobachtung der Lautbildung und

V/A der Sprechwerkzeuge.

*2.4; 2.5; 2.8; 5.5   KWS, Kap.10

W.KRAUTTER u.a. (1978, Vorkurs); H.OCHSNER (1977); Bremer Artikulationstest (BAT); D.MAUTHE-SCHONIG (1979)

Genaues Hören und Artikulieren sind eng miteinander verknüpft. Die flüchtigen Laute aus dem kontinuierlichen Lautstrom herauszuhören ist schwierig. Da hilft es, auf die Art und den Ort der Lautbildung zu achten, indem man den Partner beobachtet, die Vibration des **r** am eigenen Hals ertastet, die Explosion des **p** auf der Hand vor den Lippen spürt. Vor allem im Anlaut können Vokale und Dauerlaute (**f,v, l, m, n, r, s, ch, sch, w, z**) durch Gummibandsprechen ("lllleicht") bewußt gemacht werden.

Besondere Aufmerksamkeit verlangt das Erraten stumm artikulierter Laute (Vokale und Lippenlaute **b, p, w, f, m**). Sollen Wörter erraten werden, erleichtern zwei oder drei Auswahlbilder die Aufgabe.

Wo sitzt der Laut? / Bezeichnung der Laute

Besonders eindrucksvoll ist es, die eigene Zunge, Zahnstellung und Mundform im Hand - spiegel zu beobachten. Er ermöglicht überdies eine unmittelbare Kontrolle und Korrektur.

Kinder, die Schwierigkeiten mit einzelnen Lauten haben, profitieren oft von Eselsbrücken: Das l bringt die Zunge zwischen die Lippen; das s surrt zwischen den Zähnen; das **sch** zischt hinter den Zähnen. Solche Merkhilfen sollten gemeinsam mit den Kindern entwickelt werden, indem alle versuchen zu erklären, was sie bei einem bestimmten Laut fühlen.

Artikulationsort und -art können durch Spielmarken mit Symbolen wie in der nebenstehenden Tabelle gegenständlich bewußt gemacht werden. Bilder für Schlüsselwörter mit dem entsprechenden Anlaut können gesammelt und entsprechend geordnet werden, um Ähnlichkeiten (**b/p** oder **m/n**) und die entscheidenden Unterschiede (stimmhaft/stimmlos; Zahnlaut/Lippenlaut) anschaulich einzuprägen.

Handzeichen, die eine Brücke von der Lautbildung zur Buchstabenform schlagen, sind ein Mittel, um die Zuordnung einzelner Laute zu bestimmten Buchstaben zu festigen(*5.5).

Eine genauere Diagnose von Schwierigkeiten bei der Artikulation ermöglicht das Zungenbrecher-Echo (*2.8). Werden dabei ausgeprägte Sprachfehler festgestellt,ist unbedingt ein Sprachheilpädagoge hinzuzuziehen. Übungen zur bewußten Artikulation können eine systematische Therapie von Sprechfehlern nicht ersetzen.

SPRACH-ANALYSE: Genaues Artikulieren stützt die Wahrnehmung von Lautunterschieden und ist ein erster Schritt zur bewußten Analyse der Lautfolge.

V/A

*2.5; 2.7; 3.1   KWS, Kap.10 und 11

H.MÖHRING (1938); Bremer Artikulationstest (BAT); J.DAHL (1966); I.DUDECK/G.GERLACH (1974)

"Bürsten mit braunen Borsten bürsten besser als Bürsten mit weißen Borsten" --- **Aber:** "Rollen Roller mit roten Rädern rascher als Roller mit grünen Rädern?" Ist auch egal, jedenfalls backt der Bremer Bäcker Bruno Bolte braune Butterbrötchen und dazu ißt Ga- by gern grüne Gurken aus glatten Gurkengläsern.

Manche Kinder haben Schwierigkeiten mit der Unterscheidung bestimmter Laute (z.B. Z/ S/SCH; G/K/, B/P, D/T; O/U, I/E) oder mit der Aussprache bestimmter Lautfolgen, z.B. in **ANGSTSCHWEISS** - nach dem Guinness Buch der Rekorde das deutsche Wort mit den mei- sten Konsonanten hintereinander.

Solche Schwierigkeiten werden mit sog.Nachsprech-Tests wie dem BAT festgestellt, in denen dem Kind ausgewählte Wörter vorgesprochen werden, die es dann wiederholt. Für die Kinder interessanter und für die Lehrerin informativer ist es, wenn diese Aufgabe zu einem Partnerspiel umgestaltet wird: "Einer darf sich ein schwieriges Wort ausden- ken, z.B. LOKOMOTIVE oder KIRSCHKERN; der andere muß versuchen, es nachzusprechen." Die Lehrerin kann gezielt Wörter mit bestimmten Schwierigkeiten in das Spiel einbrin- gen. Auf der anderen Seite erfährt sie, welche Wörter ein Kind als schwierig ansieht.

Besonderen Spaß macht es, Unsinn-Wörter zu erfinden wie KNORPUSCHPINXL. Auch in Jür- gen DAHLs "Wörterschrank" (**7.3**) finden sich lustige Kandidaten wie PERPENDIKEL, TOL- PATSCH, KLOPS oder KÜMMELMOTTE. Bei den "Prüfwörtern" sollte es sich aber um bekannte Wörter handeln: Das Kind hört wie wir Erwachsenen durch den Filter der Bedeutung hin- durch (s. unsere Schwierigkeit mit seltenen Eigennamen und Fremdwörtern!).

MÖHRINGs Lauttrepe bietet einen Anhaltspunkt für die wachsenden Schwierigkeiten der Laute und Lautgruppen:

Mami	Ball	Haus	Dose	Post	Löffel	Tante	Fahne	Wind
Baum	geben	Uhu	Nadel	Puppe	Teller	Boot	offen	Löwe
Dach	Jacke	rot	Finger	kicken	blau	Onkel	Geld	Brot
Kuchen		Lehrer	Ring	Stock	neblig	Bank	Geige	fiebrig
Frau	Platz	Flasche	ich	drei	Prügel	Treppe	Klasse	Glas
Afrika			Küche		April		eklig	
Schule	grün	Faust	krumm	Stein	Wespe	Messer	Spiel	Pferd
Fisch		Westen				Eis		Apfel
sechs	schlimm	singen	Gnade	Schmutz	Schnee	Zahn	Knie	Schreck
Hexe		Hose				Mütze		
schwarz	quälen	sprechen	Pflaume	Straße	zwölf			
	bequem				entzwei			

Liest man diese Übersicht von links nach rechts (mit Zeilensprung), versteht man die besondere Schwierigkeit des Zungenbrechers SCHUSTER SCHÜTTE SCHNEIDET SCHWARZES SCHUHLEDER MIT DEM SCHARFEN SCHUSTERMESSER.

Vertraute Wörter können manche Kinder rasch und richtig lesen bzw. schreiben ("Sicht-Wortschatz"). Sie haben aber Schwierigkeiten mit seltenen oder ganz unbekannten Wörtern.

Schwierigkeiten beim Erlesen neuer Wörter können daran liegen, daß die häufigen Wörter an Merkmalen erinnert werden, die mit dem **Schriftaufbau** überhaupt nichts zu tun haben. Beim Lesen kommt es in diesen Fällen mit wachsender Zahl der "Sicht-Wörter" zunehmend zur Verwechslung ähnlicher Wörter, da die naive Wortbild-Strategie nicht mehr ausreicht. Beim Schreiben gelingt nicht einmal eine lauttreue Darstellung (s. Kap. 2.2). Hier hilft nur eine erneute systematische Einführung in die Grundprinzipien der Buchstaben-Laut-Schrift (***3.1; 3.2; 3.3; 3.7**).

Beschränken sich die Schwierigkeiten auf **lange** unbekannte Wörter, sind die Kinder vermutlich nicht in der Lage, die Buchstabenkette in handhabbare Einheiten oder vertraute Bausteine zu gliedern (**VI**). Diese Überlastung des Kurzzeitgedächtnisses kann auch dazu führen, daß einzelne Buchstaben **ausgelassen** oder in der Reihenfolge vertauscht werden (***3.1; 3.3**).

Werden dagegen Buchstaben **verwechselt** oder hat das Kind ihren Lautwert/Namen vergessen, ist die Buchstaben-Kenntnis zu überprüfen (**V**). Manche dieser Schwierigkeiten verweisen auch auf Unsicherheiten in der Laut-Analyse (**II**) oder bei der Verbindung der richtig bestimmten Einzellaute (***3.4; 3.5**). Beim Schreiben erfordert die Mehrdeutigkeit der Laute zusätzlich, daß die einzelnen Buchstaben und ihre Folge genau eingeprägt werden (***3.6; 7.5**).

Ich weiß nicht, wie man Blätter schreibt. Ich weiß nur, daß man „ä" einsetzen muß.

Cartoon: Ernst Böse

Manchmal werden unbekannte Wörter im zusammenhängenden Text durch **bedeutungs-ähnliche** Alternativen ersetzt, die graphisch wenig gemeinsam haben. Es kann sein, daß das Kind Lesen als intelligentes Raten mißversteht, daß es sich also zu sehr auf seine Sprach-erfahrung und seine Sinnerwartung aus dem Kontext verläßt. In solchen Fällen ist die Verbindlichkeit der Vereinbarung von Symbolen (**I**) und von Schrift im besonderen (**IV**) zu verdeutlichen.

Beim Übergang vom Erlesen einzelner Wörter zum Satz- und Textlesen ist eine Zunahme bedeutungsähnlicher Ersetzungen allerdings zu erwarten. Der Sprung auf die Sinnebene deutet insofern sogar einen Fortschritt der Lesefähigkeit an.

Neigt ein Kind aber allgemein dazu, in den Kontext auszuweichen, so sind gezielte Übungen mit einzelnen Wörtern durchaus angebracht (***3.1; 3.7; VII**).

Gerade als Gegenstück dazu gibt es Kinder, die eine Lautfolge zwar additiv synthetisieren können, dabei aber nicht auf ein bedeutungsvolles Wort kommen. In solchen Fällen sollten einzelne Wörter in Zuordnungsaufgaben zu Bildern angeboten werden (***7.1; 7.2; 8.7**). Diese Kinder profitieren auch vom Lesen in einem Textzusammenhang, der zu **sinnorientierten** Hypothesen zwingt und Handlungsmöglichkeiten eröffnet (**VIII**).

SCHRIFT-AUFBAU: Die Bedeutung des einzelnen Buchstabens für den Klang und für die Bedeutung des Wortes wird Kindern unmittelbar einsichtig an "Minimal-
A   paaren", die sich jeweils nur in einem Element unterscheiden.

*2.6; 3.2; 4.3   KWS, Kap.14 und 15

H.VESTNER (1975); Leseanfang - Schreibanfang, Grundkurs 1 (1979); R.PRAHM (1975, Spiele 3, 10, 12)

OMA UND OPA sind ein klassisches Fibelthema. Die thematische Gemeinsamkeit darf aber
nicht darüber hinwegtäuschen, daß jede Methode anders mit ihnen umgeht - auch auf der
lesetechnischen Ebene.

Da ist Opa   Die Ganzheitsmethode hebt die graphische Wortgestalt durch Umrißli-
Oma ist auch da nien hervor und gliedert in einem zweiten Schritt über den visuellen
Wo ist Olaf?   Wortvergleich die gemeinsamen Zeichen O und a aus. Außerdem betont
                sie das sinn-entnehmende, wenn auch naive Lesen kleiner Texte.

Demgegenüber beginnt die synthetische Methode mit einzelnen Buchstaben und   O
der akustischen Analyse. Durch den Vergleich gesprochener Wörter werden die   O m a
einzelnen Laute gewonnen und den entsprechenden Buchstaben zugeordnet.   O p a

O P a   Heute wird die Methoden-Integration favorisiert, aber oft als eine bloße Ad-
O m a   tion der beiden klassischen Methoden mißverstanden. Die analytisch-syntheti-
           sche Methode will das Assoziationslernen ganz überwinden. Es geht ihr vor-
rangig nicht um das Einprägen einzelner Wörter oder Buchstaben; vielmehr will
sie die Funktion des Buchstabens für den Aufbau des Wortes einsichtig machen. Darum
steht bei OMA und OPA (UWE/UTE; AUS/MAUS) der Unterschied zwischen den Wörtern im
Vordergrund. Darum werden graphische Zeichenfolge, Klang und Bedeutung parallel miteinander verglichen.So simpel dieser Fortschritt gegenüber den beiden anderen Methoden erscheint: Er ist zentral dafür, daß die Kinder begreifen, welche Bedeutung die
Buchstaben für den Aufbau der Schrift haben:

Wenn wir am Zookäfig das L von LÖWE durch ein M übermalen, führen wir die Besucher
in die Irre. Wenn wir auf dem Schild RASEN BETRETEN VERBOTEN das A in RASEN durch ein
O ersetzen, ändert sich der Sinn der Aussage. Auch STEHEN und GEHEN ist ein solches
Minimalpaar, dessen Unterscheidung im Verkehr von grundlegender Bedeutung ist (I).

Ein zweiter Gesichtspunkt spricht für die Einführung neuer Buchstaben im Wortzusammenhang: Der Lautwert des einzelnen Zeichens bleibt nicht konstant, er läßt sich nur
näherungsweise isolieren. Das gilt nicht nur für das Paradebeispiel C: CELLO/CAFE/CI-
TY/CÄSAR. Jeder Laut verändert sich durch die Ko-Artikulation mit den jeweiligen Nach-
barlauten. Man kann das sogar fühlen, wenn man nacheinander Kasten und Kiste vor sich
hin spricht. Die Bandbreite und die Grenzen der einzelnen Buchstaben-/Laut-Kategorie lernen Kinder unterschwellig, wenn die Buchstaben in verschiedenen Wörtern auftauchen.

Damit wird zugleich die Notwendigkeit und Problematik von Übungen zum Wortaufbau und
Wortabbau augenfällig (MONIKA-MONIK-MONI-MON-MO-M-M-MAU(!)-MAUS). Die Schwierigkeit
besteht darin, daß mehrgliedrige Schriftzeichen, die für einen Laut stehen (SCH/CK/AU
TT usf.) nicht auseinandergerissen werden dürfen, daß sich darüberhinaus aber auch der
Lautwert der einzelnen Buchstaben nicht zu stark verändern darf. Vor allem der Wechsel von kurzem zu langem Vokal kann Kinder verwirren: MUTTER-MUTTE-MUTT-MU. Vermeiden
läßt sich diese Klippe nicht immer, vor allem wenn die Kinder selbst Wörter vorschla-
gen. Aber wir sollten die Veränderung mit ihnen besprechen: "Merkt ihr, das E klingt
jetzt ganz anders, wenn das R nicht mehr dahinter steht!".

SCHRIFT-AUFBAU: Der kontinuierliche Laut-Strom des Wortes läßt sich in Einheiten gliedern, die in anderen Wörtern wiederkehren und die durch Buchstaben abgebildet werden können.

A

*2.6; 3.1; 3.3   KWS, Kap.14 und 26

J.REICHEN (1982, Heft 1, 16-21)

Lauttreues Schreiben (FOHGL) ist für Kinder der erste Schritt zum selbständigen Umgang mit Schrift. Wenn sie einmal das Grundprinzip begriffen haben, daß Buchstaben Sprachlaute abbilden (*3.1; 4.8),können sie durch eigenes Probieren drei Leistungen verfeinern:

- einzelne Laute aus Wörtern heraushören und voneinander unterscheiden (II);
- die Laute durch die entsprechenden Buchstaben(gruppen) abbilden (V).
- die zeitliche Lautfolge von links nach rechts darstellen (*3.3; 3.4).

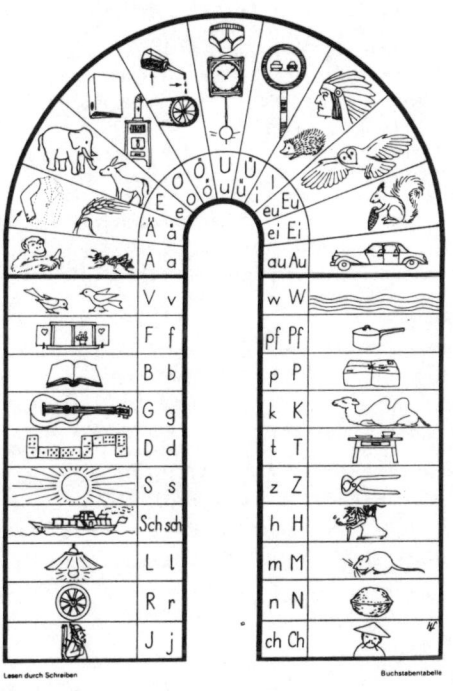

Lesen durch Schreiben   Buchstabentabelle

Die Buchstaben-Tabelle ist eine Hilfe für den zweiten Schritt: "FISCH - fff - FISCH fängt mit f an - ach ja, FENSTER fängt ja auch mit f an, also mache ich zuerst ein F. FISCH - FI - iii - dann kommt ein i..." Für Erwachsene entmutigend, dieser Aufwand; für Kinder eine Krücke, die sie nach kurzer Gewöhnung virtuos handhaben, zumal sie sich nach und nach einzelne Buchstaben merken, so daß nicht mehr jeder Laut aufgesucht werden muß. Insofern können Kinder auf verschiedenen Niveaus mit der Tabelle umgehen, immer mehr von ihnen werden unabhängig von der Lehrerin, die sich nun um die Kinder kümmern kann, die Hilfe und persönliche Zuwendung brauchen.

Trotzdem empfiehlt sich ein regelmäßiger Rundgang, um Buch zu führen über Fortschritte und Schwierigkeiten aller Kinder:

Welche Laute registriert das Kind, wie vollständig bildet es die Lautfolge ab? (II)

Kann das Kind die Zeichen erkennbar abmalen? Schreibt es systematisch von rechts nach links oder in Spiegelschrift?(*3.3;3.6)

Läßt das Kind Zwischenräume zwischen den Wörtern? (Kap. 2.2.2)

Wechseln Groß- und Kleinbuchstaben im Wort? (*7.5; 7.6)

Auch andere Formen des aufbauenden Schreibens - ob mit Stempeln, Buchstabenkarten, anderen gegenständlichen Hilfsmitteln - fördert das bewußte akustische und visuelle Durchgliedern, aus dem sich dann das automatisierte Lesen und Schreiben entwickeln kann (VII).

SCHRIFT-AUFBAU: Die Zahl und die Folge der Buchstaben in einem Wort zu bestimmen, zwingt zu einer sorgfältigen akustischen Analyse.

A/W

*2.6; 3.2; 7.5   KWS, Kap.15

J.M.MASON (1980b, 64f.); E.HENGARTNER/H.WEINREBE (1984, 20-42); Arbeitsblätter zu vielen Lehrgängen

Matthias zeichnet eine Folge von fünf Strichen und einen
"Galgen" auf das Papier: "Das ist ein Wort. Du mußt Buchstaben sagen. Wenn sie zu dem Wort gehören, schreibe ich sie
an die richtige Stelle. Ist der Buchstabe falsch, wächst das Männchen am Galgen (Kopf
und Rumpf, linker Arm, rechter Arm, linkes und rechtes Bein). Du kannst auch gleich
das ganze Wort versuchen; aber wenn es falsch ist, wächst das Galgen-Männchen auch.
Mal sehen, ob du das Wort rauskriegst, ehe das Männchen am Galgen hängt."

Ein Spiel, das auch Erwachsene ganz schön fordert. Aber auch Erstklässler bringen in
der zweiten Hälfte des Schuljahrs meist solche Konzentration schon auf. Wer das Rätsel stellt, muß sich das Wort innerlich präsent halten, um entscheiden zu können, ob
und wo ein genannter Buchstabe hinpaßt. Der Rater andererseits muß alternative Füllungen zu dem bereits gefundenen Buchstaben-Gerüst ausprobieren, um sich unnötige Um-
wege zu ersparen.

Schwächere Schüler dürfen sich als Erinnerungshilfe für ihr Rätsel eine Wortkarte als
Vorlage nehmen. Das vermeidet auch ärgerlichen Streit: "PFERD wird doch nicht so
(FERT) geschrieben - so kann man das doch nie rauskriegen!" Eine Variante für die
Fördergruppe: Unter einzelnen Bildern geben Striche die Zahl der Buchstaben vor.

Anspruchsvoller sind Kreuzworträtsel, die die Kinder in einfacheren Formen auch
selbst erfinden können, z.B. in Gruppenarbeit. Ein SCRABBLE, bei dem sich die Wörter
überkreuzen dürfen, ist eine gute Vorbereitung, da die Kinder die Buchstaben hier
noch gegenständlich hin-und-herschieben können.

Eine weitere Variante bieten die Buchstaben-Würfel. Mit vier bis sechs wird gleichzeitig gewürfelt: "Wieviele Wörter lassen sich aus K, S, A, T, L bilden?"

Maren schreibt HAUS auf ein Blatt Papier, das dann am Tisch reihum geht. Als nächster
hängt Tobias ein AU dran, Andre als dritter ein DO. So entsteht eine Wörter-Schlange.
Der Nachbartisch muß später herausfinden, welche Wörter in dem Buchstaben-Wurm versteckt sind, indem die Gelenk-Buchstaben eingekreist werden (H A U S A U D O F E N...).
Das ist eine schriftliche Variante zu Spielen mit Anfangs- und Endlauten (*2.4).

Entsprechend kann auch hier weiter abgewandelt werden: Wir sammeln Wörter,

- die denselben Anfangsbuchstaben haben (Affe/alt/aber...);

- in denen derselbe Wortbaustein vorkommt (saust/Maus/Pause...);

- die sich reimen (mein/dein/sein/fein...).

Elmar HENGARTNER und Helge WEINREBE haben weitere Spielmuster gesammelt, die vor allem den leistungsstärkeren Schülern "Futter" zur Selbstbeschäftigung bieten und auch
zu Beginn des 2. Schuljahrs sinnvolle Übungen zur Sicherung der grundlegenden Fertigkeiten ermöglichen. Die "Wortpyramide" wächst von Zeile zu Zeile um einen Buchstaben,
z.B. E - EI - EIS - REIS - REIST. Bei der "Wortklauberei" wird ein langes Wort vorgegeben: "Wer findet Wörter, die in STREICHEN versteckt sind? Ihr könnt einzelne Buchstaben auslassen, müßt aber die Reihenfolge der Buchstaben beibehalten." (Als Beispiel: EI, EI...N, S..EI, STR.ICH,...).

SCHRIFT-AUFBAU: Das ganze Wort ist mehr als die Lautsumme seiner Einzelbuchstaben;
die Lautqualität einzelner Buchstaben ändert sich im Wortzusammen-
A   hang.

*2.6; 3.3; 3.5   KWS, KAP.5 und 9

U.MOELLER-ANDRESEN (1973, 30); P.RATHENOW/J.VÖGE (1982, 58); S.REGELEIN (1982, 9-12)

Manchmal ist es zum verzweifeln: Alex hat begriffen, daß Buchstaben für Laute stehen,
er erinnert sich auch an den Lautwert der einzelnen Schriftzeichen. Aber kompakt wie
Betonklötze bleiben für ihn die Laute nebeneinander stehen, verschmelzen nicht zum
natürlichen Wortklang.

Also lesen wir den Satz langsam im Duett. Meine Stimme trägt ihn mit und hilft ihm,
lockerer zu artikulieren, sich auf Laut-Variationen einzulassen. Das war der Sinn des
Chor-Lesens in der alten Volksschule, wie es in japanischen Schulen auch heute noch
selbstverständlich ist. Die Kehrseite der Medaille: das gedankenlose Nachplappern,
ohne jeden Blick auf die Schrift. Ein guter Grund, dieses Ritual abzuschaffen, denn
als Hauptmethode taugt es nicht zum Lesenlernen. Aber in der hier beschriebenen Funktion erfüllt es einen wichtigen Zweck: die natürliche Sprachmelodie als Träger für
die Einzellaute zu aktivieren.

Neben der Sprechmelodie kann die Sinnerwartung beim Sprung auf die Wort-Ebene helfen.
Lassen wir also zeitweise ganz vom lauten Lesen ab und aktivieren wir stattdessen den
Zugang von der Bedeutungsebene her, z.B. über die Zuordnung von Wort und Bild (*7.1)
oder mit Aufgaben zur Nutzung des Satz-Kontexts (*8.1; 8.2).

Manche Kinder überfordert es aber, neben der Technik auch noch die Bedeutungsebene
zu berücksichtigen. Wie kann man ihnen direkt helfen, die Lesetechnik zu verbessern?
Es scheint oft so, als "klemme" etwas bei ihnen, als wolle die Synthese einfach nicht
"einrasten". Sicher: Die Kinder sollen einzelne Buchstaben von Anfang an nicht isoliert, sondern im Wortzusammenhang kennenlernen, so daß ihnen der Bezug zur Bedeutung
und zur Aussprache der Wörter und damit auch die Variationsbreite der Buchstaben-
Lautung selbstverständlich wird. Trotzdem kann es nötig sein, den Vorgang der Synthese ganz bewußt zu entfalten. Dazu eigenen sich Anschauungshilfen der folgenden Art:

Bildlicher Vergleich mit Rutschbahn, wo zu
dem wartenden „z" das „u" gerutscht kommt
und so das Wort „zu" entsteht.

Eine abstraktere Art der Darstellung
finden wir auf vielen Arbeitsblättern
zur Synthese:

Aber auch danach muß man manche Kinder ermutigen, den Sprung vom ungefährlichen Lautieren auf die Wort-Ebene zu wagen: "Ich gebe den Kindern einen **Lesestall**, einen
Streifen halbdurchsichtige Folie.Damit wird das Wort zugedeckt, buchstabenweise freigegeben und immer gleich alles gelesen, was r - rau - raus - **raussch** - **rausschau** -
rausschaut. Die Folie gliedert das Wort, ohne es zu zerstören."(U.MOELLER-ANDRESEN,
1973, 30)

Vertraute "Bausteine" als Brücke zwischen dem einzelnen Buchstaben und dem ganzen Wort
erlauben mit wachsender Schrift-Erfahrung, die Synthese in größeren "Happen" zu er-
ledigen (**VI**).

DER SCHRIFT-AUFBAU: Die Lese- und Schreib-Richtung ist wichtig für die Unterscheidung von Wörtern; sie ist an die zeitliche Folge der Laute gebunden.
A

*2.4; 3.6; 7.5   KWS, Kap.14 und 16

P.RATHENOW/J.VÖGE (1982, 58-62)

Erika liest TOR statt "ROT" und macht aus "Biene" BEINE. Benni schreibt seinen Namen so: INNEB - womöglich noch in Spiegelschrift.

Die Angst vor Linkshändigkeit oder einer falsch entwickelten Seitendominanz des Gehirns läßt uns Erwachsene allergisch auf solche Fehler reagieren. Dabei zeigen zeitweise fast alle Kinder solche Lese- und Schreibvarianten (s. Kap. 2.1.3). Die Raumlage ist ihnen zu diesem Zeitpunkt als wichtiges Unterscheidungsmerkmal für Schrift einfach noch nicht bewußt. Oder ihre Aufmersamkeit wird von den übrigen Anforderungen des Lesens und Schreibens voll in Anspruch genommen. Hinzu kommt, daß Erstklässler im Gegensatz zu uns meist keine Schwierigkeit haben, auch einen auf dem Kopf stehenden Text zu lesen.

Insofern ist zunächst Gelassenheit angebracht, wenn Alexandra die Buchstaben ihres Namens ohne Rücksicht auf die übliche Reihenfolge sammelt und zu Papier bringt (s. Kap.1). Immerhin hat sie begriffen, daß man mit Schrift Bedeutungen auf dem Papier festhalten kann (ihren Namen also, nicht irgendein Geräusch), daß Schrift auch nicht nur graphischer Schmuck ist. Sie hat zudem begriffen, daß man Buchstaben als Bausteine verwendet, die zusammen - aber ihrer Meinung nach ohne feste Abfolge - eine bestimmte Information schwarz auf weiß vorzeigbar machen.

Auf Alexandras Frage "Drei A habe ich schon, - welche Buchstaben brauche ich noch?" könnte man also so eingehen: "Was für Buchstaben du noch brauchst? Da wollen wir uns deinen Namen einmal ganz genau anhören. Was für Buchstaben klingen denn da noch außer den drei A?--- So, und jetzt wollen wir die Buchstaben ordnen. Welchen hört man denn zuerst? Welchen dann und welchen danach...?"

Auch hier geht es um eine Einsicht in den Schrift-Aufbau; nicht bloß um die Gewöhnung an eine Konvention, sie wird erst der zweite Schritt.

Etwas später kann man das Problem in seiner praktischen Bedeutung an Kontrast-Wörtern verdeutlichen:

"Es ist wichtig, daß wir immer von hier (links) nach da (rechts) lesen und schreiben, sonst wird aus **LOK** ein KO(H)L, aus **EIN** NIE und aus **LIEB** gar ein BEIL, aus dem **GRAS** ein SARG und aus **SIE** EIS oder aus **REGEN** ein NEGER."

Der Lesepfeil, den man unter der Zeile von links nach rechts schiebt, ist dann nur noch eine Gewöhnungshilfe - mit der zusätzlichen Entlastung, daß er immer nur ein neues Wort freigibt.

Buchstaben-Karten mit einem Pfeil als Fuß, Schreibhefte mit Pfeilen am Zeilenanfang haben denselben Erinnerungswert. Manche Verdrehungen hängen aber auch mit dem langsamen Synthetisieren zusammen: Erst werden die Buchstaben einzeln lautiert, und der letzte Laut hängt noch in der Luft, wenn das Kind wieder von vorne anfängt. Kein Wunder, daß dann "aus" zu SAU wird. So erklärt sich auch BLIE oder BLEI (und nicht BEIL) für "lieb".

SCHRIFT-AUFBAU: Die Rechtschreibung von Wörtern läßt sich als Buchstaben-Folge einprägen und zusätzlich durch rhythmische sprachliche Steuerung ab-
A/W   stützen.

*3.2; 7.5   KWS, Kap.22 und 24

L.BRADLEY (1981; 1982); D.GRALL-MOOS (1983)

"MOTOR   -   eM und O und Te und O und eR   -   MOTOR."

Ulf ist ein sogenannter hoffnungsloser Fall: Selbst die Schreibweisen häufiger Wörter
kann er sich nicht merken. Schon die akustische Analyse bringt ihn in Schwierigkeiten,
so daß er selbst gegen Ende des 1.Schuljahrs nur Wortruinen produziert, die nicht
einmal lauttreu geschrieben sind.

Wohlgemerkt: Es geht nicht um's Lesen. Da wäre in der Anfangsphase ein Buchstabieren
von Wörtern fatal, weil es den Weg zum natürlichen Sprachklang zusätzlich erschwert.
Hier aber geht es um die Schreibweise, die sich nur durch die Buchstaben-**Namen** eindeutig fixieren läßt.

Für Extremfälle wie Ulf hat Lynette BRADLEY ein simples Übungsmuster erprobt, das die
Abfolge der Buchstaben systematisch einprägt und zugleich ein Verfahren einübt, mit
dessen Hilfe sich die Kinder selbst instruieren können. Voraussetzung ist allerdings
eine zureichend sichere Buchstaben-Kenntnis (**V**).

Das Grundmuster für die Übungsphase, z.B. in einer Fördergruppe:

(1)   Das Wort wird deutlich gesprochen, aber nicht lautierend zergliedert und
      ggf. seine Bedeutung erklärt: "Mo-tor. Woher kennt ihr Motoren?"

(2)   Die Lehrerin schreibt oder steckt das Wort und benennt dabei die einzel-
      nen Buchstaben: "eM und O und Te und O und eR   -   MOTOR."

(3)   Die Schüler wiederholen: "eM und O und Te und O und eR: MOTOR."

(4)   Sie schreiben das Wort, wobei sie die Buchstaben-Namen laut vor sich hin
      sprechen, am Schluß das Wort noch einmal lesen.

(5)   Sie vergleichen ihren Versuch mit der Vorlage und benennen dabei wieder
      die Buchstaben von vorne nach hinten.

(6)   Der vierte Schritt wird zwei- bis fünfmal wiederholt, bis ohne Stocken
      geschrieben werden kann.

Die SLR-Lehrstudios benutzen für die Spätförderung Schreibmaschinen, um den 10- bis
15-jährigen Schülern das Gefühl zu vermitteln, etwas Neues zu lernen. Dabei verwenden
sie ein Metronom aus dem Musikunterricht als Taktgeber. Dies rhythmische Stütze läßt
sich aber schon früh nutzen. Gerade leistungsschwache Schüler profitieren davon.

Nach einiger Gewöhnung kann das Lehrer-Modell (= Schritt 1 und 2) wegfallen, die
Schüler können die Lerntechnik selbständig auf beliebige Wörter anwenden.

Noch später können sie auf das laute Sprechen verzichten und ihr Schreiben durch"in-
neres Sprechen" steuern.

Auch wenn die Starrheit des Verfahrens abschreckt: Diese Monotonie gibt auch Sicherheit. Und sie ist manchmal die letzte Chance, um einen gewissen Grundwortschatz zu
sichern. Nur so sollte sie auch verwendet werden.

SCHRIFT-AUFBAU: Mann kann Wörter an verschiedenen Merkmalen erinnern. Aber manche
Kennzeichen führen in die Irre oder sind unwichtig.
V/A

*1.6; 7.2; 7.3   KWS, Kap.3, 4 und 14

G.SPITTA (1973, 4-7); J.MASON/C.McCORMICK 1979; 1981; s.a. Kap. 2.3); E.HENDERSON/J.W.BIERS (1980,122-137)
D.FISCHER (1978b, 33-35)

An der Tafel stehen fünf Wörter, zum Teil aus dem "Schatzkästchen" einzelner Kinder
(*7.3), zum Teil von mir unter dem Gesichtspunkt bestimmter Ähnlichkeiten ausgewählt:

das
Weihnachtsmann
Kirschkuchenfest
was
Kirche

"Jetzt bin ich aber neugierig, wer davon etwas herausbekommt!"

Die stille Tina bucht ihren ersten Erfolg in dieser Woche,
weil KIRSCHKUCHENFEST ihr "eigenes Wort" ist, das sie natürlich sofort erkennt.

Die wichtigste Frage bei diesem Spiel: "Woher weißt du das?"

Für das eine Kind ist es die Länge des Wortes (aber warum
heißt das Wort in der zweiten Zeile nicht KIRSCHKUCHENFEST?).
Für andere ist es der erste Buchstabe. Aber heißt das unterste Wort auch KIRSCHKU-
CHENFEST? Jetzt können die Detektive loslegen, jeder auf seinem Entwicklungsstand und
mit einer anderen Idee. Da werden Ähnlichkeiten (das/was) und Unterschiede (Kirche/
Kirsche) entdeckt, Hypothesen aufgestellt und widerlegt, Beispiele gesucht und Begründungen erweitert oder eingegrenzt. Und jedes Kind entdeckt etwas Neues (z.B. Ähnlichkeit und Verschiedenheit von W/w). Manches rauscht vorbei, anderes erinnert an
frühere Beispiele.

Dietlind FISCHER hat Gespräche mit Kindern über ihre Lesestrategien aufgezeichnet.
Die meisten Kinder können überraschend genau über ihr Vorgehen berichten - und sie
gehen sehr unterschiedlich vor, auch wenn sie nach einer einheitlichen Methode unter-
richtet werden. So können sie voneinander lernen.

Ob wir mit einem offenen Impuls beginnen ("Hier kann man etwas entdecken!") oder ob
wir eine gezielte Aufgabe stellen ("Welches Wort heißt wohl BALL?" - von BILL, WALL,
FALL, BALL, BOOT) - die Neugier und Diskussionslust der Kinder ist geweckt.

Manchmal stehen die Wörter in einem inhaltlichen Zusammenhang
(*7.4). Dann können wir eine Geschichte drumherum stricken:

Hunger
Wurst
Brot
gern
bezahlt

"Peter hat großen Hunger. Er kauft sich eine Wurst. Er bezahlt sie
von seinem Taschengeld. Peter ißt gern Wurst. Er ißt die Wurst
ohne Brot."

Besonders anspruchsvoll ist die folgende Variante: "Ich erzähle
euch jetzt eine kurze Geschichte. Die Wörter an der Tafel kommen
darin vor. Wenn ihr eins davon hört, steht schnell auf. Einer kann das Wort dann zeigen!"

Hier müssen die Kinder auf den Inhalt des Textes, auf den Klang und die graphische
Form der Wörter achten und sich die "kritischen" Wörter vorher genau einprägen. Aber
trotzdem sind verschiedene Strategien denkbar, so daß die Kinder auf unterschiedlichen Niveaus mitspielen können.

Später können sie sich dann eigene Sätze oder gar Geschichten zu den fünf (höchstens
sieben) Reizwörtern überlegen, die wir nach dem Kriterium ihrer Häufigkeit und ihrer
Bedeutung für die Kinder aussuchen. Diejenigen, die noch nicht so weit sind, malen
ein Bild und diktieren ihren Text dazu.

Manche Erstklässler haben einfach keine Lust, Lesen und Schreiben zu lernen. Andere verlieren diese Lust in der Monotonie schulischer Übungen. Oder sie resignieren nach wiederholten Mißerfolgen.

Für solche Schwierigkeiten gibt es Gründe, die sich in allen Lebensbereichen auswirken: geringes Selbstvertrauen, Angst vor der Schule, Probleme in der Familie. In anderen Fällen fehlen Vorstellungen vom Nutzen des Lesens und Schreibens und Erfahrungen mit verschiedenen Verwendungsmöglichkeiten von Schrift. Ein Kind hat nebenbei im Restaurant den Unterschied zwischen Speisekarte und Rechnung kennengelernt (auch wenn es beides noch nicht lesen kann), das andere Kind hat noch nie einen Brief geschrieben oder bekommen.

Reisepaß
(ausgestellt von Benni)

Wenn es einen Anlaß gibt, der dem Kind wichtig ist, wächst auch seine Bereitschaft, sich einzelne Buchstaben und Wörter zu merken oder einen ganzen Satz buchstabierend zu Papier zu bringen. Schon ehe die Kinder "richtig" lesen und schreiben können, sind solche Aktivitäten möglich. An ihnen entzünden sich dann von selbst Gespräche über Schrift und über andere Darstellungsformen (I). Aus diesen Gesprächen können auch wir lernen, z.B. welche Verwendungsformen und welche Elemente der Schrift einzelne Kinder schon kennen:

- sich mit eigenen Gedanken auseinandersetzen, eigene **Vorstellungen klären**, indem man sie niederschreibt und auf dem Papier manipuliert (wie z.B. in Entwürfen, Schaubildern, Tagebuch-Notizen) (***1.4; 4.2; 4.7; 8.5**);

- Gegenstände oder Handlungsmöglichkeiten **kennzeichnen**, z.B. durch Waren-Etiketten, Busschilder, Namenskarten, Orientierungstafeln (***1.5; 4.4; 8.4**);

- Erfahrungen und Überlegungen für eine spätere Verwendung **aufbewahren**, Schrift als Erinnerungshilfe nutzen, z.B. über das Diktieren eines Erlebnisses oder einen Einkaufszettel (***1.7; 4.3; 4.7; 4.8**);

- Informationen von anderen einholen oder ihnen **mitteilen**, z.B. über Briefe, Anzeigen, Zeitungen, Lexika (***4.1; 4.5; 4.6; 4.7; 8.6**);

- **Zeitvertreib** und Freude am Verfassen von Geschichten oder an ihrer Lektüre (***4.7; 8.5; 8.8; 8.9**).

Ob Kinder Kritzelbriefe schreiben (***5.7**), ob sie Bilder zu einer Handlungsfolge zusammenstellen (***1.1**), ihren eigenen Comic basteln (***4.9**) oder in einem Text-Bilderbuch blättern, während sie dem Vorleser über Cassetten-Recorder zuhören (***8.2**): Solche naiven Lese- und Schreibtätigkeiten ermöglichen es ihnen, allmählich mit Schrift und ihren Textmustern vertraut zu werden und die eigenen Vorstellungen durch aktives Ausprobieren zu erweitern.

SCHRIFT-VERWENDUNG: Naive Erfahrungen mit Büchern, Lesen und Schreiben können über Geschichten aktiviert und weiterentwickelt werden, deren Figuren ähnliche Vorstellungen haben wie die Schulanfänger.

V/A/W

*1.6; 1.7; 4.3; 5.7   KWS, Kap.28

D.ADER (1973, 37f.); M.DEHN/K.H.CASTRUP (1982, 423); I.KÄSTEL (1982, 450); D.HEYER (1973, 10)

"Was wäre, wenn wir weder lesen noch schreiben könnten?"

Auf diese Umfrage der Zeitschrift ELTERN (40/1984) antworteten Schüler unter anderem:

"Man sähe auf den Wahlplakaten immer nur die Köpfe, weil keine Schrift darauf stände. Dann müßte man an den Gesichtern sehen, ob man den wählen kann. Da kämen einige schlecht weg."(Arthur, 8 Jahre)

"Mein Vater könnte dann morgens nicht mehr hinter seiner Zeitung sitzen, sondern müßte mit uns sprechen." (Stephanie, 10 Jahre)

"Man könnte das Fernsehprogramm nicht lesen und wüßte überhaupt nicht, was los ist. So müßte man dann ununterbrochen fernsehen, weil man nicht mehr weiß, wann man abschalten kann." (Peter, 9 Jahre)

"Was wäre, wenn...?" - ein guter Einstieg auch für Schulanfänger, die schon recht konkrete Vorstellungen vom Nutzen des Lesens und Schreibens haben, wie Dietlind FISCHER bei ihren Gesprächen mit Erstklässlern feststellen konnte. Solche Gespräche schaffen "kognitive Klarheit" (DOWNING) über das Ziel des Lesen- und Schreibenlernens und sie motivieren, die Anstrengung des Übens auf sich zu nehmen.

Manche Kinder identifizieren sich eher mit dem Pumuckl, dessen naiver Umgang mit Schrift weitreichende Folgen hat. In der Geschichte "Die geheimnisvollen Briefe" geht es darum, daß er Wörter aus der Zeitung abschreibt und im Umschlag in den Briefkasten der Hausmeisterin steckt - ohne einen blassen Schimmer, was sie bedeuten. Sie befürchtet hinter diesen Botschaften ("VIER KALT"; "HEUTE BUNT"; "BIER VIER TOT") den Anschlag eines Verrückten auf ihr Leben. Aus Pumuckls Gespräch mit Meister Eder und aus seinen Schreibversuchen ergeben sich Fragen über die Funktion und den Aufbau der Schrift. Die Kinder lernen in solchen Gesprächen voneinander, die Lehrerin lernt ihre Vorstellungen vom Lesen und Schreiben besser kennen.

Mögliche Anknüpfungspunkte in diesem Text:

- Findet ihr auch, daß Zeitungen langweilig und dumm sind? (S. 71)
- Wie liest man eigentlich? Was tun eure Eltern, wenn sie lesen? (S. 71, 73)
- Kennt ihr schon einzelne Buchstaben? Wozu sind sie gut? (S. 73)
- Und wie schreibt man? Habt ihr schon etwas geschrieben? (S. 74)
- Könnte ihr mir ein kurzes Wort sagen? Und ein ganz langes? (S. 79; s.a. *2.2)
- Pumuckl hat den Brief in irgendeinen Briefkasten geworfen. Woher weiß eigentlich der Postbote, welcher Brief in welchen Kasten gehört? (S. 80; s.a. *4.5)
- Was muß man lernen, um lesen und schreiben zu können? Wie haben's die Erwachsenen gelernt? (S. 89)

Am meisten Spaß macht es den Kindern natürlich, selbst Wörter auszuschneiden oder abzumalen, um sich von ihrem eigenen Produkt überraschen zu lassen.

Weitere Texte dieser Art finden sich in "Pippi geht zur Schule" (aus: PIPPI LANGSTRUMPF von Astrid LINDGREN) und in "Pippi schreibt einen Brief" (aus: PIPPI GEHT AN BORD), in "Eine Großmama" und "Der Winter dauert fort" (aus: HEIDI von Johanna SPYRI) und in den Kap. 1, 6 und 20 von JIM KNOPF UND DIE WILDE 13 (Michael ENDE).

SCHRIFT-VERWENDUNG: Schrift auf Schildern als Orientierungshilfe in der Umgebung erkennen und nutzen.
V/A/W

*1.4; 1.5; 1.6   KWS, Kap.28

D.HEYER (1973, 10); D.ADER (1973, 37f.); I.KÄSTEL (1982, 450); M.DEHN/H.K.CASTRUP (1982, 423)

Auf dem Fußboden liegt ein skizzierter Straßenplan des Schulbezirks (2x2 m auf Tape-
tenbahn o.ä.). Fotos von markanten Blickpunkten des Ortes sollen eingeklebt werden,
darunter auch Straßenschilder, Plakate, Namen von Geschäften und öffentlichen Ein-
richtungen. Mit der Schreibmaschine lassen sich "Klingelschilder" für alle Kinder
herstellen, um auch die Wohnhäuser zu kennzeichnen (und Besuchsmöglichkeiten anzu-
deuten).

Im Gespräch der Kinder über die Verortung der Aufkleber und die jeweilige Begründung
wird erkennbar, an welchen Merkmalen sie sich in ihrer Umwelt orientieren.

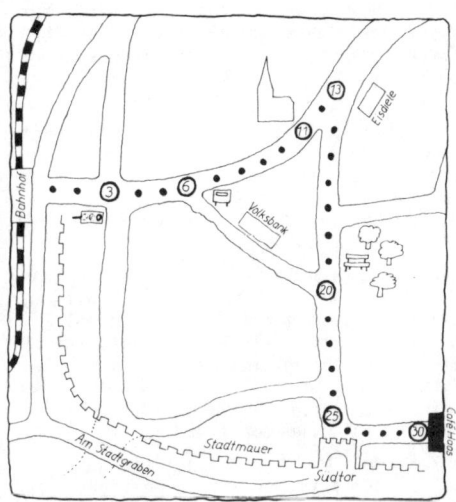

"Woher weißt du denn, daß das die Post ist?"

"Ich kenne das Haus, da sind auch so'ne
Fenster."

"Da ist der gelbe Postkasten."

"Diese Zeichen (HORN) sind immer auf Post-
sachen."

"Das heißt POST wegen dem P da."

"Da steht P-P000-P000S---POST!"

Die Aufgabe läßt sich variieren, indem
z.B. von einem Geschäft Schild und Auslage
getrennt fotografiert werden oder das Denk-
mal als Ganzes und seine Inschrift noch
einmal gesondert, um sie anschließend einander zuzuordnen.

Oder die Kinder sammeln auf dem Schulweg
weitere Schilder und Aufschriften, die sie
abmalen und gemeinsam in den Plan eintragen (*1.6). Es bietet sich auch ein Rundgang der ganzen Klasse an, um aufzuschreiben und zu fotografieren, was den Kindern
auffällt. Schilder können nach ihrer Ent-
zifferung auch verändert werden ("Betreten
des Rasens erlaubt!"), neue Schilder können erfunden werden (*1.5).

Abb. 4. Würfelspiel – Spielregeln:

③ Ampel auf rot, 1 × aussetzen
⑥ findet die Abkürzung am Briefkasten,
  darf sofort nach 20
⑪ findet die Kirche interessant,
  2 × aussetzen wegen Besichtigung
⑬ fragt einen Ortskundigen nach Café
  Haas, 2 Punkte vor

⑳ ruht sich auf der Bank aus,
  1 × aussetzen
㉕ Fremder ist vom Südtor begeistert, verläßt die Stadt, geht an der Stadtmauer
  entlang und findet sich am Bahnhof
  wieder. Von vorn anfangen

Wenn die Bildqualität eine Vervielfälti-
gung über den Fotokopierer zuläßt, können
Fotos und Zeichnungen auch jeder Tischgruppe zur Verfügung gestellt werden, denn dann
werden die Gespräche intensiver. Oder die Kinder bereiten arbeitsteilig den Aus-
schnitt des Plans vor, der ihrem Wohngebiet entspricht.

In einem weiteren Schritt läßt sich der Plan zum Würfelspiel umfunktionieren, wie
das Beispiel von Dorothea ADER zeigt. "Aufgabenfelder" verlangen, daß das jeweilige
Schild vorgelesen wird.

SCHRIFT-VERWENDUNG: Für Notizen reicht es, wenn man sich selbst Zeichen als Kürzel
ausdenkt. Für Mitteilungen an andere muß die Bedeutung der Zeichen abgesprochen werden.

V/A/W

*1.3; 4.6; 4.8; 6.1   KWS, Kap.7, 8 und 28

J.HOLT (1971, 105ff.); W.MENZEL/R.VIEWEG (1975); E.KRUEGER (1978, 29, 35f.); A.SINCLAIR u.a. (1982, 2f.);
H.GIESE (1983, 26); O.BÖHM (1983, 66-71)

Bereits am ersten Schultag wollen viele Kinder schreiben. Warum auch nicht? Nach einem Gang durch die Schule (oder aus einem anderen Anlaß) werden die Kinder eingela-
den, ihre Erfahrungen für jemand anders aufzuschreiben:

Ihr habt jetzt schon soviel Neues erlebt. Bis ihr nach Hause kommt, habt ihr die
Hälfte schon wieder vergessen. Schreibt euch doch jetzt auf, was ihr unbedingt behalten wollt. Überlegt euch, was ihr euch am besten merken könnt, was ihr alles gesehen
habt."

Manche Kinder wollen gleich loslegen. Wer ihre Vorstellungen über Schrift kennenler-
nen will, tut gut daran, sie ohne weitere Erläuterungen gewähren zu lassen (vgl. zur
Deutung der Schreibversuche Kap. 2.1 und 2.2). Anschließend können die Kinder ihre
Notizen vergleichen und wir können mit ihnen darüber reden, welche verschiedenen Mög-
lichkeiten des Aufschreibens es gibt, welche Vor- und Nachteile Bilder- bzw. Ideen-
Schrift, individuelle und abgesprochene Kürzel haben.

Das gemeinsame Gespräch läßt sich aber auch vorziehen: " Wer noch nicht so recht
weiß, wie er seine Sachen aufschreiben soll, kommt zu mir an diesen Tisch." Zum einen
können wir gemeinsam überlegen, was denn wichtig war auf dem Rundgang. Vor allem aber
können wir mit den Kindern unterschiedliche Beispiele für Notizen durchsprechen, um
zu entscheiden, wie sich was am besten darstellen läßt (z.B. ein Plan der Schule mit
Zeichen für verschiedene Räume, eine Tabelle als Stundenplan usw.).

Nebenbei wird eine neue Technik des Aufschreibens
eingeführt: "Wenn du dir etwas merken willst,
kannst du es erst laut vor dich hinsprechen. Für
jedes Wort machst du dann ein Zeichen aufs Papier.
Dann fällt's dir später wieder leichter ein.
Manchmal machst du nur einen Kritzelstrich und
manchmal ein besonderes Zeichen. Aber überleg
dir erst, was gute Merkwörter sind."

Ob eine Krakellinie oder ein gegenständliches Zeichen für das einzelne Stichwort gewählt wird, ist nebensächlich. Es kommt darauf an, den Wort-Begriff zu festigen, und
die Zuordnung von Spracheinheit und Schrift vorzubereiten (*2.1). Die Kinder lernen
zudem, Kürzel für ihre Erfahrungen zuerst auf der Sprachebene zu finden und danach
auf dem Papier abzubilden.

Gedanken auf diese Weise zu klären, zu verdichten und gegenständlich zu fassen, ist eine Leistung, die sich über Jahre hinweg entwickelt -
und das Denken selbst fördert. Das gilt beispielsweise auch für die Planung von Tätigkeiten: für das technische Bauen, für die Vorbereitung des Klassenausflugs oder für das Backre-
zept.

SCHRIFT-VERWENDUNG: Eigenschaften, Rollen, Requisiten, Szenen und Speilanweisungen lassen sich durch Schrift festhalten und mitteilen (Schrift als Kennzeichnung / Benennung).

A/W

*4.3; 4.6; 4.9; 7.3   KWS, Kap. 25

M.BERGK (1983c); D.TAYLOR (1982, 145); M.DEHN/K.H.CASTRUP (1982); Praxis Grundschule (9/1982, Nr.4)

Rollenspiele, die über ein kurzes Gespräch hinausgehen, stellen hohe Anforderungen an Schulanfänger. Es fällt ihnen schwer, den Ablauf eines Spiels vorweg zu planen, sich untereinander abzustimmen und vor allem: sich an Vereinbarungen zu halten.

Große Karten mit Stichworten, die man Personen umhängen, an Gegenstände kleben und auch wieder auswechseln kann, sind da in verschiedener Hinsicht hilfreich:

- zum Umwidmen von Gegenständen und zur Benennung von Situationen (z.B. HÖHLE als Karte am Schrank, in einer späteren Szene durch LEUCHTTURM ersetzt);

- zum Aufbewahren flüchtiger Äußerungen, z.B. mündlicher Vereinbarungen über die Reihenfolge von Auftritten in einem Spielplan;

- zur Mitteilung von Szenenmerkmalen (Ort, Zeit, Umstände) an die Zuschauer, etwa HEISSER TAG, NÄCHSTER MORGEN usf.

Im Spiel kann beobachtet werden, ob die Kinder diese Funktionen der Schrift verstanden haben und ob sie sie auch nutzen:

Ändern sie ihr Verhalten, wenn Rollenattribute ausgetauscht werden (ALT statt JUNG, STRENG statt FREUNDLICH)?

Schlagen sie selbst Stichwörter als Zusammenfassung von Spiel-Ideen vor?

Beziehen sie sich bei der Begründung oder bei der Kritik von Spielversuchen auf die Karten?

Nebenbei kann man beobachten, an welchen Merkmalen sich die Kinder einzelne Wörter merken. Es ist aber nicht Ziel des Spiels, die konkreten Wörter fehlerlos und rasch zu erkennen. Zu diesem Zweck ist es sinnvoller, Alltagsgegenstände mit ihrem üblichen Namen zu beschriften oder Plakate aufzuhängen. Die Bezeichnungen heimlich zu vertauschen schafft immer neue Anlässe zum Lesen, um die Zuordnung zu überprüfen.

Eine weitere Variante sind Ausweise, mit denen sich die Kinder untereinander vorstellen und als Mitglieder der neuen Gemeinschaft "Klasse 1b" legitimieren können. Später nutzen sie diese Idee für ihre eigenen Clubs oder Banden.

Ein vervielfältigtes Formular (nicht größer als DIN A 5) enthält Rubriken für Vor- und Nachnamen, Adresse, Telefon, Geburtstag, Foto oder Selbstporträt, Hobbies und andere wichtige Dinge, die den Kindern selbst bedeutsam sind. Natürlich muß der Name der Klasse und als Gipfel der Schulstempel drauf. Durch den Kniff in der Mitte erhält das Dokument Vorder- und Rückseite und kann leicht in einer Rezept-Folie untergebracht werden.

Als Vorstufe (oder statt der Ausweise) können wir auch Plakate herstellen, auf denen wir uns untereinander und den Besuchern unserer Klasse vorstellen.

SCHRIFT-VERWENDUNG: Schreiben ist nicht dasselbe wie Malen. Deshalb ist es notwendig,
Zeichen für Mitteilungen an andere zuvor abzusprechen.

V/A/W

*1.5; 4.3; 4.6; 4.8; 8.3   KWS, Kap.7, 23 und 28

W.MENZEL/R.VIEWEG (1975); G.BECKER (1983); G.SENNLAUB (1980, Kap.4)

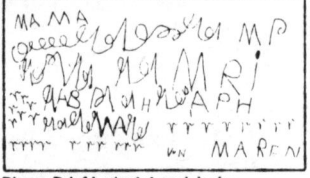

Dieser Brief bedeutet soviel wie:
„Mama, wir haben in der Schule
heute das r schreiben gelernt, von Maren"

Die Kinder schreiben sich Briefe, die in einem Briefkasten (Schuhkarton o.ä.) gesammelt und anschließend
vom "Postboten" ausgetragen werden. Die Rolle des Postboten ermöglicht der Lehrerin Rückfragen und weiterführende Impulse. Die Kinder erfahren in dieser Rolle,
wie wichtig eindeutige Zeichen sind (vgl. zur Deutung
der Schreibversuche im übrigen Kap. 2.1 und 2.2). Aus
einem solchen Spiel kann sich eine regelrechte Korres-
pondenz entwickeln - zwischen den Kindern, mit der
Lehrerin, mit einer anderen Klasse.

Gesprächsanlaß: Woher weiß der Postbote, für wen welcher Brief bestimmt ist? Das Gespräch sollte sich auf die Funktion der Adresse beschränken. Über den Inhalt verstän-
digen sich Schreiber und Empfänger leichter als wir meinen. Außerdem sollte dieser
Intimbereich geschützt und nicht didaktisiert werden. Besonderer Vorzug des Spiels:
Es ist vom Kindergarten bis zum Ende der Grundschulzeit interessant und macht das
wachsende Schrift-Verständnis der Kinder beiläufig sichtbar.

Eine attraktive Variante für Schulanfänger: Schon vor dem ersten Schultag kommt ein
Brief der Lehrerin, in dem sie sich und die Schule vorstellt und das Kind zu einigen
Punkten befragt, die Thema der ersten Schulstunde sein werden: "Neben wem magst du
sitzen?" - "Was ißt du besonders (un)gern?" - "Was hast du in den Sommerferien gemacht?". Wenn die Eltern den Brief der Lehrerin vorlesen, und das Kind seine Antworten diktiert, macht es eine wichtige Erfahrung mit der Funktion der Schrift. Besonders groß ist die Freude, wenn die Lehrerin am ersten Schultag mit den Kindern über
ihre Antworten anhand der Briefe spricht.

Im Klassenzimmer kann die Brief-Idee verschieden variiert werden. "Telegramme mit
Rückantwort" vereinfachen die Aufgabe auf den ersten Blick, brauchen die Kinder doch
keine vollständigen Sätze, sondern nur die wichtigsten Stichworte aufzuschreiben. Andererseits müssen sie diese Stichworte so auswählen, daß der Partner noch versteht,
was gemeint ist. Das Problem jeden Schreibens, eigene Gedanken explizit zu machen,
kann ihnen aus den Reaktionen des Partners bewußt werden, z.B. beim Ratespiel: Ulf
denkt sich einen Begriff aus, den er Katja zu beschreiben versucht. Höchstens drei
Stichwörter darf er in jedem Zug als Hinweis nennen. Katja muß den Begriff mit möglichst wenig Zügen herausbekommen. Dieses Spiel kann auch in einer mündlichen Vorform
gespielt werden: Über eine Trennwand gibt Peter Anweisungen an Eva, damit sie nach und
nach eine Zeichnung nachmalen kann, die vor ihm liegt - "Du fängst oben links an,
gehst dann ein kleines Stück nach unten, dann bis zur Mitte nach rechts...". Der fehlende Bezug auf eine gemeinsame Situation macht diese Verwendung der mündlichen Sprache einer schriftlichen Mitteilung ähnlich.

Oder wir spielen "Flaschenpost". In einem großen Gefäß werden kleine Botschaften der
Kinder gesammelt, gemischt und dann in der Reihenfolge gezogen, wie die Flasche bei
ihrem Weg durch die Klasse strandet. So kommen neue Partnergruppen für die Bastel-
stunde zustande, so können (kleine!) Weihnachtsgeschenke verlost - oder einfach die
Absender erraten werden. Aber auch Briefe an kranke Klassenkameraden oder an Sachver-
ständige für ein Problem aus dem Unterricht sind wichtig für den Ernstfall.

SCHRIFT-VERWENDUNG: Mitteilungen an Dritte stellen besonders hohe Anforderungen an
die ausdrückliche Formulierung der Botschaft und an ihre Lösung
A/W   aus dem Situationsbezug des Schreibers.

*1.4; 1.5; 4.3; 4.5; 8.6   KWS, Kap.27 und 28

D.HEYER (1973, 13); D.MAUTHE-SCHONIG (1979, 134); A.COLLINS/S.E.HAVILAND (1979, 1-4)

Um mir etwas zu merken, kann ich mir eigentlich ein beliebiges Zeichen ausdenken.Aber
schon der Knoten im Taschentuch ist mehrdeutig und am nächsten Tag oft nicht mehr zu
entschlüsseln (*4.3). Der Brief an einen abwesenden Partner muß noch expliziter sein
und kann - anders als ein Gespräch - nicht mit Gesten und Hinweisen ("hier", "das")
auf gemeinsam verfügbare Situationsmerkmale Bezug nehmen. Das Telefonieren oder Auf-
gabenhilfen/Spielanweisungen für einen Partner mit verbundenen Augen bereiten diese
Abstraktionsleistung auf der Ebene der mündlichen Verständigung vor. Immerhin kennen
sich die Partner hier noch, so daß viel aus der gemeinsamen Erfahrung erschlossen
werden kann (*4.5).

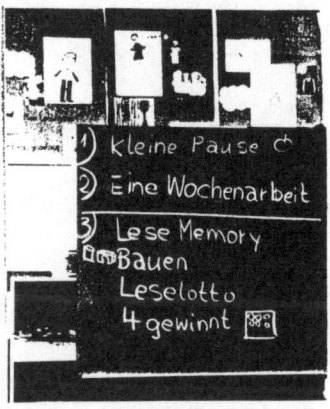

Schwieriger wird es bei Nachrichten oder Erzählun-
gen für ein unbekanntes Publikum - die typische Situation für Buchautoren oder Zeitungsmacher (*4.7;
4.9; 8.5). Am täglichen Arbeitsplan erfahren die
Kinder diese Schwierigkeit aus der Leserperspekti-
ve. Ganz anders, wenn wir die Planung gemeinsam be-
sprochen haben; dann dient die Aufzeichnung wieder
nur als Merkhilfe.

Ein anderes Medium, das die Kinder aus beiden Per-
spektiven erleben, ist das Schwarze Brett. Es knüpft
an den Erfahrungen mit Schildern für Dritte an
(*1.5) und bietet ein Forum für sehr verschiedene
Mitteilungsformen: Tauschangebote, Hinweise auf in-
teressante Sendungen in Funk und Fernsehen, auf
Veranstaltungen wie Circus oder ein Fußballspiel,
aber auch persönliche Nachrichten, z.B. über die
Geburt des kleinen Bruders, können aus Textstücken
geklebt, diktiert oder selbst geschrieben werden.

Wichtig ist die Eindeutigkeit der Mitteilung: "Willst du so ein Auto **haben**, oder
willst du es **loswerden**?"

Ist die Platte groß genug und aus weichem Material (Styropor, Kork, Weichfaser),
bringen die Kinder ihre Zettel selbst an, z.B. die Ergebnisse gemeinsamer Sammel- und
Suchaufgaben, so daß sie gleich im Überblick betrachtet werden können.

Wie so oft ist das Modell der Lehrerin entscheidend, die durch ihre Zettel Muster für
die unterschiedlichen Inhalte und Darstellungsformen solcher Mitteilungen geben kann.
Da die Kinder Schrift in unterschiedlichem Maße beherrschen, ergeben sich von selbst
Leseversuche auf verschiedenen Ebenen und Rückfragen, die zu einer Verbesserung der
Darstellungsform herausfordern. Die Neugier auf das, was andere geschrieben haben,
der fehlende Zeitdruck und der Verzicht aufs Laut-Lesen, aber auch die Möglichkeit,
sich beim Schreiber über den Inhalt der Botschaft zu vergewissern, kann schwachen Lesern den Zugang erleichtern.

Wie bei der Klassen-Korrespondenz ist ungewiß, wann die Idee zündet. Gerade jüngere
Kinder wollen am liebsten gleich alles selbst erzählen. Warum sollen sie die Mühe des
Schreibens, Malens und Klebens auf sich nehmen, wenn sie ihr Anliegen auf direktem
Weg loswerden können -? Warten wir also, bis die Kinder selbst ausstellen/mitteilen wollen.

SCHRIFT-VERWENDUNG: Erfahrungen und Gedanken lassen sich aufbewahren, wenn man über
sie spricht und eine Zusammenfassung mit Schrift zu Papier bringt.
A/W

*4.3; 7.4; 8.7   KWS, Kap.25 und 28

D.HEYER (1973, 12); U.MOELLER-ANDRESEN (1973, 47); M.NEUMANN/L.LORISCH (1980, 38-61); D.BENNER/J.RAMSEGER
(1981, Kap.4.1); M.STÖVER (1982, 451f.); M.HERBERT (1983b); H.KÖNIG/G.WINTER (1981); G.SPITTA (1984)

ICH HABE EIN RENNAUTO VON OPA BEKOMMEN steht unter Bastians Bild. Silke hat mich
schreiben lassen: ICH HABE GANZ SCHLIMM GETRÄUMT.

In den ersten Wochen steht nur ein Wort unter dem Bild, dann ein Satz, bei einigen
schon eine kleine Geschichte. Wie man dabei die Schreibfähigkeit der Kinder auf ihrem
jeweiligen Niveau fordert und fördert, beschreibt Gudrun SPITTA:

"Bekannte Wörter sollten die Kinder in diesen Texten natürlich selber ... schreiben
oder aber zumindest der Lehrerin buchstabenweise diktieren. Bei Wörtern, in denen die
Kinder bereits Teile wieder erkennen können, bietet es sich an, daß sie der Lehrerin
diese Teile diktieren. Bei anderen Wörtern kann man nach dem Anfangslaut fragen und
Vermutungen über den Fortgang der Schreibweise äußern lassen. In jedem Fall sollten
die Kinder aktiv mit Vorschlägen und Vermutungen an dem orthographischen Zustandekom-
men des Textes beteiligt werden."

Jede Woche einem Schriftkundigen einen eigenen Text zu diktieren, ist ein Grundmuster
des Spracherfahrungsansatzes. Ergänzt wird dies durch Geschichten zu gemeinsamen Er-
lebnissen. Nach ausführlicher Diskussion schreibt die Lehrerin sie an die Tafel. Die
methodische Grundform:

- eine gemeinsame Erfahrung aufnehmen oder erzeugen, z.B. durch einen Ausflug, ein
  Sachkunde-Experiment oder das Gespräch im Morgenkreis;
- diese Erfahrung in mündlicher Form verdichten, z.B. durch Berichte einzelner Kinder
  oder durch die gemeinsame Komposition einer Geschichte;
- die Sätze an die Tafel schreiben, laut sprechend oder auf Diktat der Kinder, auf jeden Fall
  aber vor ihren Augen, so daß sichtbar wird, wie sich Sprache in Schrift niederschlägt.
- die Niederschrift überprüfen lassen, indem einzelne Kinder versuchen, den Text
  durch lautes Lesen wieder zu entschlüsseln;
- die Kinder durch leises Lesen und Schreiben den Text ins Heft übertragen lassen;
- Aufnahme des Textes in ein chronologisches Klassenbuch oder Ablegen im Sachheft,
  so daß ihn die Kinder selbst wieder lesen und anderen zum Vorlesen mitnehmen können.

Etwas anspruchsvoller ist das Ziel, aus dem Sachunterricht oder "Projekten" einzelner
Kinder Bilder und Texte zu Lexikon-Seiten zusammenzustellen und unter entsprechenden
Stichworten in einem Ordner zu sammeln. Für das Sachgebiet wichtige Wörter können
durch Abbildungen erläutert und damit auch für's Schreiben der Kinder verfügbar gehalten werden (*8.7).

Einfachere Varianten: Ein Heft UNSERE KLASSE, in dem sich jedes Kind auf einem Blatt
vorstellt, z.B. mit einem Selbstporträt und Angaben aus dem "Ausweis" (*4.4). Oder
wir stellen kleine Hefte zu Sachthemen wie BERUFE, SPORT, VERKEHR zusammen. Die Kinder sammeln, schneiden aus, ordnen , kleben ein und beschriften Material aus den ver-
schiedensten Quellen. Ein anderer Weg: Ich fasse eine Geschichte in 5 - 10 Kernsätzen
zusammen; jeweils ein Satz wird unten auf einer Blaumatrize vervielfältigt, so daß
die Kinder anschließend zu jeder "Szene" ein Bild malen können. So kann jeder für
sich oder die Tischgruppe gemeinsam ein Leseheft herstellen: Ein A4-Blatt wird zwei-
mal gefaltet, an den anderen Seiten aufgeschnitten - und schon haben wir ein Heft mit
acht Seiten, in das gemalt oder geschrieben werden kann (*4.9).

SCHRIFT-VERWENDUNG: In gesprochenen Wörtern und Sätzen stecken Bedeutungen, die als graphische Zeichen festgehalten, kombiniert und mitgeteilt werden

V/A können.

*1.3; 1.5; 2.4; 4.3; 4.5; 5.7   KWS, Kap.7, 8 und 23

N.FERGUSON (1977); G.v.GEMMINGEN (1979, 12f.); CVK-SPRACHBUCH (1979, 14-15; Lehrerkommentar, 45); J.REI-CHEN (1980, H.8, 34-38); W.GIESE (1984)

Als John HOLT dem vierjährigen Tommy einen Filzschreiber und weiße Karten gab, nachdem er selbst verschiedene Gegenstände in der Wohnung beschriftet hatte, hoffte er, Tommy "würde darangehen, einige der Worte zu kopieren, die ich geschrieben hatte oder wenigstens einige meiner Worte zu verwenden. Aber so sah er es nicht. In seiner Auffassung überlegte man sich etwas, was man sagen wollte, machte einige Zeichen auf eine Karte und dann stand es auf der Karte.Welche Zeichen man verwendete, war unwichtig ...(...) Nach einer Weile - und das war wohl das Dümmste, was ich tun konnte - fing ich an, seine Schilder wieder abzunehmen, während ich meine beließ. Ich dachte, warum ihn verwirren, warum nicht einfach die Schilder mit den richtigen Buchstaben oben lassen? Erst später kam ich auf den Gedanken, daß es für ihn gewinnbringend gewesen wäre, selbst herauszufinden, daß meine Schilder von den seinen verschieden wären." (J.HOLT 1971, 105ff., zit. nach D.HEYER 1973, 16f.)

Briefe und Notizen lassen sich auf verschiedenen Niveaus "schreiben": "Der Adressat und der eigene Name können 'richtig' geschrieben werden, andere bekannte Wörter können auftauchen, Bilder können Verwendung finden ebenso wie Ikonographien, Silbenbögen tauchen auf ebenso wie einzelne bekannte Buchstaben. Auch kann dann, wenn der Wortbegriff weitgehend gefestigt ist, verlangt werden, daß in den Kritzelbriefen die Wortgrenzen eingehalten werden. Wichtig ist, daß stets darauf geachtet wird, daß eine Beziehung zwischen dem gedachten oder leise gesagten Text und den Kritzeleien hergestellt wird. Der Lehrer kann dies unterstützen, indem auch er stets, wenn er etwas anschreibt, dabei mitspricht, um so die Einheit von Schreiben und Mitlesen zu veranschaulichen." (GIESE 1984, 15f.)

Alternative: Die Kinder heben Bild- und Symbol-Karten von einem verdeckten Stapel ab und versuchen, daraus Sätze zu machen (REICHEN 1980). Später bekommen sie blanke Kärtchen. Dies sind die "Zeichen-Träger",auf die sie einzeln, in der Tischgruppe oder in der Klasse Symbole für einzelne Bedeutungen eintragen können. Diese Kärtchen lassen sich zu "Sätzen" verknüpfen, die von anderen erlesen werden müssen. Die Kinder erfahren dabei die Mehrdeutigkeit von Bildzeichen. Sie lernen auch, daß man sich nicht beliebig Zeichen ausdenken kann, sondern ihre Bedeutung miteinander absprechen muß, damit die Schrift für andere lesbar ist. Vor allem erkennen sie, daß es Wörter gibt, die sich nicht bildhaft darstellen lassen (**und/sehr/schön/ist** usw.). Damit wird ihnen der Nutzen einer Schrift deutlich, die am Sprachklang anknüpft.

Beobachtungsschwerpunkte zu der Aufgabe "Wie kann man unsere Schrift **sichtbar** und **haltbar** machen?":

- Erkennt das Kind, daß man die Bedeutung von Zeichen miteinander absprechen muß, · daß man sie aber auch ändern kann?

- Wie verknüpft das Kind einzelne Zeichen? Entspricht die Folge dem sprachlichen Satzbau, ist sie willkürlich oder folgt sie einem anderen Muster?

- Welche lautlichen Merkmale/Einheiten der Sprache findet das Kind so wichtig, daß es sie abbilden will? Setzt es ein Zeichen für einen "Satz", für eine "Wendung", für ein "Wort"? Hat es schon eine Kategorie ähnlich unseren "bedeutungsunterscheidenden Lauten"? Greift es auch Merkmale auf, die unsere Schrift vernachlässigt, die aber auch Bedeutung vermitteln wie "schnell/langsam", "laut/leise" usw.?

SCHRIFT-VERWENDUNG: Aus Bildern kann man Geschichten machen; aber Bilder sind mehr-
V/A/W   deutig, stumm - ohne Sprechblasen.

*1.1; 4.4; 8.5   KWS, Kap. 24 und 25

e.o.plauen (1964); B.GRAMLICH/W.MENZEL (1973, 43-46); G.SPITTA (1973, 28f.); A.-M.MÖHRING/F.HAAS (1975;
1977); M.HERBERT/K.MEIERS (1980, 81f.); I.MANN (1981, 31)

Diese Bildergeschichte von Iris MANN nutzt die allerersten Schriftkenntnisse der Kinder. Auch dieser Text ist noch mehrdeutig; aber als Erinnerungshilfe für den Begleit-
text reichen die Sprechblasen aus. Sie können sogar manche zeichnerische Unbehol-
fenheit der Schulanfänger ausgleichen.

Mimi nascht heimlich ein Stück vom Kuchen, der erst am Sonntag angeschnit-
ten werden soll.

Die Mutter sucht Mimi, Mimi schneidet sich vor Schreck in den Finger, als die
Mutter die Tür aufmacht.

Die Mutter ist erstaunt, Mimi beim Kuchen zu sehen. Sie nimmt Anteil an Mi-
mis Mißgeschick.

Die Mutter tröstet Mimi. Sie fragt Mimi, ob der Kuchen gut schmeckt. Sie
streicheln sich gegenseitig.

Schon etwas anspruchsvoller ist Steffens Donald-Duck-Geschichte, die er mit sieben Jahren geschrieben und gemalt hat:

Eine Vorstufe zu diesen Eigenproduktionen sind Collagen mit vorgefertigtem Material.

Das "Lesespiel Wohnen" von MÖHRING/HAAS bietet Grundblätter für die Zimmer, Möbel, Personen und Requisiten, mit denen sich immer neue Szenen arrangieren lassen und eine Vielzahl von Sprechblasen (vom ein-zelnen Wort bis zum ganzen Satz). So las-sen sich in der Tischgruppe oder in Part-nerarbeit Entwürfe basteln, die anschlie-ßend in eigener Schrift und Zeichnung über-tragen werden können.

Eine rasche Variation von Elementen er-laubt auch die Haftbildtafel. Weitere Bildvorlagen für das Texten eigener Comics finden sich z.B. in den drei Bänden "Vater und Sohn" von e.o.plauen (auch als Taschenbuch) (s. auch *1.1).

Was wir im Unterricht als (fehlende) Buchstaben-Kenntnis beobachten und zu fördern versuchen, schließt sehr verschiedene Einsichten und Fertigkeiten ein; sie erschöpft sich jedenfalls nicht in der Unterscheidung feiner graphischer Details.

(1) Bereits Vorschulkinder entwickeln aus ihrer naiven Schrifterfahrung Vorstellungen davon, was Schrift von anderen Zeichen unterscheidet (*4.8; 5.7; s. auch Kap. 2.1 und 3.2.1). Oft können sie Buchstaben in Standardschrift einander zuordnen, haben sich also **wesentliche Kontraste** für die Unterscheidung ähnlicher Buchstaben selbst erschlossen (*5.3).

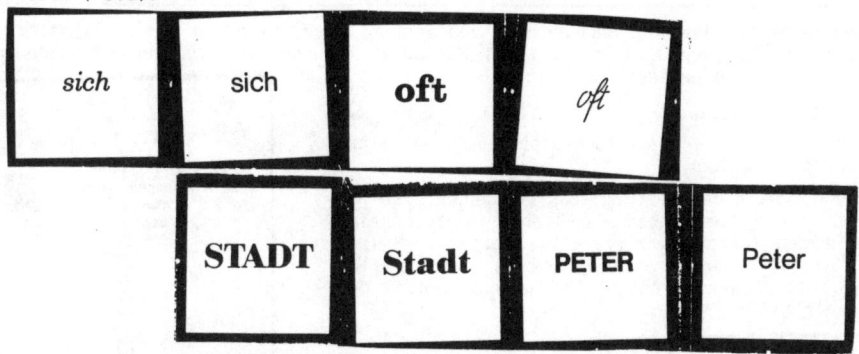

(2) Schwierigkeiten machen jedoch Buchstaben, die sich nur in der Raumlage unterscheiden (**W/M; u/n; b/d/p/q**), und vor allem unterschiedliche Schreibweisen/Drucktypen desselben Buchstabens. Jede neue Variante stellt die Ordnungsleistung des Kindes, was definierende Merkmale und was unwesentliche **Variationen der graphischen Buchstabenform** sind, erneut in Frage. Diskussionen über die Gruppierung gesammelter Schriftzeichen (*5.1) und eigene Schreibversuche (*5.2) fördern die Entwicklung elastischer Kriterien. Das gilt auch für den Übergang zur verbundenen Handschrift, die dem doppelten Anspruch "Klarheit der Form" und "Flüssigkeit der Bewegung" genügen muß (*5.6).

(3) Manche Kinder können zwar die Buchstaben der graphischen Form nach sortieren, aber sie vergessen leicht ihren **Lautwert oder Namen**. Als Merkhilfe gibt es die Buchstaben-Tabelle (*3.2) oder die Merkwörter im Buchstaben-Haus an der Wand. Besonders flüchtige Buchstaben kann sich das Kind auch an einem Schlüsselwort merken, das ihm persönlich besonders wichtig ist (*7.3).

Für einzelne Problem-Buchstaben kann man sich (mit dem Kind) anschauliche Eselsbrücken ausdenken, die Form, Laut und Bedeutung miteinander verknüpfen:
ei/ie - alle **ei** werden mit Bleistift in Ei-Form eingekreist;
b/d - der Bauch des **b** wird **b**lau ausgemalt;
B - das große **B** hat "zwei **BBBB**usen", das kleine **b** nur einen;
m/n - beim **m** mit den "drei Beinen" liegen Daumen, Zeige- und Mittelfinger auf dem **M**und, beim **n** mit den "zwei Beinen" nur Daumen und Zeigefinger an der **N**ase.
Lautgebärden geben eine zusätzliche motorische Stütze (*5.5).

(4) Manchmal werden **lautlich ähnliche** Buchstaben verwechselt, z.B. wenn das Kind unsauber artikuliert oder im Erkennen bedeutungsunterscheidender Laute noch unsicher ist. Dann sind Aufgaben zur akustischen Analyse angebracht (II).

BUCHSTABEN-KENNTNIS: Einzelne Buchstaben, ganze Wörter oder Sätze in verschiedenen
V/A/W   Drucktypen und Handschriften vergleichen.

*1.6; 5.2; 5.3   KWS, Kap.6

PZ-Spielkasten; U.MOELLER-ANDRESEN (1973, 29, 31); M.HERBERT/K.MEIERS (1980, 80)

Die Schwierigkeit **visueller Wahrnehmung** von Schrift liegt nicht in der möglichst fei-
nen Unterscheidung von Details. Es kommt darauf an zu wissen, welche Unterschiede wesentlich und welche unwesentlich sind.

Kinder können verschiedene Erwachsene bitten, unter
die Schriftproben anderer denselben Satz in ihrer
Handschrift zu setzen.

Oder sie bekommen den Auftrag, aus Zeitungen, Prospekten usw. einen bestimmten Buchstaben auszuschneiden
und auf einen Karton zu kleben, der später als Plakat
für ergänzende Funde bereithängt. Wörter oder Bilder
mit dem entsprechenden Anlaut/Anfangsbuchstaben dienen als Merkhilfe (***5.4**).

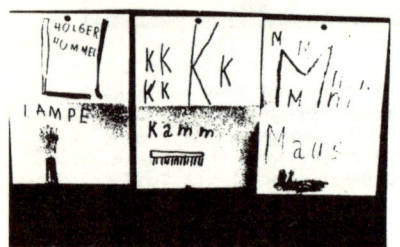

Besonders interessant ist es für Kinder, die
Entwicklung der Handschrift am Beispiel einer
Person nachzuvollziehen und damit Mut für ihre eigenen Schreibversuche zu gewinnen: "Auch
andere haben so wie du angefangen!" Und am Ende des 1. Schuljahrs gehen wir gemeinsam dann
die Sammlung der individuellen Schriftproben durch: sichtbare Fortschritte überall.

Beobachtungsschwerpunkte:

- Welche Buchstaben verwechselt das Kind beim Vergleich der Standardform? (***4.8;5.7**)
- Haben Verwechslungen mit der graphischen Ähnlichkeit zu tun, oder werden Zeichen
  für ähnlich klingende Laute verwechselt? (II)
- Liegen die Schwierigkeiten im visuellen Wiedererkennen/Unterscheiden der Zeichen,
  oder vergißt das Kind einfach die Buchstaben-Namen? (***5.4; 5.5**)
- Hat das Kind Schwierigkeiten, die charakteristischen Merkmale des Zeichens über
  verschiedene Schriftarten/Drucktypen hinweg auszumachen?

Die ABC-Karten, -Würfel usw. des PZ-Spielkastens enthalten sinnvoll vorbereitetes
Material für verschiedene Spiele, in denen die Kinder Einsicht in die definierenden
Buchstaben-Merkmale gewinnen.

BUCHSTABEN-KENNTNIS: Visuelles und motorisches Einprägen der Buchstabenformen durch Nachfahren und Abschreiben von Wörtern.
V/A

*3.6; 5.1; 5.6   KWS, Kap.6 und 7

U.MOELLER-ANDRESEN (1973, 18, 70); L.N.MASS (1982, 673f.)

Florian schaut verschämt zu mir hoch: "Schenkst du mir deinen Namen?"
Es gibt viele Anlässe, Wörter zu kopieren:

- Marion findet in Heinz' "Schatzkästchen" das Wort WEIHNACHTSMANN und will es auch haben (*7.3);

- Jens braucht für seine Bildunterschrift den TACHOMETER und läßt ihn sich von der Lehrerin vorschreiben (*4.7);

- Mirko und Claus schreiben Karten für ein Spiel (*7.1);

- alle schreiben die Zusammenfassung des morgendlichen Gesprächs über den verletzten Vogel von der Tafel ins Tagebuch zu ihrem Bild (*4.7).

Je nach Schreibsicherheit und konkretem Verwendungszweck werden einzelne Kinder auf verschiedene Weise "kopieren": ein vorgeschriebenes Wort durch Nachfahren mit Farbstiften schmücken; ein Wort mit Pauspapier durchschreiben; ein Wort buchstabenweise abschreiben; Sätze wortweise übertragen; einen Text setzen und drucken. Bei den ersten Aktivitäten lernen die Kinder vor allem Buchstabenformen, bei den späteren den Wortaufbau.

Aber schon das Abschreiben eines Zweizeilers aus vier Worten eröffnet viele Beobachtungsmöglichkeiten (Kap. 2.1):

- Was macht Dirk, wenn seine Zeile kürzer als die Vorlage ist? Hat er schon eine Vorstellung von der Gleichwertigkeit verschiedener Anordnungsmuster, solange nur die Buchstabenfolgen dieselben sind?

- Schreibt er von links nach rechts mit Zeilensprung? Kennt er Wort-Zwischenräume?

- Welche Buchstabenformen beherrscht er schon, mit welchen hat er Schwierigkeiten?

Es sind also nicht nur einzelne Fertigkeiten und Kenntnisse, die sich in einer solchen Leistung niederschlagen, sondern auch Vorstellungen über Konventionen, nach denen Texte aufgebaut sind. Abschreiben, das nicht als mechanischer Drill erzwungen, sondern als in der Situation sinnvolle Tätigkeit gefordert und als re-konstruktive Leistung gewürdigt wird, eröffnet vielfältige Möglichkeiten impliziten Lernens, also des allmählichen Verstehens durch wiederholtes, beiläufiges Tun.

Und unsere Aufgabe? Wir sollten mit den Kindern über die Schreibversuche reden, gelungene Formen hervorheben statt schlechte anzustreichen, konkrete Verbesserungen für den nächsten Schritt zeigen: "So wie du das hier bei dem R gemacht hast, so würden die Bäuche beim B auch gut aussehen." Das Vorbild eigener Erfolge motiviert stärker. Und es zeigt den Kindern einen individuell erreichten Standard. Ihn sogar zu übertreffen ist ein Anreiz ohne jede Konkurrenz mit anderen, aber ein Preis, für den anstrengendes Üben in Kauf genommen wird.

BUCHSTABEN-KENNTNIS: Buchstaben bestehen aus wenigen Grundformen, die zu ganz verschiedenen Mustern kombiniert werden können - aber nur einige

V/A   benutzen wir beim Schreiben.

*1.6; 4.8; 5.7   KWS, Kap.5 und 26

M.DEHN/K.H.CASTRUP (1982); M.SAUER-PHILIPPEK (1984)

Arne (4 Jahre; 10 Monate) schreibt seinen Namen mit dem Finger und folgenden Kommen-
taren auf die Tischplatte: "Rauf - runter - Strich: A! Strich und Bauch und Strich:
E!" Fragt Ben (5;2) skeptisch: "Kannst du auch **schreiben**?" Arne: "Hab' ich doch!"

Kinder experimentieren gern mit Schrift. Von sich aus verwenden sie meist BLOCKbuchstaben: Diese haben eine einfache Form, sind aus wenigen wiederkehrenden Elementen
zusammengesetzt und lassen sich Stück für Stück aufbauen.

Margret SAUER-PHILIPPEK hat ein Haftspiel aus fünf Grundformen entworfen, aus denen
sich alle Schrift- und Zahlzeichen bilden lassen. Durch diese Zurichtung macht das
Material auf Parallelen und Unterschiede zwischen den Buchstaben aufmerksam. So
schärft es den (gedanklichen!) Blick für die definierenden Merkmale der Buchstaben.
Den Kindern macht es Spaß, Zeichen zu "verwandeln", indem sie Elemente wegnehmen,
hinzufügen oder austauschen. Die Möglichkeit des "Montierens" kommt ihrem Handlungs-
bedürfnis entgegen; die vorgefertigten Elemente entlasten die Feinmotorik.

 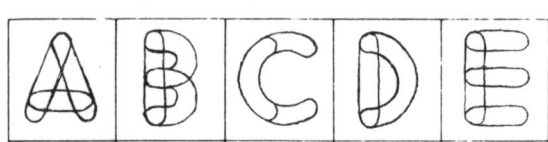

Zu dem Material gehört außerdem eine Geschichte, ein "Mythos", der erzählt, wie sich
die Grundformen der Buchstaben aus dem Punkt entwickelt haben. Diese Geschichte vermittelt den Kindern einen vorläufigen Sinnrahmen für die Einordnung der Elemente. Zugleich werden sie animiert auszuprobieren, was für verschiedene Muster sich bilden
lassen - und welche davon als "Zeichen" anerkannt sind (***1.6; 4.8**). Vorbereitete Karten mit Umrißformen (und mit einem Bild zu dem entsprechenden Anlaut auf der Rückseite) fördern diese Sichtung und dienen als Grundlage für die Erfindung von Spielen
(z.B. analog ***7.1**).

Variationen mit anderen Materialien (Knete, Spielsteine, Lego, Salzteig, aufgeklebte
Wollfäden...) fallen den Kindern selbst ein. Dabei werden verschiedene Sinne parallel
angesprochen. Der Vorzug gegenüber den Sandpapierbuchstaben von MONTESSORI: Die Kinder werden selbst aktiv, in ihren Konstruktionsversuchen wird sichtbar, welche Merkmale ihnen wichtig sind. Läßt sich der erste Versuch revidieren (Haftspiel!), erleichtert das den Kindern, Risiken einzugehen und verschiedene Ideen auszuprobieren.

BUCHSTABEN-KENNTNIS: Einprägen von Buchstabenform und Buchstabenname durch bedeutungshaltige graphische Assoziationen.

A/W

*5.3; 5.5; 7.6   KWS, Kap.6 und 22

I.MANN (1980); F.COULMAS (1981; Kap.VI); lesen-lesen-lesen (1983, 15); M.KRUSE/H.KNEEPKENS (1982)

Gespannt verfolgen die Kinder, wie das Tafelbild wächst: "Ein ESS";"der ist in meinem Namen"; "das ist ein S". Für einen Augenblick überraschtes Schweigen, als ich behaupte: "Ach was, das ist eine Schlange, die zischt." Ich nutze die Denkpause, um meine Zeichnung zu vervollständigen. Ob eines der Kinder vergißt, wie "das S" geschrieben wird und wie es klingt? Das auf- und abschwellende Zischen von 25 Ringelnattern, Kreuzottern usw. muß man halt ertragen. Buchstabenbilder sind eine Möglichkeit, die graphische Form und den Lautwert von Schriftzeichen durch Einbettung in eine erinnerungsträchtige Episode einzuprägen.

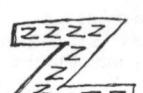

Das H, das sich über zwei Zwischenformen in einen Hasen verwandelt, das A, aus dem ein Affe wird (vgl. die Serie in "spielen und lernen"1983), der Hohlbuchstabe, den die Kinder mit seiner Verkleinerung ausmalen, das L, das zum Lineal wird (*7.6), sind weitere Varianten dieser Idee.

A wie Affe

Wer die alte Sinnlaut-Methode nicht als Prinzip zu Tode reitet, findet in alten Fibeln und neueren Ansätzen zur Sozialpädagogik fruchtbare Anregungen, wie zum Beispiel das Behagens-M am Mittagstisch oder das R des rasselnden Weckers. Merkwörter im Buchstabenhaus oder der "Anlaut"-Teller, auf dem Gegenstände mit dem gleichen Anfangsbuchstaben gesammelt werden, sind Variationen derselben Grundidee, die auch auf ganze Wörter übertragen werden kann; z.B. kann man eine Ente aus lauter E aufbauen oder die Wortform bildlich verändern (*7.6).

Eine zusätzliche motorische Verankerung der Buchstabenform, des Sinnlauts oder der Artikulationsstelle ermöglichen Lautgebärden (*5.5).

Besonders hübsch ist die Idee von Max KRUSE und Henk KNEEPKENS: unter dem Titel "Was Buchstaben erzählen" haben sie zu jedem Buchstaben ein Suchbild mit vielen Gegenständen gezeichnet, die alle diesen Anfangsbuchstaben haben. Alle diese Wörter tauchen dann noch einmal in einer besonderen Geschichte auf. Auch auf diese Weise kann für die Einführung oder Festigung eines neuen Buchstabens ein episodischer Rahmen geschaffen werden, der als Merkhilfe wirkt.

BUCHSTABEN-KENNTNIS: Die Assoziation von graphischer Buchstabenform und Buchstabennamen (bzw. Lautwert) lassen sich durch motorische Gesten festigen.
A/W

*1.2; 2.7; 5.4   KWS, Kap.22

W.RADIGK (1975, 80ff.); H.J.KOSSOW (1976, 56f., 256-261); W.TOPSCH (1979, 141-156); L.DUMMER (1984)

Die Sonderschulen haben gute Erfahrungen mit Handzei-
chen/Armbewegungen als motorischer Stütze der Buchsta-
ben-Laut-Verknüpfung gemacht. Die Prinzipien für die
Ausgestaltung der motorischen Form sind sehr unterschiedlich, und keines der praktizierten Systeme ist
in sich stimmig, wie auch die Beispiele von W.RADIGK
zeigen.

Für den Anfangsunterricht empfiehlt sich diese Hilfe nur bei besonderen Schwierigkeiten. Insofern kann man im konkreten Fall jeweils hilfreichste Prinzip nutzen
und aus der Situation mit den Kindern gemeinsam eine eigene Gebärde entwickeln. Dazu
sollte man allerdings die wesentlichen Grundtypen kennen:

(1)   Die **graphische** Form des Buchstabens wird erinnert (z.B. bilden die beiden Arme
      oder Zeigefinger und Daumen ein O, stehen drei Finger für das **m**, zwei für das
      n, die nach oben geöffneten Arme der gespreizten Zeige- und Mittelfinger bilden
      ein V, beim **i** tippt der Finger zur Erinnerung an den i-Punkt auf den Scheitel.

(2)   **Artikulationsstelle oder -art** werden angezeigt (z.B. der runde Mund beim O; bei-
      de Zeigefinger ziehen die Mundwinkel auseinander beim E; Daumen und Zeigefinger
      greifen beim **n** an die Nase, beim **m** liegen die drei Finger auf den geschlossenen
      Lippen; die Hände halten die aufgeblasenen Backen beim B).

(3)   Eine **Bedeutungsassoziation** vermittelt zwischen Laut und Buchstaben (z.B. wehren
      beim (Ekel-)I beide Hände ab; die Kinder pusten das F auf die am Feuer verbrann-
      ten Finger; beim Z fährt die Hand wie ein Blitz durch die Luft; bei **ei** wird die
      Wange gestreichelt, bei **au** die verletzte "Pfote" hängengelassen; beim H werden
      kalten Hände behaucht.

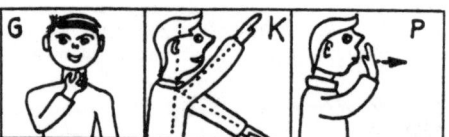

Nicht das Zeichen an sich, sondern die Einbettung in eine Geschichte (1 und 3) bzw.
die Erklärung der Zeichenwahl (1 und 2) sorgen für die besondere emotionale Aufla-
dung und für die Verknüpfung verschiedener Wahrnehmungseindrücke, die sich wechselseitig stärken. Der Vorzug von Großbewegungen (mit den Armen) gegenüber statischen
Fingerzeichen zeigt sich bei der Synthese: Die Kopplung der Bewegungen erleichtert
den Kindern das Verschmelzen der Lautfolge.

BUCHSTABEN-KENNTNIS: Aus Druckbuchstaben als Ausgangsschrift wird durch individuelle Verbindungsversuche die persönliche Handschrift entwickelt,

W

*5.1; 5.2   KWS, Kap.7 und 26

I.BRAUNS (1975); O.LOCKOWANDT/A.HONEGGER-KAUFMANN (1981, 89-133); O.LOCKOWANDT (1982, 25-244)

Die statisch-bauende BLOCK- oder Druckschrift erleichtert dem Anfänger das Schreiben sehr. Aber verkrampft die Hand nicht durch solches Buchstaben-"Malen"? Wäre es nicht besser, die Kinder von vornherein in eine möglichst flüssige Bewegung, also eine verbundene Schrift einzugewöhnen?

Hinter diesen Sorgen steht die Annahme, es gebe so etwas wie eine optimale Bewegungsform. Folge dieser Annahme sind immer neue Versuche zur Verbesserung der Zielschrift. Aber: Schon bei Schulanfängern ist die Bewegungsdynamik individuell ausgeprägt. Alle "optimalen" Schriften zielen deshalb auf einen fiktiven Durchschnitt und zwingen zur Anpassung an einen fremden Schreibrhythmus.

Unter dem Stichwort: Schreibenlernen heißt "Versuche machen und Einsichten gewinnen" ermutigt Ada HONEGGER-KAUFMANN deshalb die Kinder, aus der Druckschrift ihre je persönliche Handschrift zu entwickeln: "Schreib schneller", "in einem Zug geht's rascher" - diese Aufgabe zwingt die Kinder zum Nachdenken über wesentliche Buchstaben-Merkmale ("Abwandlung in Grenzen"), zum Ausprobieren und Austausch von Alternativen ("Lesbarkeit") und zum Einschwingen in ihren eigenen Rhythmus (Balance von " Antrieb und Regulation", von Bewegung und Form). Im Vergleich ihrer Versuche untereinander und mit der Druckschrift werden ihnen zugleich die charakteristischen Merkmale der verbundenen Schrift bewußt. Im CVK-Schreiblehrgang (I.BRAUNS 1975) ist dies systematisch entfaltet.

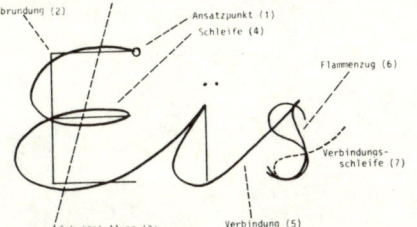

Abrundung (2)   Ansatzpunkt (1)
                 Schleife (4)
                          Flammenzug (6)
                          Verbindungs-
                          schleife (7)
Schrägstellung (3)   Verbindung (5)

Erfahrungen zeigen, daß "für einige Kinder, die bereits mit Bewegungsstörungen in die Schule kamen - sei es, daß sie bewegungsgehemmt, sei es, daß sie bewegungsdysreguliert waren - dieser Unterricht eine therapeutische Wirkung hatte..." Andererseits erwies sich die Befürchtung als Vorurteil, "die freie Unterrichtssituation, die die unerläßliche Bedingung unseres kreativen Erstschreibunterrichts ist, fördere die Schriftverwilderung..." (LOCKOWANDT 1982, 228, 231, 243).

Wer Kinder bei ihren Schreibversuchen sachkundig begleiten will, sollte sich die Beispiele und methodischen Anmerkungen in der angegebenen Literatur allerdings genau anschauen.

BUCHSTABEN-KENNTNIS: Schrift unterscheidet sich von anderen Zeichenarten durch die
Kombination bestimmter Grundformen und durch die lineare, wech-
V   selnde Reihung der Zeichen.

*1.6; 4.8; 5.3   KWS, Kap.7 und 8

E.J.GIBSON/H.LEVIN (1980, 46-65); C.TEMPLE u.a. (1982, Kap. 2-4)

Sortierspiele sind eine Möglichkeit, Kriterien und Zuordnungsregeln anzuwenden (und
zu verbessern), auch wenn man sie sprachlich nicht formulieren kann. In der Diskussion darüber, welche Einzelteile einander als gleichartig zugeordnet werden können,
können dann die Kriterien präzisiert und ausdrücklich gemacht werden.

Wir haben in Anlehnung an Linda
LAVINE (1972; s. oben Kap. 2.1 und
2.3.1) acht Sätze mit je drei Karten zu folgenden Zeichengruppen
geschrieben:

Buchstabe, Wort, Satz, Bild, Zahl,
geometrische Form, chinesische (o.
ä.) nicht-alphabetische Schrift,
Kritzellinie.

Die Karten eines Karten-Satzes
(außer Buchstabe, Wort, Satz) unterscheiden sich dann noch einmal
nach folgenden Gesichtspunkten:

- Einzelzeichen/Folge von Zeichen;

- lineare Reihung/flächige Streuung;

- groß/klein bzw. fett/dünn (evtl.
  auch zwei Farben).

Die drei Schriftvorlagen variieren
die Merkmale:

- Druckschrift/Schreibschrift;

- Blockbuchstaben/Groß- und Kleinbuchstaben.

Die Aufgabenstellung ist einfach: "Welche Karten gehören zusammen?"

Anfangs beobachtet die Lehrerin nur, später kann sie helfen, die gefundenen Muster
auf Begriffe zu bringen, oder die Kinder zu einer Begründung herauszufordern: "Warum
paßt das denn nicht zu dem?" Die Klärung solcher Grenzfälle hilft vor allem den Kindern, die noch wenig mit Schrift zu tun hatten und die deshalb ihren Maßstab für "wesentliche" Unterschiede von Erfahrungen in anderen Bereichen erst noch ablösen müssen.

Die Karten können von den Kindern auch für ein Terzett·benutzt werden; dabei festigen
sie auch Grundbegriffe wie "Zahl" und "Wort" (z.B. "Ich brauche noch einen 'Satz'").

Lange Wörter stellen eine doppelte Anforderung: Zum einen muß das Wort in handhabbare, möglichst vertraute Bausteine gegliedert werden; zum andern müssen die erlesenen einzelnen Buchstaben/Laute zu Einheiten unterhalb der Wortebene zusamenngefaßt werden.

Wer ein längeres Wort buchstabenweise zu erlesen versucht, hat den ersten Buchstaben längst wieder vergessen, ehe er beim letzten angelangt ist: Unser Kurzzeitgedächtnis faßt nicht mehr als 5-7 Einheiten gleichzeitig. Allerdings spielt es keine Rolle, ob diese Einheiten Buchstaben, Silben, Wörter oder ganze Aussagen sind. Insofern läßt sich dieser Flaschenhals erweitern, indem kleinere Einheiten zu größeren zusammengefaßt werden.

Beim Schreiben kommt es vor allem darauf an, die Reihenfolge der einzelnen Buchstaben nicht durcheinanderzubringen. Auch dafür ist eine Gliederung des Wortes in Buchstaben-Gruppen hilfreich.

Insofern liegt es nahe, daß die Lese-/Schreibleistung bei längeren Wörtern besonders stark abfällt, wenn die Gliederung in handhabbare Teilstücke nicht gelingt.

Drei Baustein-Typen lassen sich nutzen,
- um lange Wörter in verarbeitbare Einheiten zu gliedern;
- um Lesen/Schreiben gegenüber einem additiven Buchstabieren zu beschleunigen;
- um die Position des einzelnen Buchstaben in der Zeichenfolge zu speichern;
- um bei der Synthese den Sprung auf die Bedeutungsebene (Morpheme) bzw. auf die Ebene des natürlichen Sprachklangs (Sprechsilben) zu erleichtern.

Jeder Baustein nutzt eine andere Ebene der Sprache:

(1) In jeder Sprache kommen bestimmte Lautfolgen und entsprechend bestimmte Buchstaben-Gruppen besonders häufig vor. Solche **Rechtschreibmuster** tragen zwar keine Bedeutung, aber sie haben immer denselben Lautwert (z.B. **ein, aus, spr**), während andere Kombinationen nach den Regeln der jeweiligen Orthographie unzulässig sind, so daß wir solche Stellen unbewußt als Baustein-Grenzen nutzen (z.B."Wert|zwang") (***6.3**).

(2) **Sprechsilben** sind Einheiten der Aussprache, die die Passung von Sprechimpuls und Bewegungseinheit bzw. von Buchstabengruppe und Leseeinheit erleichtern (***6.1; 6.2**)

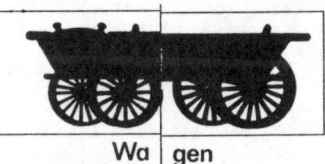

Wa | gen

(3)

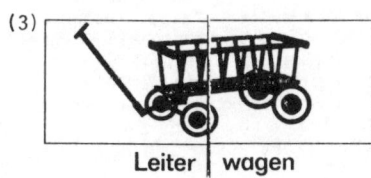

Leiter | wagen

Morpheme nutzen die Tatsache, daß Wortstämme, bedeutungsändernde Vorsilben und Endungen vielfältig zu sinnvollen Wörtern kombiniert werden können, wobei sich Bedeutungsverwandtschaft in gleichartiger oder abgeleiteter Schreibung niederschlägt. Das erleichtert die Rechtschreibung (***6.4; 6.5**).

Die Vor- und Nachteile der verschiedenen Bausteine lassen sich nur schwer auf einen Nenner bringen: Soll man silbisch gliedern (**lau fen**) oder nach wiederkehrenden Rechtschreibmustern (**l-auf-en**) oder nach Morphemen (**lauf/en**)? Grundsätzlich sind Sprechsilben vor allem für Anfänger und eher beim Lesen als für die Rechtschreibung hilfreich, während Morpheme höhere Ansprüche an die bewußte Sprach-Analyse stellen. Die sog. "Signal-Gruppen" sind in besonderem Maße von der individuellen Schrift-Erfahrung abhängig (vgl. die Abwägung in **KWS**, Kap.19-21).

BAUSTEIN-GLIEDERUNG: Bögen und Vokalzeichen für Sprechzeichen dienen als erste

V/A   Schrift-Kürzel, die Lautmerkmale der Sprache abbilden.

*2.2; 2.3; 4.3; 6.2   KWS, Kap.8 und 20

G.SCHEERER-NEUMANN (1979, 113f.); H.W.GIESE (1984, 12f.)

Über den Feinheiten der Rechtschreibung vergessen wir leicht, daß manche Kinder es nicht einmal schaffen, Wörter lauttreu zu schreiben. In einem ersten Schritt kommt es sogar nicht auf die vollständige lautliche Durchgliederung des Wortes an. Stattdessen reicht es, wenn die Kinder wenigstens die Zahl der Sprechimpulse graphisch wiedergeben - ein wichtiger Fortschritt gegenüber der (bildlichen) Darstellung ganzer Wörter (*4.3; 4.8).

Wie können wir auf den Laut-Aspekt aufmerksam machen, ohne sie gleich mit den 26 Buchstaben des Alphabets zu überfordern? Silben als Sprechimpulse sind ihnen vertraut aus Abzählreimen und dem Liederrhythmus (*2.2). Fangen wir also an, Bilder zu "beschriften":"Das soll ein SO-FA sein, keine COUCH. Also schreiben wir zwei Silben-Bögen drunter. Ist das ein KA-MEL oder ein DRO-ME-DAR? Es hat nur einen Höcker, also ein DRO-ME-DAR, das sind drei Bögen." Bei gleicher Bedeutung hilft die Lautschrift also, sich ein Wort zu merken.

Für sich genommen ist aber auch die Silben-Bogen-Schrift mehrdeutig. Das merken wir schnell, wenn wir eine Karte mit drei Bögen vorgeben: " Was könnte das heißen?" Von WEIH-NACH-TEN bis ELF-ME-TER sind der Phantasie keine Grenzen gesetzt. Wie können wir diese Schrift verfeinern?

"A-LI und U-LI haben zwei Silben. Aber klingen die Namen gleich?" Jeder hört den Unterschied am Anfang, ja man kann ihn sogar im Spiegel sehen, wenn man die Namen nacheinander spricht (*2.7): "Für das /a/, das wir bei ALI am Anfang hören, setzen wir in den ersten Silben-Bogen dieses Zeichen: A. Und für das /u/, das wir bei ULI hören setzen wir das U":   A   U

Auf diese Weise lassen sich die fünf Vokale, vielleicht auch noch das /ei/ und das /au/ durch systematischen Wortvergleich einführen. Nun kann man schon viel besser notieren, was man sich merken will. Die Kinder können sogar kleine Merk-Sätze schreiben. Einige merken, daß es nicht nur Hauptwörter, sondern auch Eigenschafts-, Tätigkeits- und Verbindungswörter gibt, die festgehalten werden müssen (*4.5). Noch einen Schritt weiter führt das konkrete Problem, wie man OMA und OPA unterscheiden kann: ein natürlicher Anlaß zur allmählichen Einführung der Konsonanten (*3.1). So füllen sich die Silben-Bögen allmählich, und das Problem der Reihenfolge, in der die Buchstaben angeordnet werden, gewinnt an Bedeutung (*3.2; 3.3). Wesentlich aber ist, daß die akustische Analyse von der Grobgliederung (Wort-Silbe) allmählich zur Feinanalyse und schriftlichen Abbildung fortschreitet. Das erleichtert anschließend beim Lesen wieder die Zusammenfassung der Einzellaute (*6.2).

Im Förderunterricht mit besonders schwachen Schülern kann man auch mit Bild-Symbolen arbeiten, die die Kinder an systematische Arbeitsschritte gewöhnen. Gerheid SCHEERER-NEUMANN verwendet dafür Bild-Wort-Karten.

BAUSTEIN-GLIEDERUNG: Eine graphische Kennzeichnung von Sprechsilben in der Buchstabenfolge erleichtert das Lesen von längeren und von unbekannten
A/W Wörtern

---

*2.3; 6.1   KWS, Kap. 20

R.PRAHM (1975, Spiele 3,4,9,11); G.SCHEERER-NEUMANN (1979c, 144-151; 1981b); W.ENDERLE (1982)

Bei einem Vergleich schwacher und guter Leser fand Marylin J. ADAMS (1980) heraus,
daß der Leistungsunterschied zwischen ihnen umso deutlicher wird, je mehr Silben die
Wörter haben. Zunahme der Wortlänge war das Text-Merkmal, das die krassesten Unterschiede auf allen Altersstufen hervorrief.

Ei ne er ste Hil fe für schwache Leser ist die graphische Vorgabe der Sprechsilben
im Text. Steigt die Leseleistung allein durch diese Markierung, lohnt es sich, bei
dem betreffenden Kind systematischer an der Silbengliederung zu arbeiten. Verfügt ein
Leser bereits über dieses Gliederungsprinzip, wird sich die Leseleistung gegenüber
dem ungegliederten Text kaum verändern. Zur Gegenkontrolle kann man einen Text e ntg
ege n dem Sprechimpuls gliedern; diese Manipulation führt zu einem Absinken der Leseleistung, wenn die Silben-Gliederung schon verinnerlicht ist.

Um den Baustein "Sprechsilbe" einzuführen, kann man zu Schulbeginn den in *6.1 skiz-
zierten genetischen Weg gehen. Später empfiehlt sich eine systematische Einübung der
Gliederungsschritte. Die folgenden Aktivitäten steigern die Anforderungen allmählich:

(1) Silben-Klatschen oder Abzählreime, um die Aufmerksamkeit auf die Sprechimpulse
zu richten (*2.2; 2.3); Mensch-ärgere-dich-nicht mit einem Stapel von Bildkarten
statt mit Würfel: Man darf so viele Schritte gehen, wie der Bild-Begriff Silben
hat;

(2) Notierung der Silbenzahl durch Spielsteine oder leere Silbenbögen; anschließende
Kennzeichnung jeder Silbe durch den entsprechenden Vokal-Buchstaben (*6.1);

(3) Markierung von Schrift-Wörtern durch Silbenbögen nach vorhergehender akustischer
Gliederung; Domino-Spiel TE KART TE WA GEN RO oder Karten-Duette (RO|SE,
RA|SEN) bzw. -Terzette (TO|MA|TE, MA|SCHI|NE);

(4) selbständige Gliederung einzelner Schrift-Wörter nach dem Prinzip der Selbst-
instruktion:
- Ich kennzeichne die Selbstlaute im Wort.
- Ich suche die Silbengrenzen und verbinde sie durch Bögen.
- Ich lese das Wort silbenweise.
- Ich lese das ganze Wort.

(5) Silben-Gliederung eines fortlaufenden Textes.

Die Kinder lernen auf diese Weise einmal das Verfahren der Silben-Gliederung; zum
zweiten prägen sie sich häufige Vor- und Nachsilben ein, die sie ohne bewußte Aufmerksamkeit verarbeiten.

Anhand des gewonnenen Materials lassen sich auch erste Faustregeln zur Silbentrennung
formulieren, z.B.:

- Ein einzelner Mitlaut zwischen zwei Selbstlauten gehört im Regelfall zur zweiten
Silbe.

- Stehen zwei oder mehrere Mitlaute zwischen zwei Selbstlauten, gehört der letzte
Mitlaut in der Regel zur zweiten Silbe.

BAUSTEIN-GLIEDERUNG: Häufiges Lesen wiederkehrender Buchstaben-Gruppen verinnerlicht
A/W   die Übergangswahrscheinlichkeit von einem Buchstaben zum anderen.

---

*3.1; 6.4   KWS, Kap.19

W.WARWEL (1967; 1975); F.THURNER (1977); H.BALHORN u.a. (1980)

Sätzeohnewortzwischenräumezuknackenfordertdassprachwissenderkinderheraus. Seltene oder gar unzulässige Buchstabenfolgen (**eo, rtzw, nr, rtd,** usw.) weisen auf Gelenk-stellen zwischen Wort-Bausteinen hin. Umgekehrt gibt es Buchstaben, die sozusagen an-einanderkleben, weil sie häufig zusammen auftreten. Dazu zählen mehrgliedrige Schrift-zeichen wie **tz, ss, sch, ch, au,** aber auch Konsonanten-Verbindungen, die wir nur am Silbenanfang finden wie **zw, kn, spr,** und einige der von WARWEL so genannten "Signal-gruppen". Sie ergeben sich oft als Kehrseite des Wörter-Zauberns (*3.1), z.B. durch Austausch des Anfangsbuchstabens (**Ding/Ring/hing/fing/ging**). Was aber macht eine Buch-staben-Folge zur "Gruppe"? Es ist nicht die äus-sere graphische Gestalt, die sozusagen "ins Auge springt", sondern die Häufigkeit, mit der diese Buchstaben gemeinsam auftreten. Die Texte also, die die Kinder lesen, bestimmen, was zur "Gruppe" wird. Insofern ist es ratsam, durch die Auswahl des Wort-Materials besonders häufige Verbindungen einzuprägen: **ge-, -en, -er, -ing, -ung, -aus, -ein-.** Erst wenn mehrere Wörter mit demselben Baustein verfügbar sind, ist es sinnvoll, das gemeinsame Element herauszuarbeiten und als "Signalgruppe" hervorzuheben.

ick	Tick ticken	ack	Tack Dackel	eck	Wecker wecken
ick	*Tick schicken*	*ack*	*Tack Lack*	*eck*	*Wecker lecken*
ing	Finger ringen	ang	lange Wange	ung	Zunge Lunge
ing	*Finger Ding*	*ang*	*Lange angeln*	*ung*	*Zunge Leitung*
ah	fahren Bahn	oh	wohnen bohren	eh	zehn fehlen
ah	*fahren zahlen*	*oh*	*wohnen Lohn*	*eh*	*zehn Mehl*
oll	toll Roller	all	Ball fallen	ill	will still
oll	*toll wollen*	*all*	*Ball alles*	*ill*	*will Pille*

Auch wenn sie nicht als graphische Einheit wahr-genommen werden, hilft es, sie durch farbiges Unterlegen oder ähnliche Markierungen als wie-derkehrende Baustein ins Bewußtsein zu rücken: Die Schüler müssen dann oft nur ein, zwei Buch-staben zu dem vertrauten Baustein hinzufügen und schon "fällt der Groschen". Ob die Kinder über ein Grundrepertoire an häufigen Rechtschreibmustern verfügen, kann man gut mit sogenannten "Kunstwörtern" überprüfen, die nach den Regeln der Rechtschrei-bung gebildet sind, aber keine Bedeutung tragen (wiederum eine Aufgabe, bei der schwache Leser besonders stark abfallen!): Der **Mopf** pritzt mit schl**in**ken Wacken. Wird hier die Kenntnis von der Bauart unserer Rechtschreibung nur implizit angefordert, so müssen die Kinder sich beim Lesen (oder besser noch: Konstruieren) von "Bandwür-mern" diese Bausteine bewußt machen: MEINZIGERBE oder WERFINDETWASSERFESTES. Das ist eine Denksportaufgabe für Fortgeschrittene, die aber in Domino-Form für Anfänger ver-einfacht werden kann: m/ein heit/d och/w ein/z opf/k ..).

Wortlisten selbst zusammenzustellen, die nach häufigen Rechtschreibmustern geordnet sind, sichert die aktive Verfügbarkeit auch für das Schreiben. Auch dafür läßt sich die Sammelleidenschaft der Kinder nutzen: "Wer findet noch mehr Wörter mit **ing, ung, ein** oder **aus**?" Auf einem Plakat werden die Wörter so aufgeklebt oder aufgemalt, daß die Wortbausteine immer übereinanderstehen. So prägt sich die Gemeinsamkeit auch gra-phisch ein.

BAUSTEIN-GLIEDERUNG: Wörter lassen sich aus wiederkehrenden Bausteinen zusammensetzen, die Bedeutung tragen oder - als grammatische "Anpasser" -
W   Bedeutunsgveränderungen anzeigen ("Morpheme").

Schrift orientiert sich nicht nur am Wortklang, sie bildet auch Wort-Verwandtschaft
ab. Das erleichtert das Lesen, erschwert zumindest dem Anfänger aber die Rechtschreibung: Man kann eben nicht nach dem Lautprinzip einfach "Walt" oder "Welder" schreiben. Hier befreit eine systematische Ordnung nach Morphemen von der Zufälligkeit und
Belastung des additiven Lernens einzelner Wörter. Kann man mit der Silben-Gliederung
unmittelbar an der Spracherfahrung der Schulanfänger anknüpfen (**6.1; 6.2**), setzt die
Morphem-Gliederung doch eine entwickelte Fähigkeit zur Sprachanalyse (**II**) und einen
gewissen Grundbestand an Schrift-Wörtern voraus (**VII**).

Um die Baumuster der Wörter beiläufig ins Bewußtsein zu rücken, hat Marion BERGK angeregt, an der Tafel bestimmte Bausteine von Anfang an und durchgängig farbig zu
schreiben. In Anlehnung an ihren Vorschlag ein Grundmuster:

GRÜN   : alle Wort-Stämme (-**bau**; -**kauf**-) und Stamm-Wörter (**doch**; **nicht**);

ROT   : alle "Anpasser", die das Wort grammatisch an den Satz anpassen, also Formen
         (Person, Zeit, Fall) bilden (hol**st**, geh**t**, **ge**sehen, Autos, rot**em**, schwer**er**);

BLAU   : alle "Anbau-Wörter", die die Bedeutung des Wortes inhaltlich ändern, meist
         aber auch selbständig auftreten können (**auf**bauen, **un**gern, **wider**setzen, **zer**-
         reißen , **außer**gewöhnlich, gleich**förm**ig); so auch die Bestimmungswörter bei
         zusammengesetzten Hauptwörtern: **Wagen**heber);

GELB   : alle Endungen, die die Wortart verändern (eil**ig**, müh**sam**, krank**haft**, Herr-
         lichkeit, Frei**heit**, Viel**falt**, Rös**lein**).

Marion BERGK vertraut darauf, daß Kinder durch ständige Konfrontation mit dieser
Wort-Gliederung auch die entsprechenden formalen Kategorien entwickeln, daß ihnen zudem häufige Bausteine als konkrete Schrift-Einheiten für das Lesen und Schreiben zur
Verfügung stehen. Aber auch wer sich selbst diese Disziplin nicht abverlangen mag,
oder wer fürchtet, die Kinder durch derlei Systematik zu überfordern, wird von der
eigenen Einsicht in den Wortaufbau profitieren, wenn es um individuelle Hilfen geht.
Insofern bietet sich eine pragmatische Verwendung des Morphem-Prinzips zumindest bei
der Bildung von Wortfamilien (Bauen, Fahren, Kaufen usw.) oder für häufige Endungen
(-lein, -chen, -lich, -keit, -heit) an.

In Form gefärbter Wort(teil)-Karten liegt ein fertiges Material, mit dem die Kinder
handgreiflich Wörter bauen können, von FINKBEINER unter dem Titel "minifatz" vor.
Auch hier besteht die Gefahr, daß ein vollständig durchdachtes System quer zu den Kategorien der Kinder liegt, ihre eigenen Kategorien sprengt. Der Umgang mit solchem
Material hat darum vorrangig einen Fortbildungswert: Es macht uns auf Einheiten aufmerksam, die wir im gegebenen Augenblick bei den Kindern aufgreifen und bewußt machen können, die sich aber nicht als verbindliche Gliederungsform vorgeben lassen.

BAUSTEIN-GLIEDERUNG: Morpheme lassen sich vielfältig, aber nicht beliebig zu sinnvollen Wörtern kombinieren.

W

*1.3; 2.3; 6.4   KWS,   Kap.21

CVK-Leseheft 1 (1973; zu H.VESTNER 1975); H.W.GIESE (1984, 14f.)

Im Leseheft "Was wir gerne haben" (CVK-Lehrgang) findet sich die folgende Geschichte:
"Ein langes Wort

Die Familie guckt in die Röhre.
Evi lutscht ein Bonbon.
Ein Bonbon zum Fernsehen.
Ein Fernsehlutschbonbon.
Es reicht den ganzen Familiensonntagnachmittag.
Ein Sonntagnachmittagfamilienfernsehlutschbonbon."

Zusammengesetzte Wörter sind für viele Kinder der erste Anlaß zu Sprach-Spielen, aber
auch zum Nachdenken über die Bedeutung und Entstehung von Wörtern: Warum heißt es
Bah**hof**, aber Flug**hafen**? Es gibt ein **Schwimm**bad, aber kein **Spring**bad. Und was ist ein
(**Schorn**)stein?

Formbildende Bausteine verwenden die Kinder wie selbstverständlich, aber sie sind ihnen als Einheiten kaum bewußt. Wenn wir mit den Kindern Geheimsprachen erfinden,
(*1.3) und uns dabei nicht auf Wort-Etiketten beschränken, sondern Sätze bilden,
greifen sie unwillkürlich auf form- und wortabbildende Morpheme zurück, z.B. um die
Mehrzahl zu bilden (KNURKELS oder KNURKELN) oder um die Zeit und Person zu ändern (du
bist GESTORFEN).

Die dabei verwendeten Sprachmuster können den
Kindern durch eine Wortbildungs-Maschine bewußt
gemacht werden. Drei Fenster in der Oberseite eines Doppelkartons sind Leser-Kategorien für Vor-
silbe, Wortstamm und Endung. Entsprechende Mor-
phem-Sammlungen können auf Kartonstreifen senk-
recht aufgelistet und dann zwischen den beiden
Kartons durchgezogen werden, so daß sich unterschiedliche Kombinationen mit den Einheiten der
parallelen Listen ergeben. Die Kinder können mit
diesem Wort-Generator vielfältige Kombinationen
erzeugen, deren Gebräuchlichkeit anschließend in

zu	schreib	
hin	komm	er
vor	renn	te
ver	sing	en
weg	geh	st
los	ruf	e
an	spiel	t

der Tischgruppe zu diskutieren ist. Wortschatz und Fähigkeit der Sprach-Analyse werden dabei ebenso gefördert wie die Gewöhnung an die Schreibweise häufiger Wortbausteine (z.B. wenn die "zulässigen" Wort-Kreationen vom Generator ins Heft abgeschrieben werden, ehe neue Wörter gebildet werden).

Will man die Morphem-Gliederung ähnlich wie bei den Sprechsilben für das Lesen nutzen (*6.2), sollte statt der Bögen oder Zwischenräume ein anderes Zeichen (z.B. /
oder |) verwendet werden, um die verschiedenen Gliederungs-Prinzipien je nach Eignung
nebeneinander verwenden zu können.

Das einzelne Wort ist für viele Kinder der erste Zugang zur Schrift. Es ist aber auch für den Schriftkundigen eine wichtige Einheit,da er die einzelnen Buchstaben zunehmend als Zeichenkette und ohne bewußte Aufmerksamkeit erkennt bzw. niederschreibt.

Vorschulkinder können oft Wörter schreiben, die ihnen persönlich besonders wichtig sind, z.B. ihren eigenen Namen (**5.2; 7.3**). Auch erkennen sie einzelne Wörter in der vertrauten Umwelt oder aus dem (erklärenden) sozial-gegenständlichen Kontext (STOP, POLIZEI; **1.6**). Erste Anstöße zum Nachdenken: "Woher weißt du, daß in dieser Packung KABA und nicht NESQUICK drin ist?"

Andere Wörter werden auch außerhalb des Kontextes am charakteristischen Schriftzug erkannt - wie Bilder (**1.6; 7.6**). Solche typographischen Merkmale ("Coca-Cola") werden relativiert, wenn dasselbe Wort in verschiedenen Schriftarten auftaucht (**5.1**).

In Standardschrift merken sich Kinder Wörter gern am Anfangsbuchstaben oder anderen, oft zufälligen Merkmalen ("WEIHNACHTEN ist so lang"), bis der wachsende Wortbestand oder gezielt angebotene Kontrast-Wörter Verwechslungen provozieren. Zuordnungsspiele mit Wort-Bild-Karten können deutlich machen, daß es auf Details ankommt: BROT/BOOT (**7.1; 7.2**). Gleichzeitig bieten sie einen hohen Übungseffekt, indem sie helfen, häufige Wörter durch wiederholtes Lesen einzuprägen.

Um die Rechtschreibung zu festigen muß die Buchstaben-Folge aber systematisch analysiert und behalten werden (**7.5**). Als Merkhilfe hat sich nicht nur eine Ordung nach Rechtschreibmustern bewährt ("Wortlisten"; **6.3**), sondern auch das Einprägen in Wort-Feldern (**7.4**) oder mithilfe anderer Assoziationen zur Bedeutung (**7.6**). Zum Nachschlagen, aber auch als Grundmaterial für verschiedene Aufgaben und Spiele ist eine geordnete Wortschatz-Kartei nützlich, die aus der Sammlung "eigener Wörter" erwachsen kann (**7.3**).

Nach einer sorgfältigen Durchgliederung neuer Wörter (**3.2; 3.3**) oder nach selbständiger Aneignung durch die Kinder (**5.2; 7.1; 7.4**) kann das Tempo allmählich gesteigert werden, um das Lesen (**7.7**) und das Schreiben zu automatisieren, so daß sich die Aufmerksamkeit wieder auf den Text-Inhalt konzentrieren kann.

Ersetzt das Kind beim Text-Lesen einzelne Wörter durch bedeutungsähnliche Alternativen (MAMA statt "Mutter"), kann ein solcher Fehler Fortschritte andeuten: Nicht nur das graphische Detail, sondern auch der Sinnzusammenhang wird genutzt. Allerdings darf sich das Lesen nicht in intelligentem Raten verflüchtigen; Spaß- bzw. Unsinn-Sätze, die korrigiert werden müssen, oder Lücken-Texte mit Auswahlalternativen zum Einsetzen fördern die Abstimmung von graphischer Information mit dem entschlüsselten Text-Inhalt und der subjektiven Sinnerwartung (**8.1; 8.2**).

SICHT-WORTSCHATZ: Wiederholtes und rasches Lesen ausgewählter Wörter automatisiert
und beschleunigt das Lesen und festigt die Rechtschreibung.
A/W

*5.2; 7.2;.7.7   KWS, Kap.18 und 32

R.PRAHM (1975); J.REICHEN (1982, H.8, 43-46); PZ-Spielkasten; G.SENNLAUB (1984, 52f., 97)

Das Lesen und Schreiben wird umso leichter, je mehr Wörter den Kindern durch wiederholte Verwendung ohne bewußte "technische" Anstrengung verfügbar sind. Ob diese Wörter wichtig sind, weil Sarah sie für sich gesammelt hat, weil wir sie für eine Einheit "Schule - vor 100 Jahren und heute" brauchen, oder weil sie allgemein häufig
vorkommen, ist für die Spielgestaltung zweitrangig. Verschiedene Spielmuster stehen
als "Hohlformen" (z.T. auch als käufliche Sätze) zur Verfügung (s. zum Memory *7.2).

Nina und Anna spielen **Lotto**: Beide haben dasselbe Grundblatt mit 3 x 5 Schriftwör-
tern. Im Wechsel decken sie Bildkarten von einem Stapel auf und rufen den Begriff
aus. Wer das entsprechende Schrift-Wort zuerst findet, bekommt die Karte. Konkurrenz-
und Zeitdruck machen das Spiel eher für Fortgeschrittene interessant.

Eine besonders anregende und wirkungsvolle Variante dieses Spiels stammt von Ingrid BURCHARDT (in:
SENNLAUB 1984): Beim **Vierer-Bingo** hat jeder Mit-
spieler eine Grundkarte wie beim Lotto. Auf jedem
dieser Grundblätter sind 4 x 4 Schriftwörter vorgegeben, allerdings in wechselnder Anordnung (so
daß sich die Kinder die Wörter nicht an ihrem Ort
auf der Karte merken können!). Der Spielleiter
ruft von einem Kartenstapel diese Wörter einzeln

ist	die	mehr	bald
der	was	sind	ihr
jetzt	will	dem	wem
du	ihm	sehr	wann

auf. Wer es als erster auf seinem Grundblatt gefunden hat, erhält den Zuschlag. Wer
zuerst eine senkrechte oder waagerechte Reihe voll hat, ruft "Bingo" und wird der
neue Spielleiter. Auf diese Weise lassen sich auch Funktionswörter intensiv üben
(s.a. *7.2).

Maria und Paul können sich beim **Domino** mehr Zeit lassen und leise lesen. Beide haben
einen Stapel mit zweiwertigen Karten (links ein Bild, rechts ein Wort) und versuchen,
im Wechsel anzulegen. Wer seine Karten zuerst los ist, hat gewonnen. Beim **Duett** gibt
es bei jedem Schriftwort zwei identische Karten. Das Pendant muß jeweils vom Partner
erfragt werden. Hat er die gewünschte Karte nicht, muß der Frager vom Stapel eine
aufnehmen. Wer ist zuerst "frei"? Etwas schwieriger das **Quartett**, bei dem zu einem
Oberbegriff vier Worte zu sammeln sind (z.B. Tiere - Hund/Katze/Pferd/Kuh).

Eine ganz andere Idee: Beim **Mensch-ärgere-dich-nicht** kann man Bild-Karten als Würfel-
Ersatz nehmen (die Silbenzahl des Begriffs bestimmt die Schritt-Zahl: *6.2). Dieses
Beispiel zeigt, daß sich mit etwas Phantasie viele den Kindern vertraute Spiele oder
Spielmuster nutzen lassen, um die notwendigen Denkleistungen und die mehrfache Wie-
derholung vom Spielzweck her sinnvoll zu machen. Zudem ermöglichen solche Spiele(noch
mehr: ihre gemeinsame Herstellung), daß die Kinder aktiv und auf ihrem jeweiligen
Entwicklungsstand lernen.

SICHT-WORTSCHATZ: Einprägen der Wortbedeutung und Unterscheidung von bekannten Wörtern auch im graphischen Detail.

V/A

*3.7; 7.1; 7.7   KWS, Kap. 3 und 4

R.HEGELIN u.a. (1984); G.SPITTA (mdl. Mitteilung)

Claudia und Mark spielen Memory, im Kindergartenalltag eigentlich nichts Besonderes. Aber Claudia und Mark mogeln - und das auch noch mit Billigung der Betreuerin: Auf der sichtbaren Rückseite der Bildkarten sind die Bezeichnungen der abgebildeten Gegenstände aufgedruckt, und die Kinder vergleichen sorgfältig die Schriftzeichen miteinander, ehe sie es riskieren, die Karten umzuwenden.

Ziel des Spiels: Die Aufmerksamkeit der Kinder auf Schrift und auf die graphischen Unterschiede der Wörter zu lenken, noch ehe sie lesen können. Je ähnlicher die Wörter sind, die in einem Spiel vorkommen (Haus/Maus; Hund/Hand), umso wichtiger ist es, die einzelnen Buchstaben und ihre Folge zu beachten - auch wenn die Wörter noch nicht lautiert werden können. Auf diese Weise wird die Buchstaben-Kenntnis der Kinder und der Wortvergleich in wachsendem Maße an wesentliche Merkmale der Schrift angebunden. Beiläufige Fragen ("Woher wußtest du, daß da die andere SONNE lag?") können aufdecken, welche Strategie die Kinder zum Erkennen von Wörtern nutzen, ob sie der Konfrontation mit Schrift durch Hilfsstrategien auszuweichen suchen und welche Buchstaben sie schon kennen (*3.7).

Eine Variante für Kinder, die schon über die ersten Einsichten in den Aufbau der Buchstabenschrift verfügen: Nur auf **einer** Karte ist die Bezeichnung aufgedruckt. Die Kinder müssen also die Bedeutung des Bildes und die Schriftzeichenfolge zueinander in Beziehung setzen und nicht nur Buchstabengruppen auf ihre graphische Ähnlichkeit hin miteinander vergleichen. Auf diese Weise wird der naive Sicht-Wortschatz erweitert oder gar das systematische (lautierende) Erlesen angeregt.

Besonderen Spaß macht es den Kindern, solche Memories selber herzustellen: Aus den eigenen Wörtern machen wir ein "Lieblingswörter-Memory", danach ein "Spielzeug-Memory", ein "Eß-Memory" usf.   So kann der Grundwortschatz für bestimmte Sachbereiche systematisch wiederholt werden, wobei die Wörter den Kindern aus dem gemeinsamen Vorhaben ("Wohnen", "Verkehr", "Wie es früher war") inhaltlich vertraut sind.

Eine weitere Variante eignet sich vor allem für die leidigen "kleinen Wörter": **der/die/das; ein/eine/einer/einen/einem; wer/wem/was/wie** usf. Sie werden leicht untereinander verwechselt, kommen aber so oft vor, daß ihre sichere Kenntnis das Lesen und Schreiben beträchtlich entlastet (*7.1; 7.7). Sie werden sozusagen zu "Stützpunkten" im Satz. Da sie sich bildlich nicht darstellen lassen, verwenden wir Schrift-Schrift-Paare, mit denen nach der üblichen Memory-Regel gespielt wird. In dieser Form kommt das Spiel erst für fortgeschrittene Leser in Frage, während das Aufdecken jeweils einer Karte des Paares ("gezinkt") das Spiel auch schon für Anfänger attraktiv macht.

Bei der paarigen Verwendung von Schrift kann man auch die Entsprechung von Schreib- und Druckschrift gut einüben, wenn jeweils ein Element des Begriffpaares in der anderen Schrift angeboten wird. Auch verschiedene Drucktypen oder Handschriften können genutzt werden, um die Abstraktion der definierenden Buchstaben-Merkmale zu fördern (vgl. **VII**). Diese graphische Erschwernis setzt aber voraus, daß die Kinder die einfacheren Formen schon geläufig spielen. Insofern sollten ihnen mit der Zeit verschiedene Sätze zur Verfügung stehen. Ihre Bevorzugung des einen oder anderen Spiels gibt Aufschluß über das, was sie sich selbst zutrauen. Im allgemeinen ist diese Entscheidung zu respektieren. Den nächsten Schritt versuchen die Kinder am ehesten mit gleich starken Partnern.

SICHT-WORTSCHATZ: Wörter als Kürzel für Erfahrungen, die man mit der Schrift aufbewahren und aus ihr wieder hervorholen kann.

V/A/W

*1.6; 4.7; 7.4   KWS, Kap.25

J.DAHL (1966); L.LIONNI (1972); U.MOELLER-ANDRESEN (1973, 12); M.M.CLAY (1975, 67-69; 1979, 23-25); J.RAM-
SEGER (1975, Kap.6); R.GÜMBEL (1977, 268-273); H.BEIER (Eigenfibel)

Corinna hat von ihrer Mutter eine kleine Perlmutt-Dose bekommen:"Was soll ich da rein-
tun? Ich weiß noch nichts."-- "Paß auf, ich schenke dir einige Wörter in ganz schöner
Schrift." Schon geht es los: Zuhause klagen die Kinder "eine besonders schöne Schach-
tel" ein, oder wir basteln sie gemeinsam. Und dann beginnt die Wörter-Jagd (*1.6).
Ausschneiden, Abmalen, Diktieren - technisch sind der Phantasie keine Grenzen gesetzt.

Natürlich sind auch die "Schlüssel-Wörter" dabei - pro Woche ein "eigenes Wort" für
jedes Kind, z.B. als Erinnerung an ein besonderes Erlebnis. Gertraud GREILING hängt
diese Wort-Karten an den "Wörterbaum", eine Papiersilhouette an der Wand - Anlaß für
beiläufiges Lesen in den Pausen und für Gespräche der Kinder untereinander: "Was
heißt denn das da oben neben **TOTENKOPF**?" Wir können die Karten auch abhängen für das
Spiel "Mein rechter, rechter Platz ist leer - ich wünsche mir den **FUSSBALL** her!" So
prägen sich die Wörter allmählich ein.

Firlefanz
Kuddelmuddel
Erblasser
Krambambuli
Eisbein
Tippmamsell
Liliput
Tausendsassa
Pestalozzi
Rabenaas

Komische Wörter

Ein anderer Anlaß, um Wörter zu sammeln, ist der "Wörter-Schrank" mit
Schubladen für KOMISCHE WÖRTER, für
TRAURIGE WÖRTER, LANGE WÖRTER usf. Ein
schön verziertes Plakat mit entsprechend
beschrifteten Feldern animiert zu intensiver Suche und zur Befragung von
Erwachsenen.

Die Geschichte der Maus FREDERICK (L.
LIONNI 1972), die im Sommer Farben als
Phantasie-Proviant für den grauen Winter sammelt, stimmt die Kinder auf dieses Unternehmen ein.

Manchmal kommen die Anregungen für entsprechende Schubladen auch von den Kindern selbst. Fred überträgt geduldig
Vereins- und Spielernamen aus seinem
Fußballalbum auf Karten. Also richten
wir auch eine Fußball-Schublade ein.

Obwohl Britta vor dem Fibeltext verstummt, kann sie die Titel einiger ihrer Märchen-
bilder vorlesen. Torsten kennt einige Namen aus seinem Tierbuch, die er abschreibt.
Die Kinder zeigen sich die Bilder untereinander und tauschen sie auch aus.

Während der ersten Schultage kann man die Schriftkenntnisse der Kinder gut kennenlernen, indem man sie bittet, ein Bild zu malen: "Kannst du auch schon etwas dazu
schreiben? Deinen Namen? Kennst du noch mehr Wörter?" (vgl. zur Auswertung über die
Zahl der Wörter hinaus Kap. 2.1 und 2.2). Kindern, die selbst nicht schreiben können,
sollte man anbieten, es für sie zu tun.

Aus dem persönlichen "Schatzkästchen" wird mit der Zeit die gemeinsame Wörter-Kartei
nach dem alphabetischen Prinzip. Mit ihrer Hilfe kann ein Grundwortschatz besonders
häufiger Wörter durch regelmäßige Verwendung gesichert werden (s.a.**7.5**).

SICHT-WORTSCHATZ: Einprägen der Schreibweise von Wörtern im Wortfeld, z.B. durch inhaltliche Assoziation zu einem Bild oder einer Episode.
A/W

---

*4.7; 7.1; 7.6; 8.7   KWS, Kap.22

U.MOELLER-ANDRESEN (1973, 18); A.GREENFIELD (1977, 69-80); E.RÖBE (1983, 38); G.RITTER (1983, 34f.)

Sven und Frank schneiden Wörter zum Thema "Essen" aus, lesen sie dem Partner vor und
kleben sie dann in die gemeinsame Collage ein. Die Funde aus den Zeitungen zu sichten
und das Arrangement einverständlich zu planen erlaubt den beiden, sich geraume Zeit
mit dem Schrift-Wortschatz dieses Lebensbereichs auseinanderzusetzen.

Variation: Die Wörter werden nicht aufgeklebt, sondern abgeschrieben (*5.2). Aber
auch hier muß erst vorgelesen werden, um zu sichern, daß das Wort in diese Sammlung
oder Liste paßt. Andere Themen aus dem Sachunterricht: Verkehr; Wohnen; Sport; Tiere
usw. So entstehen Wortfeld-Plakate als Kürzel für die gemeinsame Arbeit am Thema
(*4.7).

Ein anderer Anlaß: Ein Kind möchte ein bestimmtes
Wort schreiben, z.B. "schwimmen". Die Lehrerin no-
tiert es an der Tafel und lädt die anderen ein zu
nennen, was ihnen dazu einfällt. 5 bis 10 Wörter
werden in einer Liste darunter geschrieben, z.B.
Meer, Angst, naß, Fisch, Wasser, Seepferdchen. Über
das gemeinsame Gespräch werden persönlich wichtige
Erfahrungen aktiviert und der Wortschatz im wech-
selseitigen Austausch erweitert. Auch wenn man's
als Theoretiker nicht glaubt: Die Klärung der Wort-
Bedeutung und die Verankerung der Episode im inten-
siven Gespräch helfen, auch die Schreibweise zu erinnern.

Zum Schluß können die Kinder die Wörter an der Tafel in ein alphabetisches Wörterheft, ins Sachkun-
deheft zum Thema oder auf Wortkarten übertragen
(*7.3).

Mit diesem Material kann vielfältig weitergearbei-
tet werden: im Rechtschreibunterricht (Ordnung nach
gleicher Schreibweise; *6.3), als Nachschlagehilfe
beim Verfassen einer Geschichte (*8.7) oder als
Grundmaterial für Sprachübungen (z.B. Sortieren
nach Haupt- und Eigenschafts-Wörtern).

Daß die Wörter immer wieder aufgegriffen werden, entscheidet über Grad und Dauer des
Behaltens. Aber nur die Auswahl nach den inhaltlichen Interessen der Kinder macht die
Beschäftigung mit diesen Wörtern attraktiv für sie.

Ute MOELLER-ANDRESEN hat diese Erfahrung auch für das Einprägen der leidigen Monats-
namen genutzt:
    "Unsere Tür beziehen wir mit roter Klebefolie und machen einen Geburtstagskalen-
    der daraus, in dem jedes Kind mit einem selbstgezeichneten Bild vertreten ist.
    Morgens ist diese Tür einladend geöffnet. Und immer wieder geraten Kinder vor
    diesem Kalender in Gespräche über die anderen Kinder der Klasse."

Anderen Kindern helfen die emotional besetzten Worte, die Schreibweise eines Buchstabens oder den entsprechenden Laut zu erinnern (*5.4).

SICHT-WORTSCHATZ: Die Rechtschreibung von Wörtern als Abfolge der Buchstaben im Wort
einprägen.

A/W

*3.2; 3.6; 7.7   KWS, Kap.22 und 32

G.SENNLAUB (1979; 1983); A.STEIN (1981, 95-112); M.BERGK (1982, 60f.); P.RATHENOW/J.VÖGE (1982, 249f.)

Wörter prägt man sich nicht dadurch ein, daß man sie Buchstabe für Buchstabe von einer Vorlage abschreibt. Umgekehrt reicht auch die (äußere) Wortgestalt nicht zur
Steuerung der Rechtschreibung. Man muß sich vielmehr die Abfolge der Buchstaben merken. Eine wichtige Hilfe dafür ist die akustische Gliederung, das "Abhorchen" des
Wortes (*2.4; 2.6). So erhält man ein Grobgerüst, um die einzelnen Buchstaben "einzu-
füllen". Da die meisten Sprachlaute in unserer Orthographie aber durch unterschiedliche Schriftzeichen(gruppen) abgebildet werden können, muß man sich zusätzlich die besondere Schreibweise des einzelnen Wortes bewußt einprägen.

Marion BERGK setzt dafür einen Tageslichtprojektor (TP) ein und gewöhnt die Kinder
an eine systematische Schriftfolge mit folgender 'Leitkarte':

 1. Sieh dir das Wort genau an und merke dir, wie du es schreiben willst
(Wort am TP);

 2. Schließ die Augen und schreib das Wort in Gedanken auf (das Wort
(am TP abgedeckt);

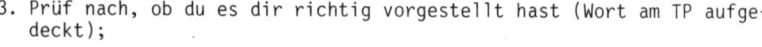 3. Prüf nach, ob du es dir richtig vorgestellt hast (Wort am TP aufge-
deckt);

4. Schreib das Wort auf (Wort am TP abgedeckt);

 5. Prüfe Buchstabe für Buchstabe nach, ob du richtig geschrieben hast
(Wort am TP aufgedeckt).

Als motorische Stütze empfiehlt sich ein buchstabenweises "Bauen" der Wörter mit dem
Setzkasten, mit der Leseuhr oder Buchstabenklötzen. Als akustische Steuerungshilfe
hat sich gerade bei den schwachen Schülern das laute Buchstabieren bewährt - zuerst
beim Abtasten des Wortes mit den Augen, später als Impuls beim Schreiben (*3.6). Zu
einer bewußteren Analyse leiten folgende Fragen an:

" - Welche Buchstaben gehören zusammen?
  - Welche erfasse ich mit einem Blick?
  - Welche schreibe ich in einem Zuge?
  - An welcher Stelle im Wort kann ich absetzen und weiter überlegen?
  - An welchen Stellen verschreibe ich mich leicht?
  - Welche Buchstaben vergesse ich leicht?"   (BERGK 1982 , 60)

Die Wirksamkeit dieser Übungen hängt von zwei Elementen ab. Die unmittelbare Rückmeldung schafft Sicherheit. Die rascheste Korrektur aber ist immer noch die Selbstkontrolle. Obwohl die Kinder im Schnitt 1/3 ihrer Fehler übersehen, ist dieses Verfahren
jeder (verzögerten) Fremdkontrolle überlegen. Also legen wir einen Kontrollzettel für
den Lückentext vorne auf's Pult, oder wir lassen die Kinder die Lösungshilfe auf dem
unteren Abschnitt des Arbeitsblattes nach hinten umknicken. Oder wir verwenden Bildkarten mit der Schriftform des Begriffs auf der Rückseite.- Wörter, die im Partner-
diktat mindestens dreimal richtig geschrieben worden sind, können alphabetisch in einem A6-Kasten geordnet werden: Ergänzt durch "eigene Wörter" (*7.3) baut so jedes
Kind einen Grundwortschatz auf, dessen Karten sich für Wiederholungen, Übungen und
Spiele eignen (*7.1).

SICHT-WORTSCHATZ: Man kann Schrift auch als Formelement für bildnerische Darstel-
                    lungen nutzen, um sich Bedeutungen zu merken.
V/A/W

*1.5; 4.8; 5.4   KWS, Kap. 8 und 22
D.SCHMIEDER/G.RÜCKERT (1974, 40f.); D.JEFREE/M.SKEFFINGTON (1980, 41, 46-48); F.COULMAS (1981, KAp.VI)
O.BÖHM (1983, 80-82)

"Wörter haben eine Seele. Es besteht ein Zusammenhang zwischen den graphischen Zeichen und der damit bezeichneten Sache" (Paul CLAUDEL).

Auch wenn diese Deutung dem Aufbau unserer Buchstaben-Laut-Schrift nicht gerecht wird
- was hindert uns und die Kinder, mit den graphischen Möglichkeiten der Schrift zu
spielen, um uns Merkhilfen auszudenken? Auch das ist eine Form des Schön-Schreibens
und eine kreative noch dazu. Einige Anregungen:

Wer auf der Straße und beim Lesen die Augen offen hält, wird in der Werbe-Graphik
manche Anregungen finden, die die Kinder mit Phantasie nutzen.

SICHT-WORTSCHATZ: Automatisierung des Erkennens häufiger Wörter durch wiederholtes Lesen bei kurzer Darbietungszeit.

W

*7.1; 7.2   KWS, Kap.19

G.GUTEZEIT/E.PONGRATZ (1975); I.WAGNER (1976, 184-199); AG LESEFÖRDERUNG (1978, 303); P.RATHENOW/J.VÖGE (1982, 264f.)

Der Tageslicht-Projektor ist noch dunkel. Maren schreibt ein Wort auf die Folie. Dann knipst sie die Lampe kurz an und wieder aus. Wie heißt das Wort?

Damit das Spiel nicht in wildes Raten ausartet, gelten nur Wörter, "die wir schon oft gehabt haben". Nur wenn die Wörter vorher sorgfältig erarbeitet und durch Wiederholung zumindest ansatzweise automatisiert sind, hat die Aufgabe einen wirklich sinnvollen Übungseffekt.Anfangs ist sie also mehr für fortgeschrittene Leser geeignet. Da reichen aber schon drei bis fünf Minuten, um 20 Wörter zu wiederholen, zunächst mit den Tafel-Wortkarten, die von der Lehrerin kurz hochgehalten werden, im zweiten Teil dann mit Vorschlägen der Kinder.

Die folgende Variante schlägt eine Brücke zum Text-Lesen (*8.1): Wir sagen einen Teilsatz und zeigen statt des letzten Wortes die entsprechende Karte. Dadurch wird die Sinn-Erwartung aktiviert. Oder es wird ein Lückensatz auf dem Tageslicht-Projektor zum langsamen Erlesen vorgegeben, das Häufigkeits-Wort danach nur kurz aufgeblendet.

Eine weitere Variante (*7.5): Um das sorgfältige Abtasten der Buchstabenfolge zu fördern, blenden wir das Wort etwas länger auf. Dann wird es von den Kindern aufgeschrieben, nicht benannt. Diese Aufgabe ist besonders geeignet, (z.B. in einer Fördergruppe) festzustellen, welche Merkmale bzw. Teile des Wortes von den Kindern vorrangig genutzt und gespeichert wurden: Anfangsbuchstaben, Rechtschreibmuster, Endungen.

Detailgenauigkeit trotz Tempo verlangt der Paar-Vergleich von ähnlichen Wörtern - besonders wichtig für die "kleinen" Wörter wie **der/die/das; ein/eine/einen/mein/sein** usw. Damit schwächere Schüler auch zum Zuge kommen, kann man die Schwierigkeit stufen:

- größere Schrift;
- länger aufblenden;
- einige Wortkarten mit typischem Schriftzug (Werbung!);
- deutlich unterschiedene Wörter neben- bzw. nacheinander.

Achtung: Es gibt Kinder, die zu raschen, aber flüchtigen Antworten neigen. Für sie sind solche Wort-Blitze Gift. Ähnlich wie diejenigen, die leicht aufgeben, müssen sie zu einer bewußten Planung und Kontrolle ihrer Leseversuche angeleitet werden. Das bedeutet Verlangsamung des Tempos und Bremsen der Impulsivität, z.B. durch Selbstinstruktion (erst laut, dann innerlich); (vgl. die Beispiele für das Schreiben in *6.1, 6.2 und 7.5 und ausführlicher I. WAGNER (1976).

Die Konzentration auf den technischen Aufbau der Schrift versperrt Kindern phasenweise den Zugang zur Bedeutungsebene. Manchmal liegt das an monotonen Aufgaben oder bedeutungslosen Texten, oft aber auch an unzureichenden eigenen Lese- und Schreiberfahrungen.

Vielfältiges Vorlesen weckt am ehesten die **Freude an Büchern** und vermittelt darüber hinaus wesentliche Erfahrungen mit den sprachlichen und inhaltlichen Baumustern von schriftlichen Texten (*8.2; 8.8). Wie die Möglichkeiten und Verkürzungen schriftlicher Darstellungen zu meistern sind, muß mit den Autoren in persönlichen Gesprächen über ihre Schreibversuche geklärt werden (*4.9; 8.5).

Wichtig ist für Kinder die wiederkehrende Erfahrung, daß Lesen und Schreiben etwas mit Themen und Handlungen zu tun hat, die **für sie persönlich bedeutsam** sind. Das können Berichte über gemeinsame Erfahrungen sein, die für andere abgefaßt werden (*8.6). Das kann aber auch die Entdeckung eines Buches sein, in dem sie etwas Interessantes über Fußball, Katzen oder Ritter finden (*8.4). Wenn Lesen bisher nur mit dem Entziffern von Buchstaben zu tun hatte, Fibeltexte sich öde wiederholten oder keinen Bezug zur Alltagserfahrung und -sprache hatten, versickert das Interesse am Inhalt. Die Verwendungsformen und Funktionen der Schrift können dann oft über das Schreiben eigener Texte leichter wieder bewußt und interessant gemacht werden als durch Lese-Übungen (IV).

Einzelne Kinder können aber auch durch die doppelte Anforderung, Wörter zu **entziffern und sinn-orientiert zu lesen,** überfordert sein - jedenfalls in bestimmten Phasen. Manchmal entlastet das leise Lesen mit anschließender Handlung (*8.3), mit inhaltlichen Fragen zum Text oder mit einem weiterführenden Gespräch über das Thema (*8.4). Im übrigen wird durch die Automatisierung des Wort-Lesens und durch die Erweiterung des Sicht-Wortschatzes Aufmerksamkeit für die Inhalts-Ebene frei (VII).

Es kann aber auch sein, daß ein Kind noch lernen muß, Wörter zu **größeren Bedeutungseinheiten** zusammenzufassen, um sein Kurzzeitgedächtnis nicht durch einen Stau einzelner Wörter zu überlasten. Das Ordnen von zerschnittenen Geschichten und Lücken-Sätze mit alternativen Füllungen fordern genau diese Leistung an (*8.1).

Auch eine Zunahme von Verlesungen kann darauf hindeuten, daß ein Kind versucht, vom Erlesen einzelner Wörter auf die Ebene des inhalts-orientierten Verstehens zu springen. Es schließt vom Satzanfang auf seinen Fortgang und läßt sich von eigenen Erfahrungen in der Vermutung des weiteren Handlungsablaufs bestimmen. Das ist ein wichtiger Fortschritt, so daß solches "Raten", jedenfalls für eine Übergangsphase, toleriert werden sollte, um den **Umbau der Lese-Strategie** nicht zu entmutigen

Denn: Lesen lernt man immer noch am besten durch Lesen (*8.9).

TEXT-GEBRAUCH: Einzelne Wörter in ihrer Bedeutung zusammenfassen und vom Anfang her eine Hypothese über den Fortgang des Satzes bilden - eine Voraussetzung für den Sprung vom Wort- zum Text-Lesen.

A/W

⋆8.3   **KWS, Kap. 14 und 29**

U.MOELLER-ANDRESEN (1973, 14); M.HUMBERT in: Arbeitsgruppe Leseförderung (1978, 303); "Vom Wort zum Satz" (Bunte Fibel); H.BEIER (Eigenfibel)

"Unvollendete Sätze" zwingen die Kinder, sich eine plausible Fortsetzung zu überlegen. Dabei kommt es nicht auf "die richtige", sondern eine begründbare Lösung an. Die Kinder sollen sich die Begrenzungen durch den Inhalt und den grammatischen Aufbau des Satzes bewußt machen und auf ihre Erfahrungen zurückgreifen. Die Aufgabe läßt sich durch Vorgabe von 3-4 Auswahl-Alternativen erleichtern ("Passung überprüfen").

Für Anfänger sind Lücken am Ende des Satzes leichter. Später können Lücken in der Mitte dazu anregen, die eigene Hypothese im Satzfortgang zu überprüfen.

Das vertraute Puzzle begegnet den Kindern wieder im "zerrissenen Text". Am Anfang nehmen wir bewußt in Kauf, daß die Kinder sich auch an der Form der Schnittstelle orientieren. Später sollte man auf diese Form der "Selbstkontrolle" verzichten, da sie dazu verleitet, dem Lesen auszuweichen. Eine lustige Geschichte aus gemischten Halbsätzen, eine Anweisung für die Schatzsuche beim Wandertag oder gar die Ankündigung für ein neues Unterrichtsprojekt animiert die Partner oder die Tischgruppe durch das Informations-Bedürfnis zum sorgfältigen Lesen der einzelnen Stücke und des ganzen Kompositions-Versuchs.

Besonderen Spaß macht es wieder, selbst solche Rätsel zu erfinden: Sätze, die aus Wortkarten in der richtigen Reihenfolge zusammengesetzt werden müssen; "verwitterte Geschichten", in denen einzelne Wörter fehlen; oder Silben, die (mit/ohne Bild-Hilfe) zu Wörtern zusammengesetzt werden müssen (⋆6.2). Weitere Varianten: Im Satz ist ein Wort zu viel; die Reihenfolge der Wörter stimmt nicht; ein Wort steht in der falschen Form. Auch das Domino-Prinzip läßt sich sinnvoll abwandeln: Jede Karte hat eine Bild- und eine Satz-Hälfte, und neue Karten müssen so angelegt werden, daß Satz und Bild zueinander passen. Bringt man - wie Helga BEIER - auf der Rückseite wechselnde Farbstreifen an den Stoßstellen an, können die Kinder am Ende ihre Lösung selbständig kontrollieren.

Aus den Fehlern können wieder beide Seiten lernen: die Kinder, wenn sie ihre Lösungsvorschläge in der Gruppe vergleichen und begründen; wir Pädagogen, indem wir darauf achten, ob

- das Kind **syntaktische** Begrenzungen vernachlässigt ("Olaf kommt **Schule** /heute/ gehen");

- ob es seine Lösung nur mit einzelnen Begriffen assoziiert oder auf Verträglichkeit mit der **ganzen** Aussage abstimmt;

- ob es die Möglichkeit **alternativer** Lösungen akzeptieren kann oder starr auf eine einzige Möglichkeit fixiert ist.

1 Sie schwimmt auf dem Rücken.
2 Er liegt auf dem Ring.
3 Sie sitzt auf dem Schwan.

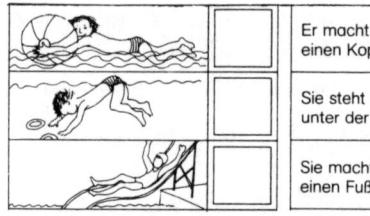

4 Er macht einen Kopfsprung.
5 Sie steht unter der Dusche.
6 Sie macht einen Fußsprung.

TEXT-GEBRAUCH: Die besonderen Sprach-Muster schriftlicher Texte und die Attraktivität von Büchern sollten Kinder schon kennenlernen, ehe sie selbständig lesen können.

V/A

---

*1.3; 8.4; 8.8; 8.9   KWS, Kap. 27 und "Endstation Anfang"

H.GÜNNEWIG (1981, 18-45); R.HEGELIN u.a. (1984)

Tobias und Silke liegen bäuchlings auf einer Matratze und schauen gemeinsam in ein Buch. Hören sie etwa Musik dazu? Nein, freundliche Eltern haben Texte aus Bilder- und Kinderbüchern auf Band gesprochen, und jetzt können sich die Kinder ihre Lieblingsgeschichten vom Cassetten-Recorder über Kopfhörer immer wieder vorlesen lassen. Die Stimme sagt auch, wann die Kinder umblättern sollen, und sie kommentiert das eine oder andere Bild. Sie kann auch mal Fragen einschieben:"Was meinst du: ob die Maus der Katze noch entwischt?",- mit einer anschließenden Denkpause, wie wir sie beim Vorlesen auch einlegen, damit die Kinder sich ihre eigenen Gedanken machen können. Wenn sie die Geschichte ein paar Mal gehört haben, können wir die Kinder auch animieren, sie einmal vor der Klasse "vorzulesen" oder wir "vergessen" die Cassette und lassen uns allein ein Stück aus dem Buch "vorlesen", um zu sehen, wie das Kind mit Texten umgeht (*7.1).

Regelmäßiges Vorlesen im Vorschul-Alter hat sich als eine ganz wichtige Bedingung des erfolgreichen Lesen- und Schreibenlernens herausgestellt. Darum sollten wir auch so oft wie möglich Sach-Texte oder spannende Geschichten (in Fortsetzungen! *8.8) vorlesen, möglichst in einer entspannten Atmosphäre, so daß die Kinder auch spüren, daß Lesen Spaß machen kann.

Beiläufig lernen sie aber noch mehr: Die Baumuster der geschriebenen und der gesprochenen Sprache unterscheiden sich wesentlich. Einerseits ist die Schrift-Sprache expliziter, weil die Bezüge auf eine gemeinsame Gesprächssituation entfallen. Andererseits fehlen Wiederholungen, fehlt die Unterstützung durch Mimik, Gesten und Intonation. "Gesprochene Schrift-Sprache" kann diese Kluft überbrücken,die wiederum umso größer ist, je weniger die Sprache des Kindes den durch Schrift geprägten hochsprachlichen Mustern entspricht. Das beginnt bei so simplen Dingen wie der Aussprache, wenn Kinder einfach nicht glauben wollen, daß man "gehen" nicht "gen" schreibt (*3.2), und reicht bis zu den Erzählmustern, nach denen Geschichten aufgebaut sind.

Der Einzug der Computer in unsere Schulen eröffnet möglicherweise in einigen Jahren noch flexiblere Zugänge zur Schrift. So wächst die Wahrscheinlichkeit, daß es bald Programme geben wird, um gesprochene Sprache direkt in Schrift zu übersetzen. Kinder könnten also unmittelbar erleben, wie ihre Äußerungen auf dem Bildschirm zu Sätzen werden. Schon jetzt lernen amerikanische Vorschulkinder in einem Versuch auf folgende Weise schreiben: "In der ersten Lektion erscheint auf dem Computer-Terminal das Bild einer Katze. Eine Stimme erklärt:'Das ist eine Katze.' Sie befiehlt: 'Sag das Wort Katze!' Wenn die Kinder das getan haben, wird das Wort in seine Laute zerlegt; sie erscheinen als Buchstaben auf dem Bildschirm. Das Kind wird aufgefordert, die Buchstaben auf der Tastatur zu suchen und schließlich das Wort selbst einzutippen."(WELT AM SONNTAG v. 4.3.1984)

Gegenwärtig entsprechen solche Programme dem vertrauten Lehrgangsdrill. Die Individualisierung beschränkt sich auf unterschiedliches Tempo und vorgeplante kurze Schleifen. Erst wenn der Computer Buchstaben, die die Kinder eintippen, in natürliche Sprache übersetzt (und unzulässige Buchstabenfolgen ablehnt), könnten die Kinder kreativ mit Schrift experimentieren. Bis dahin sind "Sprechende Bücher" und das vertraute Vorlesen den Maschinen weit überlegen. Immerhin kann aber Textverarbeitungsprogramme das lästige Umschreiben von Entwürfen, das Komponieren von Textstücken erleichtern (S.PAPERT 1982, 55f.) - nur: da helfen oft einfachere Arbeitstechniken genauso effektiv (*8.5).

SCHRIFT-GEBRAUCH: Lesen (und Schreiben), weil man ohne den Text nicht vernünftig handeln kann, ist immer noch der beste Anlaß, sich mit Schrift einzulassen.

A/W

---

*1.5; 4.5   KWS, Kap. 24 und 25

D.GAHAGAN/G.GAHAGAN (1971, 83f.); U.MOELLER-ANDRESEN (1973, 101); G.SENNLAUB (1983, 39-41); "Vom Satz zum Text" (Bunte Fibel)

"Ich schreibe den nächsten Auftrag auf den Tageslicht-Projektor. (Die Wandtafel tut's auch, ist aber weniger geeignet, weil ich dann beim Schreiben den Rücken zukehren muß.)
GEH BITTE ZU FRAU VON DER DELLEN UND FRAGE SIE: IST HIER EBEN EIN ROTES AUTO VORBEIGEFLOGEN?
Ich schreibe langsam, benutze gelegentlich wortlos einen Papierstreifen als Leseschieber, indem ich ein schwieriges Wort durch Abdecken und allmähliches 'Aufbauen' lesbar mache. (...)
Aus taktischen Gründen wird der Name des Beauftragten erst am Schluß geschrieben. Würde er am Anfang stehen, könnte die Aufmerksamkeit der anderen Kinder nachlassen. Jedes Kind soll den ganzen Auftrag lesen, weil es damit rechnen muß, daß am Schluß sein Name erscheint. Erwartungsvoll lesen die Kinder nun den Namen: PENNY."
(SENNLAUB, 1983, 39f.)

Vermute und prüfe dann!

	Vermutung	Befund
Haben wir rote Kreide ?		
Haben wir noch Computerpapier ?		
Hat jedes Kind aus deiner Gruppe heute einen Radiergummi mit ?		
Sind beide Tafelschwämme feucht ?		
Hat schon eine von unseren Kaulquappen vier Beine und einen nur noch kurzen Schwanz ?		
Liegen im linken Schubfach des Schreibtisches Tempotaschentücher ?		
Haben alle Kinder deiner Gruppe ihren Kinderduden dabei ?		
Haben die Radieschensamen im Blumenkasten schon gekeimt ?		
Hat sich die Blume, die nicht gegossen wird, schon verändert ?		

Trage in die erste Spalte [ja] oder [nein] ein
Dann überprüfe deine Vermutung!

Leises Lesen kommt in unseren Anfangsklassen kaum vor. Dabei ist es später **die** Form des Lesens. Ob der Text verstanden wurde, sieht man auch an der anschließenden Handlung, an den Antworten auf Verständnis-Fragen (**vor** den Text stellen!) oder am Gespräch über den Inhalt der Geschichte. Das lautierende Flüstern ist eine Vorstufe des "inneren" Lesens, es muß deshalb auch hier zugelassen sein. Aber der übliche Lese-"Vortrag", das sinn- und klanggestaltende Lesen, an dem wir den Lernfortschritt gern kontrollieren, überfordert viele Anfänger.

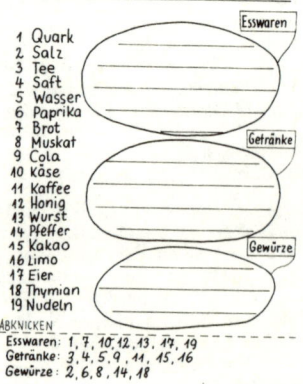

Ordne die Begriffe!

1 Quark
2 Salz
3 Tee
4 Saft
5 Wasser
6 Paprika
7 Brot
8 Muskat
9 Cola
10 Käse
11 Kaffee
12 Honig
13 Kakao
14 Pfeffer
15 Kakao
16 Limo
17 Eier
18 Thymian
19 Nudeln

Esswaren
Getränke
Gewürze

ABKNICKEN
Esswaren: 1, 7, 10, 12, 13, 17, 19
Getränke: 3, 4, 5, 9, 11, 15, 16
Gewürze: 2, 6, 8, 14, 18

Darum lieber Arbeitsanweisungen an die Tafel oder auf Arbeitskarten; und beim Geländespiel eine numerierte Folge von schriftlichen Botschaften, die auf die richtige Fährte führen. Selbst so schlichte Aufgaben wie das Zuordnen von Bild und Wort, Bild und Satz oder die Kombination zerschnittener Sätze und Texte fördern das sinn-entnehmende leise Lesen.

TEXT-GEBRAUCH: Lesenlernen ist ein Langzeitprozeß, in dem derselbe Text immer wieder neue Zugänge eröffnen und sich die Bedeutung einzelner Text-Elemente

V/A/W   mit dem Könnensstand verändern kann.

*8.2; 8.8; 8.9   **KWS, Kap.27 und "Endstation Anfang"**

J.REICHEN (1982, 39); A.GRABOLLE (1983, 23); R.BAMBERGER (1984)

Regale mit einem langsam wachsenden Bestand offen ausliegender Bücher, Hefte usw. sind der beste Anreiz zum Lesen. Allerdings muß Zeit für das Anlesen gewährt werden und die Attraktivität von Büchern durch regelmäßiges Vorlesen ebenso deutlich werden wie ihr Informationsnutzen durch Nachschlagen im Sachunterricht. Die Lehrerin ist auch hier Modell. Aber wann können Kinder "richtige" Bücher lesen? (*8.9)

Zwei Erfahrungen aus der Praxis, die Mut zum "schwierigen" Buch machen und Lesenlernen als allmähliche Ausdifferenzierung einer groben Vorform betrachten:

"Vorschulkinder betrachten ein Buch über Dinosaurier. Die Bilder der imponierenden Kreaturen faszinieren sie über Wochen fast täglich. Die Kinder ließen sich die den Bildern zugeordneten Namen vorlesen und behielten sie trotz ihrer Schwierigkeit (z.B. Tyrannosaurus, Parasaurolophus). Einige Zeit später verlangten sie, daß ihnen die Bildkommentare, dann daß ihnen der Fließtext vorgelesen würden. Während des ersten Schuljahrs probierten sie ihre Dekodierungskünste ausgerechnet an den Dinosauriernamen aus. Wieder etwas später lasen sie selber die Bildkommentare, im dritten Schuljahr den Fließtext. Im vierten Schuljahr verglichen sie die Informationen aus ihrem lang-jährigen Begleiter mit denen eines anderen Buches zum gleichen Thema, stießen dabei auf unterschiedliche Aussagen und suchten dafür Erklärungen und weitere Informationen in einem Lexikon." (GRABOLLE, 1983, 23)

Jürgen REICHEN hat für seinen Lehrgang "Lesen durch Schreiben" kleine Lesehefte ent-wickelt, deren Geschichten aus 8 - 16 Bildseiten mit jeweils einem Satz bestehen und die zusammen eine kleine Geschichte ergeben. Wir finden sie als gestufte Serie von Geschichten auch in englischen Grundschul-Klassen. Dort sind sie das Grundmaterial für das Lesenlernen. Solche Hefte lassen sich leicht selbst herstellen. Einige Grund-regeln sollten (auch bei der Auswahl käuflichen Materials) beachtet werden:
- große Schrift und Zeilengliederung des Satzes in Bedeutungseinheiten;
- durchschnittliche Satzlänge nicht mehr als 7 - 9 Wörter;
- Wortlänge in der Regel 1 - 2 Silben, nicht mehr als 6 Buchstaben;
- etwa 80(-90)% der Wörter sollten bekannt sein;
- Wiederholung der Wörter innerhalb des Textes.

REICHENs Texte berücksichtigen diese Kriterien nur unzureichend. Aber sie sind ein erster Versuch, die Einheitsfibel zu sprengen und den Kindern sehr früh die Erfahrung zu vermitteln: Ich kann schon selbst ein richtiges Buch lesen und - nicht minder wich-tig - ich kann wählen, was ich lesen will. Vorbilder für solche Geschichten finden sich z.B. in den Leseheften 1 und 2 zum CVK-Leselehrgang (und in dem Ergänzungsheft "Claudia und Frank"). Solche Texte, die die Kinder auch inhaltlich interessieren, las-sen sich leicht in Heftform umarbeiten.- Material dieser Art sollte auf verschiedenen Niveaus verfügbar sein. In angelsächsischen "Reading Schemes" sind die Umschläge der Hefte einer Schwierigkeitsstufe in derselben Farbe gehalten, so daß sich die Kinder (und die Lehrerin beim Beobachten der Kinder) rasch orientieren können. Besonders wir-kungsvoll ist es, dem Heft eine Begleitkarte mit einer Frage zum Text oder einer An-regung zum Handeln beizulegen, z.B.: "Frag mal deinen Vater, ob er auch schon mal so-etwas erlebt hat!" oder: "Lies das Rätsel mal zuhause vor!".

TEXT-GEBRAUCH: Schreiben ist die Bearbeitung vorläufiger Entwürfe hin auf **einen** Text,
der den eigenen Vorstellungen und den Normen für Veröffentlichungen
W genügt.

*4.4; 4.9; 8.6; 8.7   KWS, Kap.25

G.SPITTA (1973, 18f.); U.MOELLER-ANDRESEN (1973, 84); G.SENNLAUB (1980, Kap.1,2,4,5,7); D.GRAVES (1983,Kap.
9 und Kap. 14)

Sönke schafft es nicht, seinen Text zu überarbeiten, weil es seine ganze Kraft geko-
stet hat, die Geschichte überhaupt zu Papier zu bringen. Für Britta, eine gute Schüle-
rin, bedeutet eine Überarbeitung, daß sie nun auch "Berichtigungen" machen muß; wenn
eine Aufgabe nicht im ersten Anlauf fertig ist, deutet sie das als "Versagen". Chris
mag nicht mehr anschauen, was er einmal geschrieben hat. Ihm kommt es auf die Menge
der Produktion an, Filigranarbeit hält da nur auf. Andere Kinder wissen nicht, wo und
wie sie neue Informationen in den Text einarbeiten sollen, oder sie scheuen sich, das
Schriftbild in Unordnung zu bringen: "Das sieht dann nicht mehr schön aus."

Kinder haben wie alle Autoren Schwierigkeiten, ein Thema zu finden, über das sie wirklich schreiben wollen; eine Darstellungsform, die ihre lebendigen Vorstellungen auf
dem Papier zufriedenstellend wiedergibt; eine Sprache und Schrift, die andere gern
lesen.

Don GRAVES stellt sich an die Tafel oder an den Overhead-Projektor und läßt die Kinder
an seinen Überlegungen und Versuchen teilnehmen, über ein Thema zu schreiben. Er
spricht aus, was ihm dabei durch den Kopf geht. Er fragt die Kinder um Rat: "Soll ich
als Beobachter schreiben oder als der Junge, der das Geld verloren hat?" Er läßt sie
miterleben, wie er seinen ersten Entwurf verändert, neu beginnt, stilistisch und
rechtschriftlich redigiert.

Der "Lehrer als Modell" kann helfen, die Arbeit am Entwurf für die Kinder vom Ruch
des Minderwertigen zu befreien. Daneben aber braucht jedes Kind "technische Beratung"
für die Arbeit an **seinem** Entwurf. Da hilft nichts: Die Hefter müssen mittags mit nachhause genommen und durchgesehen werden, damit wir am nächsten Tag in kurzen Gesprächen
weiterhelfen können. Nicht mit guten Ratschlägen, wie wir das machen würden, sondern
mit Fragen zu den Absichten des Kindes, zu seinen Schwierigkeiten mit dem Text. Und
dann lesen wir in der Klasse vor und beraten miteinander, was bei den Lesern gut ankommt, wie man die Spannung steigern, die Beschreibung verständlicher fassen und
sprachlich abwechslungsreicher schreiben könnte. In einer solchen Werkstatt kann die
Arbeit am Entwurf auch Spaß machen.

Nicht immer, aber gelegentlich sollten die Kinder auch gemeinsame Texte verfassen.
Anlässe dazu gibt es genug: der Bericht einer Arbeitsgruppe; die Zusammenfassung einer
gemeinsamen Planung; die Abstimmung und Darstellung von Erkenntnissen, die die Tischgruppe arbeitsteilig zusammengetragen hat. In dieser Situation können die Kinder voneinander lernen, kann der flinke Redner vom ordentlichen (Recht)Schreiber profitieren,
können sich auch die schwächeren Schreiber im Glanz eines Textes sonnen, der von anderen anerkannt wird.- Dabei sind die Reibungsverluste der Zusammenarbeit bei Kindern
nicht geringer als bei Erwachsenen. Technische Hilfen sind darum nötig: Gedanken in
Stichwörtern festhalten; Fragen zur Ordnung des Materials formulieren; das Material
in Teile aufgliedern; überlegen, was ein Leser zuerst wissen muß, um den Text zu verstehen; Schreibversuche auf Zetteln, die man neu gruppieren und einzeln auswechseln
kann; Platz lassen für nachträgliche Ergänzungen/Korrekturen (breiter Rand, großer
Zeilenabstand); erste Formulierungen laut vor sich hin sprechen, um den Gedanken zu
klären und sprachliche Wirkungen zu überprüfen. **Und vor allem:**Kritik zielt auf Verbesserung, nicht auf Abwertung. Das auch gefühlsmäßig zu akzeptieren, setzt die Erfahrung
voraus, daß auch die Lehrerin dankbar ist für Kritik - und daß sie die Leistung der
¨inder durchgängig respektiert, nicht nur beim Schreiben von Texten.

TEXT-GEBRAUCH: (Wand)-Zeitungen gehören zu den wichtigsten und variantenreichsten Medien für die Sammlung und Verbreitung von Informationen

A/W

*4.5; 4.6; 8.5; 8.7   KWS, Kap.25 und 28

D.URBAN (1970); D.HEYER (1973); H.VICKUS (1981); D.SCHNURR (1983)

"Alles fing damit an, daß ich die Schüler am Ende der ersten Wortgruppe (des PZ-Lehrgangs; HB) bat, am Sonnabend doch einmal Zeitungen von zu Hause mitzubringen, und ankündigte: Wir wollen morgen eine Stunde lang Zeitung lesen! Als ich den Morgen zum Unterricht kam, saßen die meisten Kinder bereits mit hochroten Köpfen über den Zeitungen, ein sehr lustiges Bild! Ein eifriges Blätterrauschen wurde ergänzt durch Rufe wie: 'Hier steht Auto! Hier steht Geld!' 'Unsere Wörter stehen in der Zeitung!'...Neben der lustbetonten Nachahmung des Erwachsenenverhaltens und dem persönlichen Erfolgserlebnis 'Ich kann Zeitung lesen' hatte dieser Jahreskurs sehr produktive Nebeneffekte: - die Schüler erschlossen sich selbst Wörter durch Analogiebildung - und - rund - Hund - Diese wurden gesammelt und anderen am Schluß der Stunde vorgelesen; wie überhaupt die Entdeckungen verlesen wurden...: 'Du hier steht:Flugzeug bei Landung ab - ge - stür - zt.'" (G.SPITTA 1973, 18f.)

Schon diese Art des Zeitungslesens stellt einen aktiven Umgang mit Schrift dar. Mit wachsender Schreibfertigkeit können die Kinder auch selbst eine Zeitung machen. Die Ansprüche sind dabei, je nach dem Alter der Kinder, unterschiedlich hoch anzusetzen.

Das "Schwarze Brett" bietet eine leicht handhabbare, rasch änderbare, damit aber auch vergängliche Möglichkeit des Austauschs von Nachrichten, Ideen, Angeboten usw. (*4.6). Eine vervielfältigte Zeitung ist verbindlicher. Als Vorform eignet sich ein Blatt, dessen Vorder- und Rückseite mit aktuellen Ausschnitten aus dem Fernsehprogramm, der Tageszeitung und Zeitschriften beklebt ist. Nach den ersten zwei, drei Ausgaben der Lehrerin bekommen einzelne Kinder Lust, eigene Beiträge beizusteuern. Diese Einzel-Ausgaben werden in einem Ordner gesammelt; eine Art "Chronik" der 1. Klasse.

Aber später will jeder sein eigenes Exemplar haben, und bald gibt es auch selbst geschriebene Texte, die sich über Matrize vervielfältigen lassen. Das ist der geeignete Zeitpunkt um eine "richtige" Zeitung zu machen. Am besten bringen die Kinder verschiedene Zeitungen von zuhause mit, damit sie vergleichen können, was für Grundelemente zu diesem Genre gehören: Titel(-Seite), Schlagzeilen, Inhaltsverzeichnis, Impressum, Karikatur, Anzeigen, Nachrichten, Kommentare, verschiedene Themen-Teile. Für die Kinder ist es besonders interessant, die technischen Seiten der Herstellung auch vor Ort kennenlernen und dann auch nachmachen zu können (vgl. die Arbeitshilfe "Wir sind von Kopf bis Fuß auf Zeitung eingestellt" von D.SCHNURR/G.MOCNIK, c/o betrifft:erziehung, Postfach 1120, 6940 Weinheim). Manche Zeitung oder Druckerei am Ort ist bereit, einmal eine "Sonderausgabe" der Klassenzeitung zu drucken, so daß die Kinder auch Fotos und verschiedene Satztypen (Stempel! Letraset!) ausprobieren können. Mit älteren Schülern läßt sich sogar die wirtschaftliche Seite des Zeitungs-Geschäfts durch eine eigene Kalkulation nachspielen. In welchem Maße sie (und die lokalen Zeitungs-Macher) auf Vor-Information durch Dritte angewiesen sind, kann den Kindern durch gezielte Aufgaben bewußt gemacht werden. Verschiedene Kinder über dasselbe Ereignis"möglichst genau" schreiben zu lassen, vermittelt einen Eindruck von der Wirkung unterschiedlicher "Brillen" (noch drastischer: "Du schreibst aus der Sicht des Händlers, du aus der Sicht des Käufers.") und bereitet auf die kritische Analyse von Werbung vor, z.B. durch inhaltliche Veränderung von Texten, durch Übertragung von Textmustern auf andere Themen, durch Parodien.

TEXT-GEBRAUCH: Situativ geordnetes Wort-Material in richtig geschriebener Form als
'Baukasten' für das freie Schreiben von Texten.

A/W

*4.7; 7.4   KWS,Kap. 22 und 25

R.SCARRY (1971); Mein erster Brockhaus (1982); M.BERGK (1983b); H.BEIER (Eigenfibel 1984)

"Schreib doch mal was!", sagen wir optimistisch und sind stolz darauf, der Kreativi-
tät der Kinder freien Raum zu lassen. Aber Freiheit kann auch Angst machen. Manche
Kinder scheinen, wenn sie selbst schreiben sollen, vor der Anforderung zu schrumpfen.
MEIN ERSTER BROCKHAUS hilft Kindern, die ein Wort schon alphabetisch aufsuchen können.
Auf einer Buchstabenseite finden sich mal 5, mal 25 Bilder mit den entsprechenden
Wörtern. Für viele Kinder ein interessantes Lesebuch. Aber wer sucht schon jedes
zweite oder dritte Wort für eine Geschichte auf diese Weise auf? Und wenn es dann
doch nicht drinsteht?
MEIN ALLERSCHÖNSTES BILDERBUCH (SCARRY 1971) ist anders aufgebaut. Geordnet nach All-
tagssituationen ("Ein neuer Tag"; "In der Küche"; "Wir machen Musik" usw.) und nach
Gegenstandsbereichen ("Zahlen"; "Spielzeug"; "Werkzeug") sind Gegenstände mit dem entsprechenden Wort bildlich dargestellt (leider nur wenige Tätigkeiten und Eigenschafts-
wörter).
Die dreisprachige Wiedergabe der Begriffe (in Deutsch, Englisch, Französisch) hat ein
anderes Ziel und kann Erstklässler verwirren. Auch ein größerer Schriftgrad wäre wün-
schenswert. Aber die Idee ist gut: Wer etwas über den Zoo-Besuch oder eine Spiel-
platz-Geschichte schreiben will, findet viele Wörter zum Thema auf einer Doppelseite
und kann sich anregen lassen, auswählen, auch ausweichen, wenn das gesuchte Wort mal
fehlt. Ein Wort-Baukasten zur individuellen Verfügung (und eine Möglichkeit, die
Schreibung besonders wichtiger Wörter beiläufig einzuprägen).
Marion BERGK schlägt vor, das freie Schreiben von Schulanfängern über ein solches
Bild-Wörterbuch begrifflich und rechtschriftlich abzustützen. Für ältere Kinder kann
man auf speziellere Titel wie MEIN ERSTES BUCH VOM KÖRPER, noch später auf die Reihe
WAS IST WAS? zurückgreifen. Lesen und Schreiben gehen Hand in Hand, um einen bestimmten Erfahrungsbereich zu erschließen.
Solche Sachbücher lassen sich auch mit den Kindern entwickeln oder wenigstens erweitern, z.B. durch Wandtafeln mit Begriffen/Bildern zu einzelnen Themen des Sachunter-
richts oder durch Wort-Bild-Collagen, die in einem Ordner gesammelt werden (*4.7; 7.4).
Eine einfach herzustellende Vorform: Zu einem bestimmten Thema schreibt die Lehrerin
auf eine Matrize ausgewählte Wörter, die die Kinder ausschneiden und zu Sätzen verbinden oder auch abschreiben können. So werden auch schwierige Wörter verfügbar für
individuelle Geschichten zum KLASSEN-MEERSCHWEINCHEN oder FEUERALARM IN DER SCHULE.
Wenn Veronika ihr Geburtstagsfahrrad in die Schule mitbringt, kommt schon viel zusammen an Fachbegriffen (Ende des 1. Schuljahrs):

            Kette   putzen   Lenker
                       Öl   Klingel
                                        Chrom   Lappen
    fahren   Handbremse
            Schutzblech   Flicken
                       Rücktritt

            klingeln
                          Felge   Katzenauge   Sattel
    bremsen   Pedal   reparieren   Schlauch
                                                                          kaputt

TEXT-GEBRAUCH: Lesen und Schreiben, um eine neue Welt zu erobern und um eigene Gedanken, Gefühle, Absichten, Fragen auszudrücken
W

*4.1; 8.2; 8.4   KWS, Kap. 27 und "Endstation Anfang

B.BETTELHEIM/K.ZELAN (1982, Kap. 2 und 13); D.MAUTHE-SCHONIG u.a.(1983); G.SPITTA (1984)

"Vor einiger Zeit hatten die Kinder im Unterricht kleine Gespenster aus Tempotaschen-
tüchern gebastelt, damit gespielt und diese anschließend gemeinsam im Kellerraum unter
der Klasse verstaut. ... Die Vorstellung, daß dort unten im Keller vielleicht doch
richtige Gespenster sein könnten, obwohl man ja wisse, daß es in Wirklichkeit keine
Gespenster gäbe, bereitete den Kindern ein 'unheimliches' Vergnügen.
Eines Tages nun griffen die Lehrer der ersten Klassen dieses Spiel auf. Ein Gespen-
sterbrief wurde vorbereitet. Auf Pergamentpapier wurde sorgfältig jedes Wort in einer
anderen Farbe in Druckbuchstaben geschrieben und die Zwischenräume mit Klecksen von
verschiedenfarbigen Kerzen verziert.
Die Aufregung war riesengroß, als eines Vormittags aus dem Schulsekretariat die Nach-
richt kam, für die Kinder der ersten Klasse sei ein Brief angekommen." (G. SPITTA)

Und damit begann ein lebhafter Briefwechsel, um herauszufinden, was es mit diesem Gespenst auf sich habe...

Wer von uns nimmt sich noch die Zeit, wer von uns trägt so viel Leben in die Schule,
daß die Kinder eingesponnen werden in eine schrecklich-schöne Traumwelt wie Michael
Endes "Unendliche Geschichte", daß sie gebannt und atemlos die "Brüder Löwenherz"
(Astrid Lindgren) in ihrem Kampf gegen das Böse begleiten, daß ihnen Mund und Ohren
offen stehen vor Staunen über merkwürdige Abenteuer, die "Jim Knopf und Lukas, der
Lokomotivführer" erleben,oder daß sie sich aufrichten an der Überlegenheit einer
"Pippi Langstrumpf", über deren Albernheit sie sich aber auch köstlich amüsieren
können? Die meisten von uns sind Lehrer - keine Erzähler.

Und die Kinder leiden unter der Kluft zwischen ihrer geringen Lese-/Schreibfähigkeit
einerseits, der Vielfalt ihrer Gedanken und Gefühle, ihrer Erfahrungen und ihrer Neugier andererseits.

Die Gulli-Materialien sind ein Versuch, diese Diskrepanz zu überwinden. Sie wollen
zugleich eine Brücke schlagen vom Anfangsunterricht zum selbständigen Schreiben und
Lesen. Eine Serie von Vorlese- und Erzählgeschichten spinnen eine facettenreiche Le-
bens- und Traumwelt. Kleine Texte und Aufgaben im Arbeitsheft, im Schreibheft und
Lesebuch eröffnen den Kindern vielfältige Möglichkeiten, sich diese Erzählwelt anzueignen, eigene Vorstellungen und Bedürfnisse hineinzuprojizieren - und nebenher lesen, schreiben und rechtschreiben zu lernen.

Die Kinder lernen gemeinsam Ingo, Gulli, Herrn Weiße, Ahmet, Nele und die anderen Figuren kennen, in deren Erfahrungen und Wünsche sich ihr eigenes Leben spiegelt. Lesen
und Schreiben sind notwendige und selbstverständliche Hilfen, um in diese Welt hin-
einzufinden, selbst etwas zu tun und Erfahrungen auszutauschen.

Literatur - nicht zerstückelt in Klassikerpröbchen und nicht nur Stoff für das Üben
von Fertigkeiten, sondern aktiv erkundet, auf die eigenen Erfahrungen hin gedeutet.

Die Gulli-Hefte sind **eine** Möglichkeit, sozusagen ein methodisches Muster dafür, wie
wie sich der Anfangsunterricht von Lehrgangs- und Fächergrenzen befreien, wie er die
Kinder aktivieren kann. Wer einmal mit der Stütze dieser sorgfältig vorbereiteten Ma-
terialien gearbeitet hat, spinnt sich beim nächsten Mal mit den Kindern eine eigene
Welt zusammen und läßt sich auf das Abenteuer einer offenen Geschichte ein, deren
Entwicklung die Kinder mitbestimmen: "Liebes Gespenst - Wir woln Dich sehen. Om 10
Uhr im Klassenraum. Marco." (G. SPITTA 1984)

TEXT-GEBRAUCH: Bücher als selbstverständlichen Teil von Arbeit und Freizeit erleben,
W
gerne mit ihnen umgehen und ihren Informationswert nutzen können.

*8.2; 8.4; 8.8   KWS, Kap.27 und "Endstation Anfang"

R.BECK (1981), W.FÄHRMANN (1981); R.BAMBERGER (1981; 1984); M.BERGK (1983e)

"Heute nachmittag bin ich um 4 h in der Leihbücherei. Wer von euch Lust hat, kann
auch hinkommen. Ich helfe euch, den Leserausweis auszufüllen, und dann könnt ihr Bücher ausleihen und nachhause mitnehmen. Vielleicht bekommen wir auch eine 'Bücher-
kiste' für unsere Klasse, die wir gemeinsam aussuchen."

Vorher noch ein kurzes Telefongespräch mit der Bibliothekarin, und der Zutritt zum
Reich der Bücher ist offen - für viele eine neue Welt.

Die offen zugängliche Klassen-Bücherei ist ein wichtiger Anreiz zum Anschauen und Lesen von Büchern (*8.4), "vertonte Bücher" und das Vorlesen aus einer Fortsetzungsge-
schichte können die anfangs unzureichende Lesefertigkeit kompensieren (*8.2). Aber
was tut sich zuhause? Oft spielen Bücher dort gar keine Rolle, und der Weg zur Leihbücherei ist unbekannt.

Da muß die Schule einspringen. Lesewettbewerbe, eine Projektwoche "Lesen macht Laune", die Einrichtung einer kleinen Schulbibliothek sind wichtige Impulse (FÄHRMANN
1981; BECK 1981).

Aber werden die Bücher auch gelesen? Richard BAMBERGER fordert, durch gemeinsamen Umgang mit Büchern allmählich eine Lese-Haltung zu entwickeln, damit die frisch geweck-
te Leselust nicht in kurzem Durchblättern ("och - keine Bilder!?") versickert. Seine
methodischen Faustregeln:

(1) Neugier wecken

Um den Kindern eine Vorstellung vom Inhalt zu vermitteln, erzählen wir ihnen den Anfang der Geschichte in eigenen Worten. So lernen sie die Hauptfiguren und den Stoff
kennen. Die anschließenden 3-5 Seiten lesen wir vor, so daß die Kinder in den Stil
des Buches und die Handlung hineinfinden. Die meisten bekommen dadurch Lust, selbst
ein paar Seiten zu lesen. In den letzten 5-10 Minuten der Stunde können Vermutungen
darüber ausgetauscht werden, wie es wohl weitergeht. Das steigert die Spannung und
konkretisiert die Erwartung für das Weiterlesen.

(2) Zeit zum Lesen

Fünf bis zehn Tage reichen selbst langsamen Lesern, um ein Buch ihrer Altersstufe in
Ruhe durchzulesen. Ein Wochenende dazwischen ist günstig, zwei sind meist zu viel,
um die Geschichte für das gemeinsame Gespräch noch parat zu halten.

(3) Austausch der Erfahrungen

"Was hat euch Spaß gemacht?" - "Welche Stellen fandet ihr besonders spannend?" - Was
hat euch nicht gefallen?" : Solche offenen Fragen sollen die Kinder animieren, ihre
Eindrücke loszuwerden und über das zu sprechen, was die Geschichte bei ihnen ausge-
löst hat. Es geht nicht um literarische Ansprüche oder eine verbindliche Interpretation: Das Buch ist Anlaß, über sich selbst zu sprechen, die eigenen Erfahrungen aber
auch mit anderen zu vergleichen und sie einzuordnen.

Eine Geschichte weiterdichten, sie in ein Spiel umsetzen, den Text illustrieren oder
eine Leseempfehlung für andere Kinder schreiben - es gibt viele Aktivitäten, in denen
sich Leseerfahrung ausdrücken und fortsetzen kann (vgl. die Vorschläge von Marion
BERGK 1983).

5.   WIE LANG IST DER SCHWANZ DES PUMA?
    STATT EINER ZUSAMMENFASSUNG: ACHT KRITISCHE EINSICHTEN
    IN DEN AUFBAU DES ALPHABETISCHEN SCHRIFTSYSTEMS
    ANHAND EINES SELBSTERFAHRUNGSTESTS*

Welche/r schriftkundige Erwachsene kann wirklich nachvollziehen, was für
Schwierigkeiten es macht, den Aufbau unserer Schrift zu begreifen und
ihre Elemente sicher zu handhaben? Welche Denkleistungen der Schrifterwerb Kindern abverlangt, wird uns noch am ehesten in der Konfrontation
mit einem fremden Schriftsystem bewußt.

Beim folgenden kleinen Gedankenexperiment bitte ich Sie: Lassen Sie sich
auf die Anfängerrolle ein, beobachten Sie Ihre Gefühle und halten Sie
Ihre Denkversuche für die anschließende Analyse fest. Von welchen Hypothesen über die Bedeutung der einzelnen Zeichen und über die Logik des
Systems sind Sie ausgegangen? Welche Merkmale der Schriftzeichen haben
Sie veranlaßt, eine bestimmte Annahme/Strategie auszuprobieren - oder
zu verwerfen?
Doch nun zu meiner Aufgabe: Rüdiger Söhnen arbeitet am Landgericht in
Konstanz. In seiner Freizeit berät er Asylbewerber für "amnesty international". Unlängst betreute er eine Gruppe von Flüchtlingen aus dem indi-
schen Hochland. Sie verständigten sich untereinander in einer dem Hindi
verwandten Sprache. Die Außenkontakte liefen über einen alten Mann. Ihm
schien es Spaß zu machen, wenn Rüdiger ihm einige deutsche Wörter durch
langsames Vorsprechen und mit Hilfe von Gesten, Mimik, Bildern beizu-
bringen versuchte. Der alte Mann notierte sich alle Wörter sorgfältig
in einem kleinen Heft. So konnte Rüdiger beobachten, wie der Alte für
"Boot" [Zeichen] notierte und für "Tod" [Zeichen]. An anderer Stelle fand er
für die (in dieser Reihenfolge diktierten) Wörter "Dogge", "Puma", "Banane" folgende Eintragung:

[Zeichenreihe]

Erste Aufgabe: Schreiben Sie in der fremden Schrift je dreimal "Boot"
und dann "Tod" von der Vorlage ab; danach beides noch einmal ohne Vorlage.
Zweitens: Wie würde der Alte wohl schreiben für "Beet", für "Bett" und
für "Tomate"?
Drittens: [Zeichen]   [Zeichen] [Zeichen] Was könnten wohl diese Zeichen in
seinen Notizen bedeuten?
Zusammengefaßt: Aus welchen Elementen besteht die Schrift des Alten, und
nach welchen Prinzipien werden sie verbunden?

----
* Eine ausführlicher kommentierte Vorfassung dieser Aufgabe erschien in HORN/PAUKENS: Al-
phabetisierung - Schriftsprache - Medien. Hueber: München 1985, S. 20 - 28.

Auch wenn Ihr Kopf raucht und die Aufgabe starke Unlustgefühle auslöst:
Geben Sie nicht gleich auf. Vielleicht besänftigt es Ihren Zorn etwas,
daß ich vor einiger Zeit selbst Opfer eines ähnlichen Tests geworden
bin. Annelies HEINISCH hat ihn auf einer Tagung der Deutschen Gesell-
schaft für Lesen und Schreiben (DGLS) mit erfahrenen Lese- und Schreib-
didaktikern durchgeführt, und viele von uns haben am eigenen Leib dieselben Gefühle erlebt: Ohnmacht; das Bedürfnis, sich der Aufgabe zu ent-
ziehen; Verwirrung, ja Angst, wenn wieder ein Lösungsversuch scheitert.
In der Aus- und Fortbildung habe ich dann bei vielen Wiederholungen des
kleinen Experiments bestätigt gefunden, wie wichtig diese sinnlichen Erfahrungen (statt des "Wissens" darüber) sind: etwas nicht zu können;
durch Fehler Zeit zu verlieren, in der wachsenden Verwirrung ziellos
herumzuprobieren; mit Selbstzweifeln aufzugeben. Ihnen ist immerhin er-
spart geblieben, im Augenwinkel mitzubekommen, daß der Nachbar schon
weiter ist; ständig aus dem Nachdenken gerissen zu werden, wenn die Lehrerin Anweisungen oder Hilfen gibt; vor der Gruppe an der Tafel zu stehen und die Zeichen für "Boot" nicht mehr zusammenzubekommen.

Die Verwechslung ähnlicher Zeichen, die Auslassung oder blinden Versuche, irgendetwas zu Papier zu bringen ("eben hab ich's doch noch ge-
wußt!"), gleichen so auffallend dem Verhalten sog. "Legastheniker" und
anderer, die Schwierigkeiten beim Lesen und Schreiben(-lernen) haben,
daß ich sehr vorsichtig geworden bin, was die Deutung und Einschätzung
von Fehlern betrifft - oder gar die Zuschreibung von Ursachen. Orientie-
rungslosigkeit, Angst, Konkurrenzdruck, Mißerfolg sind nicht nur Begleit-
erscheinungen der Begegnung mit einem fremden Zeichensystem. Sie beein-
trächtigen auch durchaus vorhandene Fähigkeiten, es zu begreifen. Auf
diese Weise kann sich ein Teufelskreis entwickeln, aus dem Kind und Leh-
rer/in nicht mehr herausfinden (Vgl. die Analysen und Hilfen von BETZ/
BREUNINGER 1982).

Diese Schwierigkeiten zu verstehen und mehr Verständnis für die Lese-
und Schreibversuche der Kinder zu zeigen, ist aber nur der erste Schritt.
Wie können wir ihnen den Zugang zur Schrift(sprache) inhaltlich erleichtern? - Zunächst einmal müssen wir uns klarmachen, in welchen Eigenhei-
ten und technischen Details unserer alphabetischen Schrift der gedankliche Teufel sitzt. Anhand unseres Selbsterfahrungstests will ich acht
solcher "kritischen Punkte" darstellen, die die Kinder sozusagen "knak-
ken" müssen, um sich innerhalb des so gewonnenen gedanklichen Rahmens
spezifische Fertigkeiten und Kenntnisse des Lesens bzw. Schreibens an-
eignen zu können.

(1) Schrift ist nicht bloß graphischer Schmuck oder gar ein beliebiges "Spuren"-Machen, sondern sie ist Zeichen für etwas.

Konkret: Schrift kann dienen zur Kennzeichnung von Gegenständen usw. (Etiketten, Schilder); zur Klärung eigener Gedanken und Erfahrungen (Entwürfe, Übersichten); zu ihrer Aufbewahrung für später (Notizen, Tagebücher); zu ihrer Mitteilung an andere (Briefe, Zeitungen, Bücher). Erst diese Einsicht in die soziale und geistige Funktion von Schriftsprache und ihre verschiedenen Verwendungsformen vermittelt ein Vorverständnis und die Motivation, sich mit den technischen Aspekten der Schrift auseinanderzusetzen. Auch ohne konkrete Inhalte lesen und schreiben zu können, begreifen Kinder etwas von dieser Bedeutung der Schrift, wenn Erwachsene ihr eigenes Alltagsverhalten kommentieren: beim Schreiben des Einkaufszettels, bei der Suche der Zuckerpackung im Supermarkt, bei der Wahl der Straßenbahnlinie; oder in der Schule: beim Anschreiben des Tagesplans; beim Vorschreiben eines Elternbriefes an der Tafel, den die Kinder abmalen; beim Nachschlagen in einem Sachbuch; beim Suchen von CHRISTAs Heft.

Bei unserer Aufgabe war vorgegeben, daß die Zeichen Bedeutung tragen. Aber bei der Betrachtung von Knotenschnüren oder Ornamenten auf antiken Weinkrügen läßt sich in etwa nachvollziehen, wie unsicher der "Zeichen"-wert unbekannter Muster sein kann. Ein Beispiel dafür ist die unter Kindern noch zu Schulanfang häufige Vermischung der Begriffe "Zahl" und "Buchstabe".

(2) Kinder müssen begreifen, daß Schrift nicht äußerliche, sinnlich wahrnehmbare Eigenschaften von Gegenständen oder Handlungen abbildet, sondern Hinweise auf den Klang von Wörtern bzw. eine Anweisung für ihre Aussprache gibt.

Vor dieser Entscheidung standen auch Sie vor unserer Aufgabe: Handelt es sich um eine Begriffsschrift, in der jedes Wort ein eigenes Zeichen hat, oder gar um eine stilisierte Bilderschrift, in der graphische Ähnlichkeiten auf eine Bedeutungsverwandtschaft hinweisen? Dann müßten z.B. "Dogge" und "Puma" als Tiere durch ähnliche Zeichen dargestellt sein (und deutlich anders als "Banane"). Eine andere Hypothese wäre, daß die Zeichen Begriffselemente bezeichnen wie die ägyptischen Hieroglyphen. So könnte sich "Dogge" aus "Hund" und "gelb" und "groß" zusammensetzen. An unser Alphabet gewöhnt haben Sie vermutlich gleich nach einem Lautbezug gesucht. Das aber ist nicht selbstverständlich. So hat es durchaus seine eigene Logik, wenn Kinder Schriftzeichen gegenständlich-analog verwenden (s. Kap. 1 und 2.2.1), z.B. viele Buchstaben für einen großen oder für einen wichtigen Menschen. Im Unterricht Wörter nach Schreibweise und Klang zu gruppieren kann Kindern bewußt machen, daß es nicht die Bedeutung ist, die sich in ähnlicher Schreibweise niederschlägt (s. aber unten 8).

(3) **Die Kinder müssen als nächstes herausfinden, welche Einheiten der Schrift mit welchen Einheiten der Sprache korrespondieren, d.h. auf welche Teile der gesprochenen Sprache sich die einzelnen Schriftzeichen beziehen.**
Wir nehmen den Phonembezug unseres Alphabets als fast naturgegeben. Das war auch ein Knackpunkt in der Testaufgabe. Der Lautstrom ist ja kontinuierlich, und ein Schriftzeichen oder eine Zeichengruppe könnte für eine ganze Aussage, für ein Wort, für eine Silbe oder für einen willkürlich bestimmten Lautaspekt stehen. In unserem Beispiel handelt es sich um eine Silbenschrift, die nur die Konsonanten differenziert erfaßt. In mittelalterlichen Schriften ebenso wie bei den Vorschulkindern finden wir Sätze ohne Wortunterteilung. Andere Kinder schreiben phasenweise nur Anfangsbuchstaben zur Kennzeichnung des ganzen Wortes ("M" für MAMI); oder sie repräsentieren nur die Konsonanten ("MM" für MAMI), wieder andere nur die Vokale ("AI" für MAMI).

Ich sehe darin kein Wahrnehmungsproblem oder gar eine Schwäche der auditiven Wahrnehmung, sondern einen Denkversuch, mit dem das Kind erste Einsichten in den Lautbezug der Schrift zu systematisieren versucht. Erschwert werden diese Ordnungsversuche durch die vokalisch an- oder ausklingenden Konsonanten-Namen ("SO" für ESSO; "SN" für ESSEN sind die Folge), durch mehrgliedrige Schriftzeichen, die für nur einen Laut stehen ("sch", "ck", "ie" usw.) und durch die oft beklagte Mehrdeutigkeit einzelner Schriftzeichen (mit dem letzten Problem habe ich Sie in dem Test ganz verschont!).

Schon die sehr vereinfachte Schrift unserer Aufgabe macht deutlich, welche Denkleistungen notwendig sind, um aus einzelnen Beispielen die uns natürlich erscheinenden Grundmuster zu abstrahieren. Zugleich werden Sie bei Ihren Lösungsversuchen bemerkt haben, wie stark Sie auf Hypothesen angewiesen waren, die Sie aus Ihrer persönlichen Erfahrung mit Symbolen gewonnen haben.

(4) **Kinder müssen erkennen, daß die Raumlage, daß die Reihenfolge und die Richtung der Buchstaben(folge) bedeutungsvoll sind.**

Europäer sind daran gewöhnt, von links nach rechts zu schreiben und zu lesen. Entsprechende Schwierigkeiten hatten Sie mit der Aufgabe. Was für uns selbstverständlich ist, stellen Beispiele aus anderen Kulturen in Frage (z.B. das Hebräische). Aber auch Kinder machen die Erfahrung, daß Apfel, Kirsche und Birne "Obst" bleiben, gleich welche Frucht links oder rechts liegt. Bei Zahlen lernen sie, daß die Sprechfolge in einer noch komplizierteren Beziehung zur Zeichenfolge steht: 123 = "einhundert-drei-und-zwanzig". Schreibweisen wie LLIWILL und INNEB sollten da nicht verwundern (vgl. Kap. 2.1.3). Die Kinder haben sogar mühsam lernen müssen, daß Objekte gleich bleiben, wenn sie im Raum gedreht werden (vgl. dagegen aber d/b/p/q, n/u, oder W/M), wenn sie größer oder kleiner werden (vgl. dagegen w/W oder p/P).

Vielleicht haben auch Sie überlegt, ob Sie die Links- und Rechtsschleife in der Aufgabe gleich behandeln sollen. Möglicherweise haben Sie aber ohne viel Nachdenken Ihrer Gewöhnung an das Alphabet vertraut - so wie umgekehrt die Kinder ihrer Alltagserfahrung vertrauen. Erst wenn die Kinder an Beispielen, d.h. an Verwechslungsmöglichkeiten begreifen, welche Folgen diese Unterschiede haben, macht es Sinn, diese Konvention durch Übung zu automatisieren (vgl. *3.5).

(5) Kinder müssen erkennen, welche Lautmerkmale bzw. -unterschiede überhaupt wesentlich sind für die Schrift und welche anderen Unterschiede sogar bewußt zu vernachlässigen sind.
"Ich" und "ach" klingen im Auslaut ganz anders, trotzdem benutzen wir dasselbe Zeichen. Auch der Unterschied zwischen Rachen-R und Zungen-r ist im Deutschen nicht bedeutungsunterscheidend; ebenso würden wir ein /th/ als gelispeltes /s/ "wahrnehmen", während Angelsachsen "to sing" und "the thing" damit unterscheiden. Andererseits legen wir auf den Unterschied "stimmhaft/stimmlos" großen Wert (vgl. b/p, g/k usw.) - und diese wiederum nur scheinbare Selbstverständlichkeit hat Ihnen vermutlich bei der Aufgabe einige Schwierigkeiten gemacht.

Bei den Vokalen bezeichnen wir Qualitäten sehr deutlich, während konsonantische Schriften sie vernachlässigen. Während wir aber die Länge recht unregelmäßig bezeichnen, ist dies ein zentrales Merkmal der Silbenschrift in unserer Aufgabe. Der Versuch zu kären, ob PUMA im Auslaut lang oder kurz klingt, hat Ihnen vielleicht deutlich gemacht, in wie hohem Maße wir auf unsere Schreibgewohnheiten angewiesen sind, um richtig zu hören. So läßt sich lange streiten, ob die letzten Zeichen des Alten "Kino", "Kanu" oder "Gene" bedeuten können oder nicht, je nach unserer Einschätzung der Vokallänge im Auslaut.

Wir zwingen die Kinder, ihr Schreibsystem in einer Art Treibsand zu verankern, wenn wir bestimmte Schreibweisen sozusagen als logische Folge akustischer Unterschiede einführen.

(6) Die Kinder müssen lernen, daß die Beziehung zwischen Schriftzeichen und Laut willkürlich ist.

Aus der Formähnlichkeit von Buchstaben läßt sich nicht auf Klangähnlichkeit von Lauten schließen. Für Buchstaben gilt: Wenn man beim Besen die Bürste wegradiert, wird ein Stock daraus - wie im Alltag. Wenn man aber beim großen E einen Strich wegradiert, wird nur in der Schrift ein grosses F daraus - lautlich kann man kein /f/ erzeugen, indem man beim /e/-Laut etwas "wegläßt". Kinder aber suchen nach solcher Logik - selbst wenn wir versuchen, durch Drill ihre individuellen Ordnungsversuche zu überrumpeln.

(7) Die Kinder müssen aus konkreten Schriftbeispielen abstrahieren, welche graphischen Unterschiede die Identität einzelner Zeichen bestimmen und welche unwesentlich sind.

Der Versuch, die Wörter "Tod" und "Boot" abzumalen, macht auch Schriftkundigen deutlich, daß es selbst beim Abschreiben nicht um ein bloß motorisches Vervielfältigen visuell gewonnener Kopien geht, sondern um gedankliche Entscheidungen über die Bedeutsamkeit von Details. Die Dicke des Strichs ist in unserer Schrift gleichgültig, in anderen aber nicht. Meine bewußt schlampig geschriebenen "KARO"-Zeichen haben Sie vielleicht auch überlegen lassen, ob es sich um Varianten desselben Zeichens handelt oder um verschiedene Zeichen. Die Unterschleife macht in unserem Alphabet aus dem "O" ein"Q"; eine gleich große Schleife oben rechts ändert die Identität des "O" dagegen nicht. Dasselbe Problem stellt sich bei dem oberen Verbindungsstrich der Zeichenfolge für "Boot" oder für "Tod": Ist der linke Aufschwung wichtig oder nicht? Rein visuell kann man das nicht entscheiden - man muß das System begriffen haben.

(8) Die Kinder müssen schließlich lernen, daß selbst die Beziehung zwischen abstrahiertem Sprachlaut und idealisiertem Schriftzeichen nicht eindeutig ist.

Denn das Lautprinzip unserer Schrift wird überlagert von graphischen Markierungen, z.B. der Wortverwandtschaft (WALD/WÄLDER), die die Sinnentnahme erleichtern sollen. So muß das Kind die gerade mühsam erworbene Unterscheidung "stimmhaft/stimmlos" wieder über den Haufen werfen, weil sie im Auslaut nicht bezeichnet wird. Manche Kinder ziehen daraus den Schluß, daß ihre vorhergehenden Ordnungsversuche falsch waren und werden unsicher - womit wir wieder am Anfang unseres kleinen Tests sind...

LITERATUR

Mit einem * haben wir diejenigen Titel markiert, die unmittelbar verwendbare methodische Ideen und ausgearbeitete Vorschläge für den Unterricht enthalten. Das Zeichen ** macht auf Veröffentlichungen aufmerksam, die als Erfahrungsbericht oder Ideensammlung eine "Fundgrube" für den Unterricht nach den hier vorgeschlagenen Prinzipien bieten.

* ADER, D. (1973): Zeichen in unserer Umgebung. In: Praxis Deutsch, Nr. 1, 37 f.

ANDRESEN, H./GIESE, H.W. (Hrsg.) (1983): recht schreiben lernen. Osnabrücker Beiträge zur Sprachtheorie: Beiheft 7.

ANGERMAIER, M. (Hrsg.) (1976): Legasthenie. Fischer Taschenbuch 6306: Frankfurt.

*Arbeitsgruppe Leseförderung (1978): Taktiken des Lesens. In: Grundschule, 10. Jg., 7/1978, 299-303.

* BALHORN, H. u.a. (1980): Wortlisten-Trainingsprogramm wlt 1-2 bis 5-6. Pädagogische Medien: Hamburg.

* BAMBERGER, R. (1981): Zum Lesen verlocken. In: RITZ-FRÖHLICH (1981, 92-98).

*-(1984): "Zum Lesen verlocken". In IRA/D-Beiträge, 6.Jg., H.2; 28-37.

BARTNITZKY, H./ CHRISTIANI, R. (Hrsg.) (1981): Handbuch der Grundschulpraxis und Grundschuldidaktik. Kohlhammer: Stuttgart.

-(1983): Grundwortschätze. Materialband. Cornelsen-Velhagen & Klasing: Berlin.

BAUERSFELD, H. (1982): Interpretationen einer Unterrichtstunde. In: FISCHER (1982, 117-121).

-(1983): Fallstudien und ihre Theorieprobleme, diskutiert an Beispielen aus der Mathematikdidaktik. In: FISCHER (1983, 23-36).

*BECK, R. (1981): Unsere Bücherei. In: RITZ-FRÖHLICH (1981, 99-103).

BECKER, G. (1983): Schulanfang. Aus Kindern werden Schüler. In: spielen und lernen, 8/1983, 9f.

*BEIER, H. (1984): Eigenfibel. Schule Lessingstraße, Bremen. Unveröffentlichtes Material.

BELL, S. (1981): Krogufant. Ars edition: München.

*BENNER, D./ RAMSEGER, J. (1981): Wenn die Schule sich öffnet. Juventa: München.

BERGK, M. (1980): Leselernprozeß und Erstlesewerke. Kamp: Bochum.

*-(1982): Hilfen zur Selbsthilfe. In: IRA/D-Beiträge, 5.Jg., H. 2, 56-64.

-(1983a): Psychologie des handelnden und entdeckenden Leselernens. In: Grundschule, 15.Jg.,2/1983, 56-58.

*-(1983b): Rechtschreibfälle als Rechtschreibfalle und mögliche Auswege. In: ANDRESEN/GIESE (1983, 95-121) .

*-(1983c): Selbsterfahrung im darstellenden Spiel. In: Grundschule, 15.Jg., 9/1983, 36-39.

*-(1983d): Schlechtschreibung im Aufsatzunterricht und was man besser machen kann. In: ANDRESEN/GIESE (1983, 122-135).

*-(1983e): Produktive Textrezeption: Offener Leseunterricht ist lernbar. In: IRA/D-Beiträge, 6.Jg., H. 1, 30-42.

*-(1984): Rechtschreiben lernen von Anfang an. Diesterweg:Frankfurt (erscheint Frühjahr 1986).

**-/MEIERS, K.(Hrsg.) (1984): Schulanfang ohne Fibeltrott (in Vorb.).

BETTELHEIM, B./ ZELAN, K. (1982): Kinder brauchen Bücher - Lesen lernen durch Faszination. Deutsche Verlagsanstalt: Stuttgart.

BICHSEL, P. (1969): Kindergeschichten. Luchterhand: Neuwied und Berlin.

BLECHER, W. (1979): Das Affodil. Rowohlt:Reinbek.

*BÖHM, D. (1983): Aufgaben zur Überprüfung von Lerngrundlagen für den Anfangsschreibunterricht in der Schule für Lernbehinderte. In: BÖHM/KORNMANN (1983, 52-63).

BÖHM, O. (1983): Kommunikative und kreative Schreibmöglichkeiten als Hinführung zum Aufsatzunterricht bei lernschwachen Schülern. In: BÖHM/KORNMANN (1983, 64-89).

**-/KORNMANN, R. (Hrsg.) (1983): Lesen und Schreiben in der Sonderschule. Beltz: Weinheim.

BOSCH, B. (1937): Grundlagen des Erstleseunterrichts. Beiheft 76 zur Zeitschrift für angewandte Psychologie und Charakterkunde. J.A.Barth-Verlag: Leipzig. 5.Aufl. Henn: Ratingen 1961.

BRADLEY, L. (1981): The organisation of motor patterns for spelling: an effective remedial strategy for backward readers. In: Developmental Medicine and Child Neurology, Vol. 23, 2/1981, 83-91.

-(1982): An experimental evaluation of effective remedial techniques for the learning disabled. In: Thalamus, Vol. 2, 1/1982, 43-59.

-(1983): The organisation of visual, phonological, and motor strategies in learning to read and to spell. In: KIRK (1983, 235-254).

*BRAUNS, I. (1975): CVK-Schreiblehrgang. Cornelsen-Velhagen & Klasing: Berlin und Bielefeld.

Bremer Artikulationstest (BAT) (1970): Von W. NIEMEYER. Herbig-Verlag: Bremen.

*BROWARZIK, M. u.a. (1973): Wir erfinden eine Zeichensprache. In: Praxis Deutsch, Nr. 1, 39-42.

BRÜGELMANN, H. (1983a): Kinder auf dem Weg zur Schrift - Eine Fibel für Lehrer und Laien. Faude: Konstanz.

BRÜGELMANN, H. (1983b): LIES: Wortbildjäger oder Buchstabensammler? In: betrifft:erziehung, 16. Jg., 12/1983, 22-29.

-(1984a): Lesen- und Schreibenlernen als Denkentwicklung. In: Zeitschrift für Pädagogik, 30.Jg., 1/1984, 69-91.

-(1984b): Was Benjamin über Buchstaben und Zahlen denkt. In: päd.extra, 1/1984, 22-28.

BRYANT, P.E./BRADLEY, L. (1980): Why children sometimes write words which they do not read. In: FRITH (1980, 355-370).

*Bunte Fibel (1977/78): Von H. WILL-BEUERMANN u.a. Schroedel: Hannover. 2. Aufl. 1983.

CASTRUP, K.-H. (1978): Spontanschreiben zum Erwerb der Schriftsprache. In: Grundschule, 10.Jg., 10/1978, 445-448.

CLAY, M.M. (1975): What did I write? Heinemann: London u.a. 4. Auflage 1982.

-(1979): The early detection of reading difficulties. Heinemann: London u.a.

COLLINS, A./HAVILAND, S.E. (1979): Children's reading problems. Reading Educating Report No.8. Center for the Study of Reading/University of Illinois: Champaign 1979.

COULMAS, F. (1981): Über Schrift. Suhrkamp: Frankfurt.

CVK-Sprachbuch 2 (1979): Von M.DISTELBART/H.VOGEL. Cornelsen-Velhagen & Klasing: Berlin.

DAHL, J. (1966): Wörterschrank. Langewiesche-Brandt: Ebenhausen.

**DAUBLEBSKY, B. (1973): Spielen in der Schule. Klett: Stuttgart.

DEHN, M. (1983a): Schriftspracherwerb. Ein Problem nicht nur für den Anfangsunterricht. In: Diskussion Deutsch Nr.69, 1983, 3-24.

-(1983b): Vom Verschriften zum Schreiben. In: Grundschule, 15.Jg., 7/1983, 28-31.

-(1984a): Lernschwierigkeiten beim Spracherwerb. In: Zeitschrift für Pädagogik, 30.Jg., 1/1984, 93-114.

-(1984b): Wie Kinder Schriftsprache erlernen - Ergebnisse aus einer Längsschnittuntersuchung. In: NAEGELE/ VALTIN (1984, 28-37).

*-/CASTRUP, K.-H. (1982): Vorbereitende und begleitende Übungen und Projekte. In: Grundschule, 14.Jg., 9/1982, 422-425.

DONALDSON, M. (1982): Wie Kinder denken. Huber: Bern u.a.

DOWNING, J. (1979): Reading and Reasoning. Chambers: Edinburgh.

DOWNING, J./OLIVER, P. (1981): Die kindliche Vorstellung von "einem Wort". IRA/D-Beiträge, 4.Jg., H.1,2- 13.

*DUDECK, I./GERLACH, G. (1974): Erstleselehrgang. Lernsequenzen bezogen auf den 'Leselehrgang des Pädagogischen Zentrums'. Senator für Bildung: Bremen.

*DUMMER, L./Hackethal, L. (1984): Kieler Leseaufbau. Veris-Verlag: Kiel.

- (Hrsg.) (1985): Legasthenie. B.V. Legasthenie: Hannover

EARLE, R.A. (Hrsg.) (1977): classroom practice in reading. International Reading Association: Newark/ DELAWARE.

EICHLER, W. (1976): Zur linguistischen Fehleranalyse von Spontanschreibungen bei Vor- und Grundschulkindern. In: HOFER (1976, 246-264).

-(1984): Zu linguistischen und psycholinguistischen Grundlagen des Rechtschreibens und Schrifterwerbs. In: NAEGELE/VALTIN (1984, 18-22).

*ENDERLE, W. (1982): OKAPI-Fibel. C.A.M. Enderle: Freiburg.

*FACKELMANN, J. (1975): Hören und Üben. R.Oldenburg Verlag: München.

*FÄHRMANN, W. (1981): Lesen macht Laune. In: RITZ-FRÖHLICH (1981, 103-111).

*FERGUSON, N. (1977): Bilderschriften und Leselernvoraussetzungen. In: SPITTA (1977, 92-101).

FERREIRO, E./TEBEROSKY, A. (1979): El sistema de la escritura en el desarollo del nino. Mexiko city: Siglo XXI.- Englische Übersetzung: Literacy before schooling. Heinemann:London 1983.

*FINKBEINER, S. (1979): Minifatz - morfeme im deutschunterricht. Minifatz-Lehrmittel: Baiersbronn.

*FISCHER, D. (1977): Vergegenständlichung der Sprache. In: Grundschule, 9.Jg., 6/1977, 286-288.

-(1978a): Evaluation des CELE-Vorkurses Lesevorbereitung. Projekt EVI CIEL am Deutschen Institut für Wissenschaftliche Pädagogik: Münster.

-(1978b): Was ist Lesen? In: EVIDENT Nr. 5 (Projekt EVI CIEL am D.I.P.), 26-40.

-(Hrsg.) (1982): Fallstudien in der Pädagogik. Faude: Konstanz.

-(Hrsg.) (1983): Lernen am Fall. Faude: Konstanz.

FRANCIS, H. (1982): Learning to read. Unwin: London.

FREUD, S. (1954): Zur Psychopathologie des Alltagslebens. Fischer Taschenbuch 68: Frankfurt.

FRITH, U. (Hrsg.) (1980): Cognitive processes in spelling. Academic Press: London u.a.

**GAHAGAN, D. und G. (1971): Kompensatorische Spracherziehung in der Vor- und Grundschule. Schwann: Düsseldorf.

**GEMMINGEN, G.v. (1979): Unterrichtsmodelle für das zweite Schuljahr. Klett; Stuttgart.

GENTRY, J.R. (1982): An analysis of developmental spelling in GNYS AT WRK. In: The Reading Teacher, Vol. 36, 2/1982, 192-200.

GIBSON, E.J./LEVIN, H. (1980): Die Psychologie des Lesens. Klett-Cotta: Stuttgart.

*GIESE, H.W. (1983): Schriftspracherwerb und Schreibenlernen. In: SCHORCH (1983, 16-32).

*-(1984): Handlungstheoretisch orientierte Anfänge des Schriftspracherwerbs - Schriftsprache als Untersuchungsgegenstand für Schüler. In: BERGK/MEIERS (1984 in Vorb.).

GLASER, H. (1973): Weshalb heißt das Bett nicht Bild? Hanser: München.

*GRABOLLE, A. (1983): Bilderbücher im ersten Schuljahr. In: Grundschule, 15.Jg., 7/1983, 22-27.

GRALL-MOOS, D. (1983): Legasthenie und Schreibmaschine. In: Bayreuther Blätter (Archiv für Stenographie, Maschinenschreiben, Bürotechnik), 3/1983, 7-9.

*GRAMLICH, B./MENZEL, W. (1973): Zeichen in Comics. In: Praxis Deutsch, Nr.1, 1973, 43-46.
GRAVES, D.H. (1983): Writing - teachers and children at work.Heinemann:London;zsgef. in: BRÜGELMANN u.a.(1986)
GREENFIELD, A. (1977): The natural cluster method. In: EARLE (1977), 69-80).
**GREILING, G. (1984): Erfahrungsbericht aus der offenen Schule Gievenbeck (Arbeitstitel). Ms. für BERGK/
    MEIERS (1984, in Vorb.).
GRIMM, H./SCHÖLER, H. (1978): Heidelberger Sprachentwicklungstests. Handanweisungen. Westermann/Hogrefe:
    Braunschweig/Göttingen
*GÜMBEL, R. (1977): Meine eigenen Wörter. Zur Entwicklung offener Curricula im Erstleseunterricht. In:
    Grundschule, 9.Jg., 6/1977, 268-273.
GÜNNEWIG, H. (1981): Lesenlehren - Lesenlernen. Kohlhammer: Stuttgart.
GUTEZEIT, G./PONGRATZ, E. (1975): Erfolgskontrolle eines tachistoskopischen Trainings mit legasthenischen
    Kindern aus 3. Klassen. In: Praxis der Kinderpsychologie und Kinderpsychiatrie, 24. Jg., 1/1975, 44-51.
*HEGELIN, R./BRÜGELMANN, H./BRINKMANN, E. (1984): Schrifterwerb durch Spracherfahrung. In: Ehrenwirth
    Grundschulmagazin, 11.Jg., 8/1984 (im Druck).
HEINISCH, A./HELLER, D. (1983): Ein Beitrag zur Phänomenanalyse des Lesens. In: IRA/D-Beiträge, 6.Jg.,
    1/1983, 8-22.
HENDERSON, E.H./BIERS, J.W. (Hrsg.) (1980): Developmental and cognitive aspects of learning to spell. In-
    ternational Reading Association: Newark.
**HENGARTNER, E./WEINREBE, H.M.A. (1984): Spiele für die Primarstufe. Sabe: Zürich.
*HERBERT, M. (1983a): Selbsttätigkeit - Schulanfänger schreiben 'Briefe'. In: Grundschule, 15.Jg., 1/1983,
    27-30.
*-(1983b): Unser erstes eigenes Bilderbuch. In: Grundschule, 15.Jg., 7/1983, 19-21.
**HERBERT, M./MEIERS, K. (1980): Leben und Lernen im ersten Schuljahr. Klett: Stuttgart.
**HEYER, D. (1973): Vorkurs zum Lesenlernen. Pädagogisches Zentrum: Berlin.
HOFER, A. (Hrsg.): Lesenlernen - Theorie und Unterricht. Schwann: Düsseldorf.
HOLT, J. (1971): Wie Kinder lernen. Beltz: Weinheim.
JEFREE, D./SKEFFINGTON, M. (1980): Let me read. Souvenir Press: London
*KASTEL, I. (1982): Mit den Kindern lernen. In: Grundschule, 14.Jg., 9/1982, 449f.
KAUT, E. (1980): Hallo, hier Pumuckl. Otto Maier:Ravensburg.
*Kempowski - der Schulmeister. Von M.NEUMANN/L.LORISCH. Westermann: Braunschweig.
KIRK, U. (Hrsg.) (1983): Neuropsychology of of language, reading, and spelling. Academic Press: New York.
KOCHAN, B. (1981): Rechtschreiben. In: BARTNITZKY/CHRISTIANI (1981, 155-166).
*KÖNIG, M./WINTER, G. (1981): Unser Tierlexikon. Unterrichtsbeispiele für informatives Lesen. In: RITZ-
    FRÖHLICH (1981, 132-140).
KOHRT, M. (1983): Wie Heike 'Heike' schreibt. In: ANDRESEN/GIESE (1983, 11-40).
**Kombi-Fibel - Vorkurs (1978): Von H.GÜNNEWIG/G.SPITTA u.a. Westermann: Braunschweig.
KOSSOW, H.-J. (1973): Zur Therapie der Lese-Rechtschreibschwäche. VEB Deutscher Verlag der Wissenschaften:
    Berlin (DDR). 4.Aufl. 1976.
*KRAUTTER, W., u.a. (1978): eins, zwei, drei - wir lesen. Schroedel: Hannover.
*KRUEGER, E. (1978): Spielschrift. Ein Vorkurs zum Schreiben- und Lesenlernen. Beltz: Weinheim.
KRUSE, M./KNEEPKENS, H. (1982): Was die Buchstaben erzählen. Mein ABC in Bildern und Geschichten. Otto
    Maier: Ravensburg.
LAVINE, L.O. (1972): The development of perception of writing in pre-reading children: a cross-cultural
    study. Ph.D. dissertation: Dept. of Human Development/Cornell University.
*Leseanfang - Schreibanfang (1979): Von K.-H.CASTRUP/M.DEHN. u.a. Hirschgraben: Frankfurt.
*lesen - lesen - lesen (1983): Von S.BUCK u.a. Diesterweg: Frankfurt.
*LICHTENSTEIN-ROTHER, I./RÖBE, E. u.a. (1983): Lesen lernen - schreiben lernen. Lehrerbegleitheft zu 'Der
    Lesebaum' und 'Der ABC-Baum'. List: München.
LIONNI, Leo (1972): Frederick. Middelhauve: Köln.
LOCKOWANDT, O. (1982): Erstschreibunterricht und persönliche Handschrift. In: Zeitschrift für Menschen-
    .kunde, 36.Jg., 1/1982, 225-244.
*-/HONEGGER-KAUFMANN, A. (1981): Die Praxis des kreativen Erstschreibunterrichts. In NEUHAUS-SIEMON (1981,
    89-133).
LUNDBERG, I. (1978): Aspects of linguistic awareness related to reading. In: SINCLAIR u.a. (1978, 83-96).
-/TORNEUS, M. (1978): Nonreaders' awareness of the basic relationship between spoken and written words.
    In: Journal of Experimental Child Psychology, Vol. 25, 404-412.
-, u.a. (1980): Reading and spelling skills in the first school years predicted from phonemic awareness
    skills in kindergarten. In: Scandinavian Journal of Psychology, Vol. 21, 3/1980, 159-173.
*MANN, I. (1980): Lesen lernen ohne Angst (mit Liedern von Lisa WITTMANN). Päd.extra Buchverlag: Bensheim.
-(1981): Aus der Behinderung ins Leben. Rororo Elternrat 7433: Reinbek.
MASON, J.M. (1980a): When do children begin to read: an exploration of four year old children's letter and
    word reading competencies. In: Reading Research Quarterly, Vol.15, 2/1980, 203-227.
-(1980b): Reading ability and the encoding of item and location information. In: Journal of Experimental
    Psychology. Human Perception and Performance, Vol.6, 1980, 89-98.

-McCORMICK, C. (1979): Testing the development of reading and linguistic awareness. Technical Report No. 126. Center for the Study of Reading/University of Illinois: Champaign.

-/-(1981): An investigation of prereading instruction from a developmental perspective: foundations for literacy. Technical Report No. 224. Center for the Study of Reading/University of Illinois: Champaign.

MASS, L.N. (1982): Developing concepts of literacy in young children. In: The Reading Teacher, Vol.35, 6/1982, 670-675.

**MAUTHE-SCHONIG, D. (1979): Handbuch Schulanfang I. Beltz: Weinheim.

**-/SCHONIG, B./SPEICHERT, M. (1983): Mit Kindern lesen. Beltz praxis: Weinheim.

McCORMICK, C./MASON, J.M. (1981): What happens to kindergarten children's knowledge about reading after a summer vacation. Reading Educating Report No.21. Center for the Study od Reading/University of Illinois: Champaign.

MEIERS, K./SCHWARTZ, E. (Hrsg.) (1977): Lesenlernen - das Lesen lehren. Fibeln und Erstlesewerke. Il. Beiträge zur Reform der Grundschule Bd.30/31. Arbeitskreis Grundschule: Frankfurt.

Mein erster Brockhaus (1982). Brockhaus-Verlag: Wiesbaden.

MELNIK, A./MERITT, J. (Hrsg.) (1972): The reading curriculum. The open university: London.

MENZEL, W. (1973): Wir lesen Zeichen. In: Praxis Deutsch, Nr.1, 1973, 21-24.

*-(1974): Kreativität - oder: Nicht jedes O ist rund. In: Praxis Deutsch, Nr.5, 1974, 22-24.

*-/VIEWEG, R. (1975): Kritzelbriefe. Erste Mitteilung. In: Praxis Deutsch, Nr.9, 1975, 19-21.

*MÖHRING, A.M./HAAS, F. (Red.) (1975): Lesespiel Wohnen. Basis-Verlag: Berlin. Neu aufgelegt als Kiebitz-Poster 1-4: Berlin 1977.

MÖHRING, D. (1938): Lautbildungsschwierigkeiten im Deutschen/Die Lauttreppe. In: Zeitschrift für Kinderforschung, 47.Jg., 1938, 185-235.

**MOELLER-ANDRESEN/HAEN-SCHWARZ, S. de (1973): Das erste Schuljahr - Unterrichtsmodelle. Klett: Stuttgart.

*MONTESSORI, M. (1980): Kinder sind anders. Ullstein Taschenbuch 39002: Berlin

NAEGELE, I./VALTIN, R. (Hrsg.) (1984): Rechtschreibunterricht in den Klassen 1 - 6. Grundlagen-Erfahrungen -Materialien. Beiträge zur Reform der Grundschule Bd.56/57. Arbeitskreis Grundschule: Frankfurt.

NEUHAUS-SIEMON, E. (Hrsg.) (1981): Schreibenlernen im Anfangsunterricht der Grundschule. Scriptor: Königstein.

NEUMANN, M./LORISCH, L. (1980): Kempowski - der Schulmeister. Westermann: Braunschweig.

*OCHSNER, H. (1977): Besser lesen und schreiben. Arbeitsschachtel zu Lernstufe 1 - Laute und Sprechbewegunqen. Huesmann & Benz: Rielasingen.

PAPERT, S. (1982): Kinder, Computer und neues Lernen. Birkhäuser: Basel.

PARA(QUIN), K.-H. (1977): Geheimschriften. Maier: Ravensburg.

plauen, e.o. (1964): Vater und Sohn. Maier: Ravensburg.

*PRAHM, R. (1975): Sechs Lesespiele. Kallmeyer: Wolfenbüttel.

*Praxis Grundschrift (1977...): Beihefte zur Zeitschrift GRUNDSCHULE. Westermann: Braunschweig.

**PZ-Spielkasten (1971): ABC'Karten usw. zum Leselehrgang des Pädagogischen Zentrums Berlin. Beltz: Weinheim.

RADIGK, W. (1975): Lesenlernen unter besonderer Berücksichtigung der Arbeit mit lernbehinderten Schülern. Marhold-Verlag: Berlin.

RAMSEGER, J. (1975): Gegenschulen. Klinkhardt: Bad Heilbrunn.

*RATHENOW, P./VÖGE, J. (1982): Erkennen und Fördern von Schülern mit Lese-/Rechtschreibschwierigkeiten. Westermann: Braunschweig.

*REGELEIN, S. (1982): ...damit das Zusammenlesen besser klappt. In: Ehrenwirth Grundschulmagazin, 9.Jg. 3/1982, 9-12.

**REICHEN, J.(1982): Lesen durch Schreiben. Lehrerkommentar (Hefte 1-8). Sabe: Zürich; auch: HEINEVETTER: HAMBURG

REID, J.F. (1966/1972): Learning to think about reading. In: Educational Research, Vol. 9, 1/1966, 56-62. Auch in: MELNIK/MERRITT (1972, 203-214).

RETTICH, M. (1982): Minni-Geschichten. Otto Maier: Ravensburg.

RETTICH, R. und M. (1972): Hast Du Worte? Otto Maier: Ravensburg.

*RITTER, G. (1983): Eigene Erfahrungen - eigene Texte. In: Grundschule, 15.Jg., 9/1983, 32-35.

RITZ-FRÖHLICH, G. (Hrsg.) (1981): Lesen im 2.-4. Schuljahr. Klinkhardt: Bad Heilbrunn.

RÓBE, E. (1983): Üben - der Weg zum Können. In: Grundschule, 15.Jg., 7/1983, 36-39.

*SAUER-PHILIPPEK, M. (1984): Der Punkt und sein Alphabet (mit ABEZEH-Haftspiel). Entwurf über die Autorin, Dornstücken 9, 2000 Hamburg 52.

SCARRY, R. (1971): Mein allerschönstes Wörterbuch. Delphin: Stuttgart.

SCHEERER-NEUMANN, G. (1979b): Intervention bei Lese-Rechtschreibschwäche. Kamp: Bochum.

-(1979c): Legasthenie - Endlich Erfolg durch gezieltes Lernen. In: Bild der Wissenschaft, 16.Jg., H. 4, 144-151.

SCHMALOHR, E. (1971): Psychologie des Erstlese- und Schreibunterrichts. Reinhardt: München.

SCHMIEDER, D./RÜCKERT G. (1974): Spielen und Lernen mit Ideogrammen. In: Praxis Deutsch, Nr.5, 1974, 40f.

SCHNELLENBACH, E./BAUER, J. (1983): Geheimsprachen. Otto Maier: Ravensburg.

*SCHNURR, D. (1983): "Redaktionskonferenz - bitte nicht stören!". In: betrifft: erziehung, 16.Jg., 11/1983, 48-53.

SCHORCH, G. (Hrsg.) (1983): Schreibenlernen und Schriftspracherwerb. Klinkhardt: bad Heilbrunn.

SCHWARTZ, E. (1964): Der Leseunterricht 1: Wie Kinder lesen lernen. Westermann: Braunschweig.

**SENNLAUB, G. (Hrsg.) (1979/1984): Heimliches Hauptfach Rechtschreiben. Bagel: Düsseldorf. 2. erw. Aufl. Agentur Dieck: Heinsberg.

**-(1980): Spaß beim Schreiben oder Aufsatzerziehung. Kohlhammer: Stuttgart.

**-(1983): So wird's gemacht. Agentur Dieck: Heinsberg.

**-(1984): Feuer und Flamme. 99 Vorschläge zu Arbeitsmitteln für Freiarbeit und Wochenplan. Agentur Dieck: Heinsberg.

SINCLAIR, A./JARVELLA, R.J./LEVELT, W.J.M. (Hrsg.) (1978): The child's conception of language. Springer: New York.

-u.a.(1982): Childrens' ideas about written ideas and written numbers. Department of Psychology. Universite: Geneve.

**SPITTA, G. (1973): Erfahrungsbericht über die Arbeit mit dem Leselehrgang des Pädagogischen Zentrums Berlin. Pädagogisches Zentrum: 1000 Berlin 31, Uhlandstr. 96/97.

*-(Hrsg.) (1977): Legasthenie gibt es nicht... Was nun? Scriptor: Kronberg.

*-(1983): Zur Arbeit mit dem Grundwortschatz - Das Berliner Modell. In: BARTNITZKY/CHRISTIANI (1983, 37-56).

**-(1985): Kinder schreiben eigene Texte. Cornelsen-Velhagen & Klasing: Berlin

*STEIN, A. (1981): Das Rechtschreibspiel. Kösel: München.

*STÖVER, M. (1982): Unser Tagebuch - 'Kinder dort abholen, wo sie gerade sind'. In: Grundschule, 14.Jg., 9/1982, 451f.

TAYLOR, D. (1982): Children's social use of print. In: the Reading Teacher, Vol.36, 2/1982, 144-148.

TEMPLE, C.A./NATHAN, R.G./BURRIS, N.A. (1982): The beginning of writing. Allyn an Bacon: London.

THURNER, F. (1977): Eine Prozeßanalyse des Lesens unter Berücksichtigung einiger Lesefertigkeitstest. In: MEIERS/SCHWARTZ (1977, 310-322).

*TOPSCH, W. (1979): Lesenlernen/Erstleseunterricht. Kamp: Bochum.

*URBAN, D. (1970): Tendenz und Wirklichkeit. Neue Deutsche Schule: Essen

VALTIN, R./JUNG, U.O.H./SCHEERER-NEUMANN, G. (1981): Legasthenie in Wissenschaft und Unterricht. Wissenschaftliche Buchgemeinschaft: Darmstadt.

VESTNER, H. (1975): Lehrerhandbuch zum CVK-Lehrgang 'sprechen - schreiben - lesen'. Cornelsen-Velhagen & Klasing: Berlin.

VICKUS, M. (1981): Kritisches Lesen eines Werbetextes. In: RITZ-FRÖHLICH (1981, 140-147).

WAGNER, I. (1976): Aufmerksamkeitstraining mit impulsiven Legasthenikern. In: ANGERMAIER (1976, 184-199).

WÖLFEL, U. (1979): Das blaue Wagilö. Hoch: Berlin.

WYGOTSKI, L.S. (1977): Denken und Sprechen. Fischer Taschenbuch 6350: Frankfurt.

NACHTRAG ZUR 2. AUFLAGE 1986

*BETZ, D./BREUNINGER, H. (1982): Teufelskreis Lernstörungen. Analyse und Therapie einer schulischen Störung. Urban und Schwarzenberg: München. (zu Kap. 5)

**BRÜGELMANN u.a. (Hrsg.) (1986): ABC und Schriftsprache - Rätsel für Kinder, Lehrer und Forscher. Lesen und Schreiben 1. Faude: Konstanz. (In Vorb. für Frühjahr 86: mit vielen Beiträgen zu Kap. 1, 2 und 5).

Diskussion Deutsch, Themenheft "Schreibenlernen", 16. Jg., Nr.81/1985 (Beiträge zur Kap. 1, 2 und 5).

DOWNING/VALTIN R. (Hrsg.) (1984): Language awareness and learning to read. Language and Communication 17. Springer: New York, Berlin u.a. (zu Kap. 1 und 5)

**FREY, H. (1982): Die Bliss-Symbol-Kommunikationsmethode. Bundesverband für spastisch Gelähmte und andere Körperbehinderte: 4000 Düsseldorf, Kölner Landstr. 375. (zu *1.2; 1.3; 4,3; 4.8)

GRÜTTNER, T. (1980): Legasthenie ist ein Notsignal. rororo 7324: Reinbek. (zu Kap. 1 und 5)

Grundschule, 17. Jg., 19/1985, Themenheft zum Rechtschreiblernen (zu Kap. 2).

**PICHLER, W. (1981): Bilder, Wörter, Rätsel. Österr. Bundesverlag:Wien / Verlag J.F. Schreiber:Esslingen.

RUMPF, H. (1976): Unterricht und Identität. Juventa: München. (zu Kap. 1 und 5)

- (1981): Die übergangene Sinnlichkeit. Juventa: München. (zu Kap. 1 und 5)

WAGENSCHEIN, M. (1980): Naturphänomene sehen und verstehen. Klett: Stuttgart. (zu Kap. 1 und 5)

WARWEL, K. (1967): Lesenlernen nach strukturgemäßen Verfahren. Westermann: Braunschweig. (zu *6.3)

- (1975): Signalgruppen und strukturgemäßes Lesenlernen. In: Die Grundschule, 7. Jg., 311-316. (zu *6.3)

WEIGL, E. (1979): Lehre aus der Schriftgeschichte für den Erwerb der Schriftsprache. In: Osnabrücker Beiträge zur Sprach-Theorie Nr.11, 10-25. (zu Kap. 2 und 5)

ABBILDUNGSNACHWEISE
(mit freundlichem Dank an Autoren und Verlage)

S.15: CLAY, M. (1975, 3): Heinemann.
S.26 oben: TEMPLE, C. u.a. (1982, 18): Allyn and Bacon. S.26 unten: MENZEL, W./VIEWEG, R. (1975, 19)= Praxis Deutsch Nr.9/1975: Friedrich. S.27: TEMPLE (1975, 26f.). S.28: Archiv Lundahl (Weyhe); S.29: Archiv LUNDAHL (Weyhe); S.30 oben: TEMPLE (1975, 48). S.30 mitte: TEMPLE (1975, 48); S.30 unten: KOHRT, M. (1983, 17) : Osnabrücker Beiträge. S.31: HEINISCH, A./HELLER, D. (1983, 21): IRA/D-Beiträge; S.32 oben: TEMPLE (1975, 30). S.32 unten: Archiv LUNDAHL (Weyhe). S.33 oben: Temple (1975, 37). S.33 mitte: Archiv LUNDAHL (Weyhe). S.36: (nach:) TEMPLE (1975, 33). S.37: TEMPLE (1975, 12). S.38 oben: TEMPLE (1975, 32). S.38 unten: Archiv G.SPITTA (Berlin). S. 45: TEMPLE (1975, 22). S.50: Christian Kühnel (in: J.A.v.ITTNER, Der schöne Scharfrichter: Faude 1983). S.58: Klaus Pitter in: BRÜGELMANN (1983). S.62: Archiv LUNDAHL (Weyhe). I: MOELLER-ANDRESEN, U. u.a. (1973, 11): Klett. 1.1: HERBERT, M./MEIERS, K. (1980, 81): Klett. 1.2: KRUEGER, E. (1978, 30): Beltz. 1.3: PARA(QUIN), K.H. (1977, 81): Maier. 1.4 links: Archiv G. SPITTA (Berlin). 1.4 rechts: BÖHM, O./KORNMANN, R. (1983, 13): Beltz. 1.5 links: MOELLER-ANDRESEN (1973, 40). 1.5 rechts: GEMMINGEN, G.v. (1979, 12):Klett. 1.6: MENZEL/VIEWEG (1974, 24)= Praxis Deutsch, Nr.5/1974: Friedrich. 2.2: Praxis Grundschule 9/1982, Nr.7: Westermann. 2.3: BELL, S. (1981): ars edition. 2.4: REICHEN, J. (1982, H.8): Sabe. 2.7: OCHSNER, H. (1977): Huesmann & Benz. III: E.BÖSE in: Grundschule 7/1983, 40. 3.1: nach: BRÜGELMANN (1983, 112f.). 3.2: REICHEN (1982). 3.3: Archiv Lundahl (Weyhe). 3.4: RATHENOW,P./VÖGE,J. (1982, 58): Westermann. 3.5: Archiv LUNDAHL (Weyhe). IV: Archiv LUNDAHL (Weyhe) und: BRÜGELMANN (1983, 59). 4.2: ADER, D. (1973, 37f.)= Praxis Deutsch, Nr. 1/1973: Friedrich. 4.3: BÖHM/KORNMANN (1983, 66f.). 4.4: Praxis Grundschule 9/82, Nr. 4 zu: DEHN/CASTRUP (1982). 4.5: MENZEL/VIEWEG (1985, 20)= Praxis Deutsch, Nr. 9/1975: Friedrich. 4.6: Archiv G. SPITTA (Berlin). 4.9: MANN, I. (1981, 31): päd.extra-Buchverlag. V: PZ-SPIELKASTEN (1971): Beltz. 5.1 rechts: MOELLER-ANDRESEN (1973, 31): Klett. 5.1 links: HERBERT /MEIERS (1980, 80). 5.3: SAUER-PHILIPPEK, M. (1984) - Archiv. 5.4 oben: Archiv LUNDAHL (Weyhe). 5.4 mitte: spielen und lernen (1983/84): Friedrich. 5.4 unten: MANN, I. (1980, 22). 5.5: RADIGK, W. (1975): Marhold. 5.6: LOCKOWANDT, O. (1982, 228); LOCKOWANDT, O./HONEGGER-KAUFMANN, A. (1981, 125): Scriptor. 5.7: Archiv LUNDAHL (Weyhe) nach: LAVINE, L. (1972). VI: LESE-MEMORY (o.J.): Otto Maier - Ravensburg. 6.3: KOMBI-FIBEL (1978): Westermann. 6.5: nach: GIESE, H.W. (1984, 14). 7.1: BURCHARDT, I. in: SENNLAUB, G. (1984): Dieck. 7.3: DAHL, J. (1966): Langewiesche-Brandt. 7.4: RITTER, G. (1983, 34). 7.5: BERGK, M. (1982): IRA/D Beiträge (facs.: LUNDAHL). 7.6: Collage: Archiv LUNDAHL (Weyhe). 7.6: "Wumm": RÖBE, E. (1983, 39). 8.1: BUNTE FIBEL (1983): Schroedel. 8.3: MOELLER-ANDRESEN (1973, 101).

LETZTE VERBESSERUNGEN

Aufmerksame Leser/innen werden, - ein Exemplar der ersten Auflage 1984 zur Linken, und diese 2. erweiterte Auflage zur Rechten -, rasch bemerkt haben, daß die Verbesserungen auf den ersten 16 und den letzten 16 Seiten, sowie zwischen S.65 und 80 vorgenommen und untergebracht wurden. (Die Werbeabteilung hat z.B. die letzten 6 Seiten mit all den nützlichen Verweisen auf andere schöne Bücher des Verlags wieder freigegeben; und bittet um folgende Durchsage: Wer immer den Gesamtprospekt der Bücher mit der Libelle haben will, schreibe flugs an die Verlagsadresse: **Auf dem Salzberg 2, 7750 Konstanz**). Die ratsamen Verbesserungen auf einzelnen anderen Seiten: Hätten wir sie an Ort und Stelle verbessert, so wäre der Ladenpreis weniger wohlfeil geworden; deshalb seien sie auf diesem verbleibenden hellen Restfeld des Buchs insgesamt aufgelistet:

S. 38, 7. Zeile von unten: ┼┼┼ | statt "|||| |"

S. 53, 4. Absatz   : Claudia bringt kaum Vorstellungen...   statt: "Claudia bringt naive Vorstellungen

*3.5, 4. Absatz   : Was kannst du denn noch hören außer den drei A... statt: "Was für Buchstaben klingen"

                     Welchen Laut hörst du zuerst... statt:"Welchen hört man"

*4.8, 4. Absatz   : Wie können wir unsere Sprache...   statt: "Wie kann man unsere Schrift"

*6.5, 3. Absatz   : wortbildende Morpheme... statt :"wortabbildende Morpheme"

       4. Absatz   : Leer-Kategorien... statt: "Leser-Kategorien"

(Wer den letzten Fehler so richtig genossen hat, sei zu weiterführendem Vergnügen auf die Anmerkung 14,5 der S. 242 in "Kinder auf dem Weg zur Schrift" verwiesen.)